日本の内航海運と事故防止

事業者の安全への取り組みと国の制度

竹本七海【著】

法律文化社

はじめに

　貨物輸送事業は，国民生活と経済活動を支える重要な産業である。日本国内においてそれは，自動車，鉄道，内航海運，航空の主に四つの輸送手段によって行われている。その中の内航海運は，年間1627億トンキロ（2022年度）の貨物を輸送しており，国内貨物輸送の約４割を担っている[1]。近年は，単位当たりの二酸化炭素排出量がトラックより少ないことからモーダルシフトの転換先としても注目されている。また，大地震などの災害発生時にトラックや鉄道に代わる物資の輸送手段，産業廃棄物などの輸送を行う静脈物流という点でも期待されている。加えて，内航船舶はすべて日本籍船で船員も日本人であることから，安全保障や治安維持の面でも意義があるとされている。

　一方で，斯業においては中小零細事業者が大半を占め，個々の事業基盤は非常に脆弱である。さらに，業界構造は系列化されたピラミッド構造となっており，その末端に位置している多数の事業者は利益を生み出しにくく，経営状態も良好ではない。そうした経営の脆弱性から，船舶の老朽化や船員の不足も深刻な問題となっている。また，船員は船上での長期間の連続勤務を強いられるという特殊な勤務体系から，特に若年層にとっては魅力を感じにくい職種であり，業界全体として船員の高齢化が進んでいる。

　このような弱点は，安全を阻害する要因になり得る。つまり，経営状態が良好ではないと，従業員の賃金，船舶維持や運航に係る費用などの経常的経費に加え，さらに安全対策への投資を行うことは厳しい。そして，船員不足や長期間の連続勤務も事故や労働災害を誘発する。実際，海上保安庁が公表している内航船舶の事故隻数は2022年で149隻である[2]。

　2006年，前年に続発した運輸事故や重大インシデントを背景に，内航海運業法を含め運輸関係の事業法が大きく改正された。その要点は，同法第１条の目的に「輸送の安全の確保」が追加されるとともに，第８条の２（現在は，第10条）において事業者による安全の確保が義務化された。こうして，中小零細事業者にとっても，安全の問題は避けて通れない経営上の重要課題となった。

　ところで，内航海運業における安全性向上方策の一つに産学交流の推進があ

る。すなわち，学術の世界において実際的な研究を推進し，その成果に基づいて現実的な安全対策を構築し，業界側がその導入・定着を図っていくことである。しかしながら，これまで内航海運に関する学術的研究は，鉄道などのその他の交通モードに比べて際立って少なく，研究課題となりうる問題は数多く存在するものの，専門研究者が少ないこともあって，研究の俎上にさえのらないテーマが数多く残されているのが現状である。

本書は，内航海運の事故防止と安全向上のための課題を探ることを目的としている。そのために，まず，内航海運業の歴史的発展過程を考察し，日本の内航海運業の特質を明らかにする。そして，これらの考察を踏まえて，船舶事故と労働災害の分析，さらに安全確保に関する公的制度と事業者による安全対策の検討を行い，今後の内航海運の安全性向上のための示唆を得る。

なお，本書において内航海運とは，内航海運業法の適用を受ける国内の海上貨物輸送を指し，特に断りのない限り，フェリーなどの旅客輸送は考察の対象から除くものとする。また，内航海運事業者は，貨物を運送する「運送事業者（オペレーター）」，船舶を所有しオペレーターに貸渡しをする「貸渡事業者（船主又はオーナー）」，船舶の管理をする「船舶管理事業者」に分けられる。

本書の構成は以下のとおりである。

第1章においては，内航海運業の歴史を鳥瞰し，アジア・太平洋戦争後からの斯業に対して講じられた政策の変遷を概観する。第2章においては，統計的な整理と分析，現状の課題の考察などを行う。第3章においては，内航船員の問題とそれを輩出する船員教育機関に焦点を当て，現状と課題について整理を行う。

第4章においては，内航船員の労働災害と内航船舶の事故の特徴について統計的な整理と分析を行う。第5章においては，内航船舶の重大事故について，前半では戦後から現在までに発生した事故の詳細を明らかにし，船舶の安全政策への影響を整理する。後半では，運輸安全委員会の事故報告書に基づいて，2008年（同委員会発足の年）以降に発生した事故をヒューマンファクターの観点から分析する。そして以上の分析から，事故発生の要因となるヒューマンエラーをパターン化し，事故防止や被害軽減に資する施策を考察する。

第6章においては，戦後の内航海運の安全に関する法体系と制度を整理し，

はじめに

2000年代に新しく導入された，運輸安全マネジメント制度，任意ISMコード認証制度，事故調査制度について，その制度創設の背景と現状，課題を考察する。第7章においては，インタビュー調査を基に事業者による安全対策の現状の一端を明らかにし，第5章の事故分析で得られた課題について必要な安全対策の考察を行う。また，事業者団体の役割について述べる。

　終章では，現在の社会情勢や法制度を踏まえた安全に関する政策の改善点と事業者やその団体における安全対策のあり方を提案する。

注
1）　国土交通省「交通関係基本データ　輸送機関別輸送量」https://www1.mlit.go.jp/k-toukei/index.html（2024年7月2日取得）。
2）　海上保安庁「船舶海難データ（令和4年海難の現況と対策）」https://www.kaiho.mlit.go.jp/doc/hakkou/toukei/toukei.html（2023年5月4日取得）より集計。

目　　次

はじめに

第Ⅰ部　これまでの内航海運の歩みと現状の課題

第1章　内航海運業の発展過程と内航海運政策 ………………………………… 3
第1節　内航海運業の概史　3
第2節　内航海運政策の変遷　8
第3節　論点別の内航海運政策　15
第4節　小　括　25

第2章　内航海運の現状と課題 …………………………………………………… 33
第1節　内航貨物輸送の現状　33
第2節　内航海運事業者の現状　47
第3節　内航船舶の現状　53
第4節　事業の収益・費用構造と船舶の老朽化　58
第5節　小　括　65

第3章　内航船員と船員教育機関の現状と課題 ………………………………… 71
第1節　内航船員の現状　71
第2節　船員養成からみた内航海運業　79
第3節　内航海運の船員不足と労働問題　86
第4節　小　括　89

第Ⅱ部　内航海運の安全とその取り組み

第4章　内航海運の事故と船員災害の考察 ……………………………… 97
第1節　内航海運の安全とリスク　97
第2節　内航船舶における事故の特徴　100
第3節　内航船員の労働災害の特徴　112
第4節　小　括　123

第5章　内航船舶の事故の分析 ……………………………………………… 127
第1節　船舶事故の事例分析　127
第2節　*m*-SHEL モデルに基づく事故の分析　145
第3節　分析に基づいた示唆　152

第6章　内航海運の安全に関係する諸制度 ……………………………… 159
第1節　内航海運の安全に関係する法体系とその変遷　159
第2節　1990年代までに確立された内航海運の安全に関する制度　170
第3節　運輸安全マネジメント制度　177
第4節　任意 ISM コード認証制度　183
第5節　事故調査制度　187
第6節　小　括　192

第7章　事業者の安全対策の現状と課題 ………………………………… 199
第1節　インタビュー事業者の概要と契約形態　199
第2節　インタビュー事業者における安全対策の現状　202
第3節　事業者による安全対策の課題　216
第4節　事業者団体の役割　221
第5節　小　括　226

終　章　内航海運の安全性向上の課題と展望 ……………………………… 231
　　第1節　事故防止に向けた課題と提言　231
　　第2節　研究課題と今後の展望　235

　　参考文献　237
　　あとがき　253
　　索　　引　256

図目次

図 1-1 明治から1950年までの貨物輸送量の推移（内航，鉄道） 6
図 2-1 内航船舶輸送量の推移（トン） 34
図 2-2 内航船舶輸送量の推移（トンキロ） 34
図 2-3 輸送機関別輸送分担率の推移（トン） 36
図 2-4 輸送機関別輸送分担率の推移（トンキロ） 37
図 2-5 輸送機関別国内輸送量の推移（石油製品） 38
図 2-6 輸送機関別国内輸送量の推移（石炭） 40
図 2-7 輸送機関別国内輸送量の推移（石灰石等） 41
図 2-8 輸送機関別国内輸送量の推移（鉄鋼等） 43
図 2-9 内航海運の運航形態による分類 48
図 2-10 内航海運業とそれに関係する事業者の契約形態 49
図 2-11 内航海運の業界構造（2021年度） 52
図 2-12 内航船舶の隻数と船腹量の推移 54
図 2-13 船型別内航船舶の隻数の推移 55
図 2-14 船型別内航船舶の船腹量の推移 55
図 2-15 船種別内航船舶の隻数の推移 56
図 2-16 船種別内航船舶の船腹量の推移 56
図 2-17 内航船舶船齢構成の推移（隻数ベース） 57
図 2-18 船舶経費の構成比 63
図 2-19 トラック経費の構成比 63
図 3-1 日本の船員数の推移 75
図 3-2 内航船員の年齢構成の比較 76
図 3-3 船員の有効求人倍率の推移 77
図 3-4 船員と陸上労働者の給与（月額）比較 78
図 3-5 499総トン級の船舶の運航形態の例 88
図 3-6 199総トン級の船舶の運航形態の例 88
図 3-7 会社近郊において輸送を行う場合のトラックの運行形態の例 88
図 3-8 長距離輸送を行う場合のトラックの運行形態の例 88
図 4-1 船舶事故隻数と死者・行方不明者数の推移 104
図 4-2 内航船舶の事故発生隻数と割合の推移 106
図 4-3 内航船舶事故による死者・行方不明者及び負傷者の推移 107
図 4-4 人為的要因とそれ以外の内航船舶事故発生隻数及び割合の推移 110
図 4-5 距岸別の内航船舶事故発生隻数（2007〜2022年，合計2927隻） 110

図4-6　船舶トン数階層別の内航船舶事故発生隻数（2007～2022年，合計2927隻）　111

図4-7　操船者年齢別の内航船舶事故発生隻数（2013～2022年，合計1692隻）　112

図4-8　休業日数別船員の災害発生人数の割合（2021年度，合計174人）　119

図4-9　年齢別船員の災害発生人数の割合（2021年度，合計174人）　119

図4-10　態様別船員の災害発生人数（2021年度，合計174人）　119

図4-11　態様別作業別船員の災害発生人数とその割合（2021年度，一般船舶，合計179人）　120

図4-12　休業日数別船員の疾病発生人数の割合（2021年度，合計260人）　121

図4-13　年齢別船員の疾病発生人数の割合（2021年度，合計260人）　121

図4-14　種類別船員の疾病発生人数（2021年度，合計260人）　121

図4-15　種類別年齢別船員の疾病発生人数とその割合（2021年度，一般船舶）　122

図5-1　機船第一宗像丸と機船タラルド・ブロビーグの衝突事故概略図　129

図5-2　事故防止の課題と事業者に必要な安全対策　155

図終-1　事故防止における事業者の安全文化とその要素　232

目　　次

表目次

表 1-1　主要海運国の商船保有トン数　5
表 2-1　内航船舶による品目別輸送量（2021年度）　35
表 2-2　自動車，内航，フェリー，鉄道の国内輸送量の推移（雑貨）　44
表 2-3　各国の内航海運統計による比較　46
表 2-4　業種別登録（許可）事業者数の推移　51
表 2-5　上場企業数の比較　59
表 2-6　輸送生産性モデルの比較　61
表 3-1　各種労働者における労働時間等の比較　73
表 3-2　トラックと内航の労働者における労働時間と給与の比較　89
表 4-1　船舶種類別の発生隻数の推移　105
表 4-2　種類別の内航船舶事故発生隻数の推移　108
表 4-3　種類別の内航船舶事故発生隻数（2007〜2022年）　108
表 4-4　原因別の内航船舶事故発生隻数（2007〜2022年）　109
表 4-5　船員の災害発生千人率の推移　116
表 4-6　船員の疾病発生千人率の推移　116
表 4-7　2021年（度）における船員及び陸上労働者の災害発生率　117
表 4-8　職務上休業4日以上の災害発生率の推移　117
表 5-1　内航海運の重大事故　128
表 5-2　本研究が分析対象とする重大事故（死傷等除く）件数（2008年〜2022年8月
　　　　4日）　146
表 5-3　背景要因とその具体例　148
表 5-4　要因の発生割合　149
表 5-5　出現頻度の高い要因　151
表 6-1　運輸の安全に関する法体系　160
表 6-2　運輸安全マネジメント制度の対象事業者と評価実績（モード別）　179
表 7-1　インタビュー事業者の概要　200
表 7-2　事業者の安全対策の取り組みの状況と必要な対応　219

ix

第 I 部

これまでの内航海運の歩みと現状の課題

第1章　内航海運業の発展過程と内航海運政策

第1節　内航海運業の概史

　社会システムや経済構造は，一国の歴史的な発展過程の中で形作られる。本書が対象とする内航海運業の場合もしかりである。そこで斯業の考察を始める前に，第1節において，主に明治以降におけるその発展過程を概観しておく。

1　近代的な内航海運業の確立

　まず，内航海運業の成立過程について簡単に触れておく。日本の船舶の歴史は古く，縄文時代前期には漁労活動などにおいてすでに船が使われていたという。[1] 人や物をある地点から別の地点へと運ぶために船が用いられた起源は定かでない。中国正史の倭伝のうち，製作年代が最も古い『三国志』の一つである『魏志』烏丸鮮卑東夷伝第三十・東夷伝・倭人の条（通称，『魏志』倭人伝）[2] には，238年6月に卑弥呼が大夫の難升米らを遣わして，朝献を行ったとの記述がある。[3] つまり，このころには人や物を日本から朝鮮半島や中国まで海上輸送する一定レベルの造船・航海技術が確立していたといえるであろう。

　時代が下って，江戸時代には鎖国体制が敷かれ，船舶による海外との交流はほぼ途絶えた。一方で，沿岸海上輸送は，幕府城米，諸藩蔵米などの大坂・江戸への輸送により全国的な展開をみせた。また，それまでは，荷主や商人の自家用輸送が中心であったが，運賃を取って他人の貨物を輸送するという業態がとられた。[4] これをもって日本において「内航海運業」が誕生したとみることができる。

　1854年に日本が開国すると，その直後の1859年，イギリスやアメリカの船社が航路を開設し，外国船による対外貿易が始まった。日本政府は，1870年に民間の出資を得て日本最初の海運会社となる「回漕会社」を設立した。回漕会社は1年足らずで経営不振により解散したが，1874年に「三菱蒸気会社」が日本

第Ⅰ部　これまでの内航海運の歩みと現状の課題

沿岸航路を開設するなど，次々と日本の近代海運企業が設立され，航路が開設されていった。現在の日本の代表的船社である「商船三井」や「日本郵船」もこの時期に創設されている。このように，開国以降は民間による貿易活動，すなわち「外航海運」が始まった[5]。外航海運は，「内航海運」とは区別されるものであり，本研究では対象としない。

内航海運業は，近代産業の発展に伴い工業原料となる石炭の主要な輸送手段として発展してきた。また，明治維新により主要航路には，政府の施策の影響もあり，近代的な洋式帆船や，蒸気往復動機関を動力とした汽船が投入された。その一方で，船主が家族ぐるみの小規模な民間事業者の間では小型の帆船が使用され，地域や区間が限定された輸送も行われていた[6]。大正時代になると，第一次世界大戦によって世界的に船腹不足となった。日本は主戦場から離れており，船舶の被害も少なかった。海運先進国であった欧米諸国の海運が休航を余儀なくされる中，日本は定期航路及び不定期航路市場に積極的に進出した。その結果，日本は船舶の保有トン数がイギリス，アメリカに次ぐ世界第3位となり（表1-1参照），世界有数の海運国へと発展した。しかし，昭和に入ると世界恐慌の影響で，日本の海運業及び造船業も不況に陥り，行政による船腹調整や船質改善などの施策が講じられた。日本はこのような不況の事態から脱却するために大陸進出を進め，満州事変の勃発や国際連盟の脱退，日中戦争の開戦を経て，戦時体制へと転換していった。これらの時代の変化を受け，海運業界も，業界による自主統制から，官民協力による海運統制，そして最終的には国家による海運国家管理体制へと変転していった[7]。

当時の船種をみておくと，大正末期に帆船に代わって「機帆船」が登場した。機帆船とは，木造の帆船に補助機関として焼玉エンジンをつけたもので，瀬戸内海を中心に発達し，アジア・太平洋戦争後まで使用された[8]。また，明治維新後に登場した蒸気往復動機関を動力とした汽船も，大正時代には蒸気タービン機関，昭和に入るとディーゼル機関が徐々に採用されるようになった[9]。

図1-1に，明治から戦前までの内航海運及び鉄道の貨物輸送量の推移[10]を示す。内航海運は，これまで述べてきたように明治以前から存在しており，統計データは存在しないので数量的には示せないが，明治初期にもある程度の輸送量はあったものと考えられる。一方，鉄道による貨物輸送が始まったのは1873

4

第 1 章　内航海運業の発展過程と内航海運政策

表 1 - 1　主要海運国の商船保有トン数

(単位：千総トン)

総トン数	1914年開戦時	1916年 6 月	1930年 6 月
イギリス	21,045	18,608	20,438
アメリカ	5,368	13,092	14,046
日　本	1,711	2,334	4,317
ドイツ	5,459	3,503	4,229
ノルウェー	2,505	1,858	3,668
フランス	2,319	2,234	3,531
イタリア	1,668	1,370	3,331
世界総計	49,092	50,928	69,608

(出所)　通信省管船局編（2001）『大戦時代ノ世界海運』（復刻版，明治後期産業発達資料第593巻）龍溪書舎，28-29頁。東京商工會議所編（1931）『最近世界海運状況』東京商工會議所，26-27頁。以上をもとに筆者作成。

年 9 月15日であり，これ以降，図 1 - 1 のように輸送量は増加の一途をたどった。内航貨物輸送量の最も古いデータは1913年のものであるが，その時点ですでに鉄道の輸送量が内航海運を上回っていた。その後，1930～1931年に両方とも輸送量が落ち込んだのは，昭和恐慌の影響によるものである。1934～1938年の間は内航が鉄道を若干量上回るものの，それから再び鉄道の輸送量が多くなった。アジア・太平洋戦争時の輸送量をみると，内航は開戦時から減少の一途をたどり，1943年に一度回復するもその翌年には前年の15％にまで落ち込んでいる。一方で鉄道は1943年まで輸送量を伸ばしたものの，翌年には減少に転じて1945年には1943年比で54％減少した。戦局が悪化し，日本本土に対する空襲が行われるようになったころより，日本国内の主要な輸送を担う内航及び鉄道の能力は大幅に低下したことがわかる。

2　戦後における内航海運業の発展

アジア・太平洋戦争時には，船舶や港湾施設が攻撃を受けたことにより，輸送能力が極度に低下した。これにより，内航海運の輸送量は，1946年度で戦前水準の22.4％，1800万トン（トンキロベースでは，82億トンキロ。以下，括弧内はトンキロベースを示す）と大きく減少した。しかし戦後になって，復興物資や石炭

5

第Ⅰ部　これまでの内航海運の歩みと現状の課題

図1-1　明治から1950年までの貨物輸送量の推移（内航，鉄道）

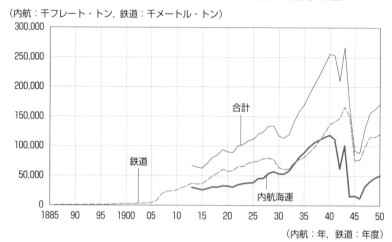

(注1) 内航の原出所は,『大日本帝国港湾統計』及び『全国港湾統計』。
(注2) 内航の値は,(注1) 港湾統計における出入貨物数値の50%。
(注3) 内航において,調査港湾は内地のみ。ただし,1920年以降は朝鮮貿易貨物も内航貨物に含まれている。
(注4) 内航は,中継輸送・鉄道連絡輸送が含まれているため,第2章の図2-1とは連続しない。
(注5) 鉄道は有賃のみの数値である。
(注6) 鉄道の1886年度から1929年度までは英トンをメートル法（英トン＝1.016トン）に換算してある。
(注7) 1908年3月,運賃制度の改正により発送トン数（輸送トン数）は従来の標記トン数から実重量による運賃計算トン数になった。
(出所) 内航：三和良一（1971）「海上輸送」松好貞夫・安藤良雄編『日本輸送史』日本評論社,所収,410-411,445頁。鉄道：萩原昭樹・福田美津子編（1995）『国有鉄道　鉄道統計累年表』交通統計研究所出版部,232-233頁。以上をもとに筆者作成。

の輸送，復員者や占領軍，疎開者の輸送が激増し，鉄道のみではそれらに対応できなかったことから，海運輸送への移転が推進された。これにより，輸送量はわずか2年後の1948年において2.4倍の4200万トン（203億トンキロ）に増加した。しかしその後，1949年度のドッジ・ライン不況により，輸送量は対前年度比96.6%と減少し，船腹過剰傾向となった。さらに特需ブームに伴い，1951年度の輸送量は対前年度比130%と大幅に増加したが，1952年の特需ブーム終了によって輸送需要は再び落ち込み，船腹過剰となった。このように，戦後の不安定な経済状況下，景気循環の度に船腹過剰の問題に悩まされることとなる[11]。当時の内航海運業界は零細事業者が乱立しており，業者間の過当競争がさらに

第1章　内航海運業の発展過程と内航海運政策

船腹過剰を助長した。加えて旧国鉄の貨物運賃との競合があったことなどにより，運賃は1957年をピークに長期低迷を続けていた[12]。

　船舶の種類をみておくと，1953〜1954年頃に「小型鋼船」と呼ばれる，推進機関にディーゼルエンジンを使用した500総トン未満の鋼製の船舶が登場した。推進機関にディーゼルエンジンを使用したことで，速度が向上し，計画的に，そして安全に大量輸送することができ，船員の手配もしやすくなった。当初は大手海運会社にしか普及しなかったが，各造船所が支払いの一部を月々の分割払いにした他，金融機関からの協調融資の体制を敷いたことで，資金力に乏しい小規模の船主でも小型鋼船を利用できるようになった。これにより，1950年代後半からの内航海運の主力船は，機帆船から小型鋼船へと切り替わり始めた[13]。

　1960年代以降の高度成長期には，経済成長に伴い輸送量も増加し，1965年度には1億8000万トン（800億トンキロ）となった[14]。この時期，日本では一次エネルギーの転換が進んだ。その結果，輸送の大宗貨物が石炭から石油へと代わっていった。

　高度成長期による大量生産・大量消費の流れを受け，1960年代から会社の専属化・系列化を中心として物流の合理化が進められた。内航海運業界ではそれに先んじて，1950年代ごろから専属化や系列化が徐々に進展し，「インダストリアル・キャリア」が形成されたといわれている。その形態には，主に①自家輸送，②輸送の専属化，③運輸子会社の設立がある。①は，ここでは荷主が自社の貨物を，自ら所有する船舶や雇用する船員で運送することをいう。当時はセメント産業に多くみられ，セメントの場合，価格に占める輸送コストの割合が高く，運賃負担力が小さいために輸送の合理化として自家輸送が採用されていた。②は荷主が依頼する海運会社を1社から数社に限定して専属化することで，これにより元請オペレーターから下請オペレーター，オーナーという多重下請け構造が確立する。これは船舶の専用船化とともに加速した。③は，荷主が自社の輸送部門を切り離して子会社をつくる，あるいは，既存の専属業者を合併させて関連会社を設立し，系列化することである。この場合，子会社1社が元請会社となるため，②で専属であった他の会社は，下請け会社へと転落することが一般的傾向であった[15]。

7

第Ⅰ部　これまでの内航海運の歩みと現状の課題

　船舶も急速な経済発展の影響を受けて，セメントや自動車などを大量に輸送するようになり，荷主からは輸送の合理化・近代化のための輸送経費の削減と長期安定的な配船が求められた。その要求に応える形で採用されたのが「専航船方式」である。これは，「従来の一般船型のなかから輸送ロットや輸送距離などに応じた最適船を選択して連続的に配船し貨物を輸送する方式[16]」のことである。トラック輸送のための自動車輸送専航船が例として挙げられるが，あくまでも一般船による輸送のため，船舶の構造上の問題により荷役効率の向上にまで至らなかった。そこで登場したのが，「専用船」である。これは，セメントや自動車などの特定貨物を輸送する条件に対して最適な船型及び必要最小限の船舶設備であるために建造コストを抑えることができる上，荷役時間の短縮により輸送コストの削減と運航効率の向上も可能となった。この時期の代表的な専用船は石炭専用船，セメント専用船，自動車専用船などである。[17]

　1973年の第1次石油危機以降，日本の産業構造は臨海型の素材産業から内陸型の加工組立産業へと変化し，第三次産業のシェアが拡大した。[18]このように，内航海運にとっては輸送需要低下の要因となる条件が生じたものの，前述の専用船化や大型化，港湾施設や荷役設備の整備によって，荷主のニーズに対応できたために，このときは貨物輸送量において安定したシェアを保つことができた。[19]しかし，1980年代後半になると荷主の物流管理の高度化により，小口・多頻度，定時の輸送が求められるようになったが，内航海運業界は，経営基盤の脆弱な小規模の事業者が多く，そのニーズに応えられない状況に立ち至った。さらに，バブル崩壊後の景気後退により，素材型貨物を中心に輸送量は減少傾向となり，荷主からはコストを抑えるための輸送の効率化が求められた。[20]今世紀に入ると，2008年9月のリーマンショックの影響を受けた景気停滞に伴い，貨物輸送需要が大幅に減少した。加えて，高速道路料金引き下げの影響も受けるなど，内航海運業は現在に至るまで厳しい経営環境下に置かれている。[21]

第2節　内航海運政策の変遷

　内航海運は，日本の社会経済を支える重要なインフラの一つであり，被規制産業であることから，所管官庁による制度的・政策的関与も重要となってく

第1章　内航海運業の発展過程と内航海運政策

る。そこで本節では，近代的な内航海運業が確立した明治以降の内航海運政策についてその変遷をみておく。前半では，内航海運全体の政策を概観し，後半では主な論点別に政策の変遷を述べる。

1　明治から戦前までの政策

　明治時代の海運政策は，会社への補助政策が中心であった。内務卿大久保利通は，1875年5月，海運政策に関する建白書を太政大臣に提出し，民間の海運会社を政府が保護育成するという方針が確立された。しかし，政府からの保護を受けられたのは特定の船社のみであった。当時の日本を代表する定期船の会社は，1885年9月に「三菱汽船会社」と「共同運輸会社」が合併してできた「日本郵船」と1884年に設立された「大阪商船」である。この2社は会社組織であったことから「社船」と呼ばれ，国からの補助金を得ていた。この2社以外は「社外船」と呼ばれ，その多くは個人船主で経営規模も零細であった[22]。

　明治時代の内航輸送は，江戸幕府が1858年に結んだ「日米修好通商条約」をはじめとする外国との不平等条約のために，外国船が就航していた。つまり，カボタージュ規制が無かったのである。政府の保護下にある日本郵船と大阪商船により，国内定期航路から外国船を排除することはできたが，国際法上はカボタージュが認められていなかった[23]。明治維新以来の悲願であった不平等条約の改正は，1894年に締結した「日英通商航海条約」により実現した。同条約は1899年から発効されることとなり，それに合わせて明治政府は同年6月に「船舶法」を施行した。同法3条にて外国船の排除が明記され，日本のカボタージュ規制が確立した[24]。

　1914年に第一次世界大戦が勃発すると，世界的な船腹不足となった。政府は，これに対処するため，1917年10月に「戦時船舶管理令」を施行し，船舶の輸出禁止，船舶の徴用，航路・航海の規制，運賃・用船料の規制などを行うことができるようにした。1918年2月の米国による船腹提供の要請に対して，23隻，約15万重量トンの船腹を提供し，船主に対してはその分の用船料や保険料などを補償した[25]。

　1929年の世界恐慌の影響で，日本の海運業及び造船業も不況に陥った。そのため，1932年10月以降，政府は「船舶改善助成施設」を数回実施した。これは，

9

第Ⅰ部　これまでの内航海運の歩みと現状の課題

老齢船を解体し，近代的な新造船に置き換えるというものである。この施策は，船質の改善と船腹の調整，造船業の救済を達成し，不況からの脱出に大きな効果をもたらした。その後，日本はさらなる国防強化と外貨獲得を実現するため，1937年3月に「優秀船建造助成施設」を実施した。同施設は，大きさが6000総トン以上で速力が19ノット以上の貨客船とタンカーを4年間でそれぞれ15万総トン以上建造する目標を掲げた。[26)]

2　戦後から1990年代までの政策

　アジア・太平洋戦争下，日本海運の国家管理体制が敷かれ，国家使用船舶は「船舶運営会」による一元的な運営が行われていた。これは戦後になると，GHQの管理下に置かれることとなり，当初は「日本商船管理局」(U.S. Naval Shipping Control Authority for Japanese Merchant Marine, SCAJAP) の許可によってのみ運航が認められていたが，後に商船の管理業務を船舶運営会が行うことが承認され，同会による管理・運営が継続された。1946年4月より小型の旅客船・機帆船，小型鋼船（800総トン未満）の順に徐々に国家使用が解除され，船舶運営会が行っていた管理・運営が民間の船主に移管されるようになった。そして1950年4月には800総トン以上の鋼船が船主に戻され，これによって全船舶が管理統制から本来の業態に復帰することとなった。しかし，ドッジ・ラインにより荷動きが停滞し，船腹過剰状態であったため，内航船舶のうち係船するものについて補助金を支給する「けい船補助金交付規則」(1950年6月公布)や戦時標準船などの低性能な船舶の解撤の推進を目的とした「低性能船舶買入法」(1950年8月公布)及び「臨時船質等改善助成利子補給法」(1953年8月公布)が制定されたが，船腹過剰問題の解決には至らなかった。特に機帆船と呼ばれる木船では，1949年9月に自由運賃制となり過当競争が激化し，零細事業者が多く経営状態も悪かった。そのため，木船運送事業対策として「木船運送法」「木船再保険法」などが1952〜1953年にかけて施行された。[27)]

　10年後の1962年，「木船運送法」は，木船と競合する500総トン未満の鋼船を規制の対象に加え「小型船海運業法」に改正された。しかし，大型船の船腹過剰状態はその後も続いており，それに対する対策を講じる必要があった。そこで，「外航二法」ともいわれる「海運再建整備二法」(「海運業の再建整備に関す

る臨時措置法」及び「外航船舶建造融資利子補給及び損失補償法及び日本開発銀行に関する外航船舶建造融資利子補給臨時措置法の一部を改正する法律[28]」）の附帯決議に基づき，運輸大臣の私的諮問機関である内航海運問題懇談会が1963年4月30日に設置され，同年7月31日に意見書がまとめられた。

その骨子は次の7項目である。[29]

① 内航海運の輸送秩序の確立
② 船腹過剰の是正
③ 標準運賃の設定
④ 内航海運の近代化（代替建造の促進）
⑤ 石炭産業合理化への対応（運炭機帆船の解撤と鋼船への代替建造）
⑥ 税制優遇（燃料税の免税と固定資産税の軽減）
⑦ 内航船の港湾施設の整備

この意見書をもとに運輸省が内航海運の再建を図るための対策について検討した結果，内航海運をすべて法規制の対象とすることとし，1964年7月に「内航海運業法」と「内航海運組合法」が公布された。この二つの法律は「内航二法」といわれる。内航海運業法は1966年に一部改正されて全事業が許可制となり，1967年から「船腹調整事業」（詳細は本章第3節1で述べる）が始まった。[30]

登録制から許可制となり，オーナーとオペレーターが明確に区別されたことで，中小事業者においては，オペレーターとしての許可を受けるのに必要な船腹量を満たすために集約化が進み，一方で，それが適わなかった零細事業者の大部分はオーナーへと転じざるを得なくなった。このようにして業界が大規模に再編され，大手オペレーターが零細オーナーまでを従属させるという現在の体制が確立した。

1980年代になると，産業構造の変化がさらに進み，小口・多頻度，定時の輸送が求められるようになったが，内航海運業界はそのニーズに応えられない状況にあった。この状況を改善するため，運輸省は1989年12月に「内航海運の構造改善等のための指針」を策定した。これにより，事業者の転廃業，集約化を進め，事業規模の適正化を図るために，船舶を他の減価償却資産に買い換える

第Ⅰ部　これまでの内航海運の歩みと現状の課題

場合の税制上の特例措置及び生業的オーナーの新規参入の凍結などの措置が継続された。また，小口貨物輸送を推進するため，スペース・チャーター方式などの採用を行った。さらに，船腹調整事業の特例として，コンテナ船及びRORO船の解撤を一定期間猶予する解撤猶予制度を導入し，早期の建造が可能となった。その後，バブル崩壊後の景気後退により輸送量は減少傾向となり，さらに荷主からは輸送の効率化を求められた。これを受けて，1994年6月，運輸省は新たな「内航海運の構造改善等のための指針」を策定した。この指針には，日本内航海運組合総連合会が行う構造改革事業への助成金の交付，モーダルシフト推進のための近代化船の開発・導入の促進，船員確保のための対策が含まれている。[31)

3　2000年以降の政策

　1998年に船腹調整事業は解消され，「内航海運暫定措置事業」が導入された。その他，景気の低迷，国際競争の激化，環境保全への取り組みの強化など，21世紀に入り社会情勢は大きく変化した。このような状況に対応するため，2002年4月に国土交通省海事局長の私的懇談会である次世代内航海運懇談会が「次世代内航海運ビジョン―21世紀型内航海運を目指して」(以下，「次世代内航海運ビジョン」という)を策定した。[32)さらにそれを踏まえ，2003年5月，国土交通大臣が交通政策審議会[33)に対し「内航海運の活性化による海上物流システムの高度化について」を諮問した。これを受けて，同審議会海事分科会は同諮問についての答申を2003年12月にまとめた。[34)これにより，2004年6月に内航海運業法，船員職業安定法，船員法などが改正された。具体的な改正内容の検討については，内航海運業法は「内航海運制度検討会」，船員職業安定法は「船員職業紹介等研究会」，船員法に関しては「内航船乗組み制度検討会」でそれぞれ行われた。[35)主な改正内容は以下のとおりである。

　① 内航海運業法の一部改正
　　・許可制から登録制への緩和
　　・オペレーター及びオーナーの事業区分の廃止
　　・運航管理制度の導入

第1章　内航海運業の発展過程と内航海運政策

　　・適正船腹量・最高限度量制度及び標準運賃・貸渡料制度の廃止
②船員職業安定法の一部改正
　　・常用雇用型船員派遣事業の制度化（許可制）
　　・無料船員職業紹介事業の拡充
③船員法の一部改正
　　・労働時間規制の見直し

　法改正以外にも，新技術の開発・普及の一環として，高効率舶用ガスタービンエンジン，電気推進式二重反転ポッドプロペラなどの次世代内航船（スーパーエコシップ）や高度船舶安全管理システムの推進などが施策として挙げられた。また，交通政策審議会の答申では言及されていないが，次世代内航海運ビジョンにおいては船舶管理会社形態の導入が課題として挙げられており，その後の船舶管理制度の導入へとつながった。

　その後，同ビジョンに基づく内航海運業法等の改正から10年が経過し，その間は産業基礎物資の生産量などの減少や荷主企業の経営統合などによる輸送効率化の進展により，内航海運の輸送需要は減少した。それに伴い，内航海運事業者の中でも特に一杯船主や家族経営の事業者は大幅に減少した。一方で依然として船舶と船員の高齢化や脆弱な経営基盤などの問題は存在していた。今後日本の人口減少や国際競争の進展などにより産業基礎物資の輸送の増加が見込めない中で，いかに内航海運が輸送サービスを持続的に提供できるかという検討が必要となった。さらに，2015年7月の交通政策審議会海事分科会基本政策部会のとりまとめ[36]においても[37]，「内航海運を巡る諸課題について関係者間で議論すべき」と提言された[38]。

　そこで，国土交通省海事局は，2016年4月から学識経験者，内航海運事業者，荷主団体などからなる「内航海運の活性化に向けた今後の方向性検討会」を設置し，これらの課題を解決するための施策などについて検討を行った。その成果は，「内航未来創造プラン～たくましく　日本を支え　進化する～」としてとりまとめられ，2017年6月に公表された。同プランは，目指すべき将来像を「安定的輸送の確保」及び「生産性向上」とし，船舶管理事業者の登録制度の創設，自動運航船等の開発及び普及，船員教育体制改革・船員配乗のあり

13

第Ⅰ部　これまでの内航海運の歩みと現状の課題

方の検討などの具体的施策を提案するとともに，各施策の実現に係るスケジュールを提示している[39)]。

そして，同プランの具体化を推進するために国土交通省は海事局長を本部長とする「海事局内航未来創造プラン推進本部」を設置し，各施策の進捗状況を確認している。策定から約1年後の2018年7月に開催された同推進本部では，登録船舶管理事業者制度の運用開始や，IoT活用船に関する先進船舶導入等計画8件の認定，自動運航船の実用化に向けたロードマップの策定，船員安全・労働環境への取り組みのベストプラクティス集のとりまとめなど，1年間の取り組みの進捗について確認された[40)]。

さらに約1年後の2019年6月，国土交通省は，交通政策審議会海事分科会基本政策部会の第9回から第17回において，内航海運の諸問題の検討を行った。その中で「内航未来創造プラン」における施策の進捗状況の確認及びその効果の検証・評価が実施された。評価の指標には，「産業基礎物資の国内需要量に対する内航海運の輸送量の割合（トンベース）」「海運によるモーダルシフト貨物輸送量」「内航貨物船の平均総トン数」「内航海運の総積載率」「内航船員1人・1時間当たりの輸送量」の五つが設定された。その指標の中で「内航貨物船の平均総トン数」は増加傾向にあるものの，それ以外は横ばいあるいは減少しており，その時点で施策の効果は得られていないと評価されている。指標の終期である2025年度（「海運によるモーダルシフト貨物輸送量」は2030年度）まで継続してフォローアップしていく必要があるとされた[41)]。

2020年9月に公表された同基本政策部会の「中間とりまとめ」においては，内航海運を取り巻く現状の課題として，①近づく内航海運暫定措置事業の終了，②船員の高齢化と船員不足への懸念，③脆弱な事業基盤や船舶の高齢化，④自動運航技術等の新技術の進展の四つが挙げられている[42)]。そして，施策の最終目標は，荷主のニーズに応え，内航海運の安定的輸送を確保することにあるとしている。

これらを達成するため，「中間とりまとめ」では，①内航海運を支える船員の確保・育成とそのために必要な船員の働き方改革の推進，②内航海運暫定措置事業の終了も踏まえた荷主等との取引環境の改善，③内航海運の運航・経営効率化や新技術の活用を総合的に実施していくことなどが施策展開の方向性と

第1章　内航海運業の発展過程と内航海運政策

された。そして，当面の具体的施策の例として，①について労働時間管理の適正化や産業医制度の導入，②については荷主やオペレーターにも責任を課すような仕組みづくり，③については陸上輸送と海上輸送の物流拠点の整備などが示された[43]。

　この「中間とりまとめ」を受け，各種施策が講じられた。その主要なものとして法律改正がある[44]。2021年5月に「海事産業の基盤強化のための海上運送法等の一部を改正する法律」（令和3年法律第43号）（以下，「海事産業強化法」という）が公布され，それにより2022年4月に船員法及び内航海運業法などが改正された。改正の内容と法律は以下のとおりである[45]。

① 船員の労務管理の適正化（船員法）
　　・船員の使用者による労務管理責任者の選任
　　・労務管理責任者の下での船員の労働時間等の管理
　　・労働時間等に応じた適切な措置の実施
② 内航海運の取引環境の改善・生産性向上（内航海運業法）
　　・内航海運業に係る契約の書面交付義務
　　・船員の労働時間に配慮した運航計画の作成
　　・荷主への勧告・公表制度
　　・船舶管理業の登録制度の創設

第3節　論点別の内航海運政策

1　船腹調整事業と内航海運暫定措置事業

　1964年に公布された内航海運業法では，第2条の2に適正船腹量，第2条の3に最高限度量が規定された。さらに，内航海運組合法では第8条に基づき日本内航海運組合総連合会による調整事業が実施されることとなり，船腹量の適正化が図られた[46]。

　調整事業は，大きく保有船腹量の調整と供給船腹量の調整に分けられ，前者では，建造調整と共同解撤が，後者では，配船調整と共同係船が実施される。

15

第Ⅰ部　これまでの内航海運の歩みと現状の課題

　1967年から始まった船腹調整事業は，当初，建造者が納付金を払い，建造引当船の提供者が交付金を受けるという納交付金制度であった。そして，高度成長期による船腹需要の増加から，1969年末には納交付金制度が廃止され，本格的なS&B方式（スクラップアンドビルト方式）の船腹調整事業が始まった。この事業の開始により，自己所有船舶を解撤することなどによって代替船舶を建造することが認められるようになった[47]。

　船腹調整事業の実施により，需給ギャップの改善や船舶の大型化には効果があったが，船舶建造の引当資格が事業者間で取引されることが認められるようになったことで一種の営業権となり，内航海運事業者が船腹調整事業へ過度に依存した経営を行うようになった。その結果，事業拡大などによる経営改善や新規参入を抑制するとの批判が起こった。これらの批判と規制緩和の動向から，船腹調整事業廃止への動きが進められたが，廃止すると引当資格が消滅することになり，事業者の資産がなくなるだけでなく，その事業者に融資を行う金融機関や地域経済が打撃を受けるという経済的影響の可能性を考慮する必要があった。それを抑えるための経過措置として，1998年から「内航海運暫定措置事業」が実施されることとなった[48]。この事業は，引当資格を有する船舶を解撤又は海外売却する事業者には交付金を与え，新たな船舶を建造する事業者には納付金を払わせるというものである[49]。この事業の一環として，リーマンショックによる不況対策のため，2009年度に限り，特定の条件を満たした船齢16年以上の船舶も交付金の交付対象とした「老齢船処理事業」が行われた。

　解撤交付金に必要な資金は，建造納付金と独立行政法人鉄道建設・運輸施設整備支援機構（Japan Railway Construction, Transport and Technology Agency, JRTT）（以下，「JRTT」という）からの融資を受け，建造納付金は，解撤交付金と同機構への返済に充てられる。2015年度には引当資格を有していた対象船舶がすべてなくなったため解撤交付金制度は終了し，2016年度からは環境性能基準や事業集約制度を導入した新しい建造等納付金制度へと移行した。この暫定措置事業は，当初2023年度に終了する予定であったが，収支が相償したため2021年8月に終了した[50]。暫定措置事業が終わったことで，内航船舶の建造が54年ぶりに自由化された。

　1998年から2021年まで行われてきた暫定措置事業において納付されてきた建

第1章 内航海運業の発展過程と内航海運政策

造納付金は，約1552億円で，建造隻数は2131隻である。一方で，1998年から2015年度に終了するまでに交付された解撤交付金は約1309億円で，解撤隻数は1746隻である。事業開始時からこれまでのJRTTからの借入金は，ピーク時の2004年度には855億円に達したが，それ以降は減少した。[51]

2 カボタージュ

カボタージュとは，フランス語のcaboterに由来し，「公海に出ることなく同一国の沿岸に沿って行われる輸送」を意味する。つまり，国内の港間の旅客，貨物の沿岸輸送のことである。国際慣行上，カボタージュに従事する権利は自国籍船に留保されていることから，外国籍船によるカボタージュを禁止するカボタージュ規制は，国際慣習法上確立されているといえる。[52]

日本におけるカボタージュ規制の根拠となるのは，船舶法である。同法第3条には，「日本船舶ニ非サレハ不開港場ニ寄港シ又ハ日本各港ノ間ニ於テ物品又ハ旅客ノ運送ヲ為スコトヲ得ス但法律若クハ条約ニ別段ノ定アルトキ，海難若クハ捕獲ヲ避ケントスルトキ又ハ国土交通大臣ノ特許ヲ得タルトキハ此限ニ在ラス」とあり，法律や条約に規定があるとき，海難や捕獲を避けるとき，国土交通大臣の特許を得たとき以外は，原則として外国籍船による国内の港間の旅客及び貨物輸送は禁止されている。1899年の船舶法施行時にこのカボタージュの留保が制定されて以降，日本では国内の貨物輸送を日本籍船のみで実施してきた。

2010年，沖縄県からのカボタージュ規制一部緩和要求に対し，船舶法における国土交通大臣の特許という形で，特別自由貿易地域（うるま市）と自由貿易地域（那覇市）において，日本船社が運航する外国籍船及び二国間の相互主義に基づく国の外国船舶による輸送に限り認められた。[53]一方，2018年に閣議決定された「海洋基本計画」では，「安定的な国内海上輸送を確保するため，国際的な慣行であるカボタージュ制度を維持する」[54]とあり，カボタージュ規制の堅持が明記され，日本におけるカボタージュ規制の重要性が改めて確認された。このことから，2010年に一度規制緩和が行われたものの，現状ではカボタージュ規制緩和の流れはないといえる。

内航海運研究会[55]では，カボタージュ規制の意義を産業政策面と安全保障面の

17

第Ⅰ部　これまでの内航海運の歩みと現状の課題

二つから述べている。産業政策面には，産業保護・育成と雇用確保及び計画性の担保の二つがある。前者は，いうまでもなく内航海運業の保護を指すが，これは外航海運業や港湾産業などの他産業にも大きく影響を及ぼす。後者に関して，日本籍船には日本人船員が配乗されることから，[56] 内航海運を日本籍船に限定するカボタージュ規制によって，日本人船員の雇用が確保できる。また，船員養成には数年単位で時間を要し，船舶は20〜25年間使用されることから，船員養成や船舶の建造も計画的に行うことが可能となる。

　安全保障面には，経済の安全保障，非常時の安全保障，船舶航行の安全保障の三つがあるとする。一つ目の経済の安全保障について，外国籍船では東日本大震災でみられたように災害などの有事が発生したときに予定していた寄港を取りやめる場合がある。内航海運が主に産業基礎物資の輸送を担うことから，外国籍船では安定的な輸送が保障されないために日本の産業や経済への影響を及ぼしかねない。二つ目の非常時とは，すなわち災害発生時や武力攻撃などを受けたときである。現在，「武力攻撃事態等における国民の保護のための措置に関する法律」（平成16年法律第112号）（通称，「国民保護法」）の従事命令や海上運送法の航海命令に内航海運事業者も対応することとされている。また，地方自治体や海上保安庁に対しても有事の際は協力することになっている。三つ目の船舶航行の安全保障について，日本の沿岸海域は狭隘で輻輳する海域が多く，複雑な海流が発生している箇所もある。そのため，外国籍船の航行が多くなると海難事故が増加する懸念がある。[57]

3　船舶管理

　内航海運は，近年，荷主からは任意 ISM コードの取得など，国際条約に準じた高度なレベルでの安全管理が求められるようになってきた。しかし，内航海運はほとんどが中小規模事業者であり，個々の事業者で荷主からの要求に対応することは不可能である。これらの課題を解決するための施策の一つに船舶管理会社の活用がある。[58]

　国土交通省による船舶管理会社の活用を促進する取り組みとしては，2006年5月，学識経験者，内航海運事業者などの関係者をメンバーとする「内航海運ビジネスモデル検討会」が設置された。同年12月までの計4回の検討会におい

18

第1章　内航海運業の発展過程と内航海運政策

て，船員の確保や育成，船舶の代替建造，安全確保などの課題に対応するためには，船舶管理会社を活用していくことが有効であるとし，2008年3月には，内航海運グループ化のしおり及びマニュアルが公表され，グループ化のメリット及び船舶管理事業者の在り方について情報発信がなされた。

　当時，船舶管理事業者は，法令に基づいた登録などの制度がなかった。船舶管理事業者は，船舶所有者（オーナー）と船舶管理契約を結ぶ場合，船舶管理業を行うための法律的な登録を必要とせず，船員法及び船員職業安定法上の船舶所有者となる。したがって，船舶管理事業者は，これらの法律に従って事業を行わなければならないが，内航海運業法上の責任を負うことはない。しかし，同じ船舶管理業を行う場合でも，運送事業者（オペレーター）と定期用船契約を結び，船舶所有者（オーナー）と裸用船契約を結ぶ場合には，内航海運事業者としての登録が必要となる。このように，船舶管理事業者は契約形態によって遵守すべき法律が異なっていた。

　2011年12月には，「内航海運船舶管理ガイドライン作成検討委員会」が設置された。その検討結果に基づき，船舶管理業務に関する定義や具体的な業務実施のあり方が示された「内航海運における船舶管理に関するガイドライン」が2012年7月に策定された。しかし，同ガイドラインが作成された後も，船舶管理会社には法的制約がなく，品質への疑問も解消されることがなかったことから，船舶管理業務を船舶管理会社へ委託する動きは進まなかった。

　そこで，「登録船舶管理事業者制度」が創設された。同制度は，「内航未来創造プラン」の政策の一つである。「登録船舶管理事業者規程」（平成30年国土交通省告示第466号）が2018年3月に公布され，同年4月1日より運用が開始された。中小零細企業が多くを占める内航海運業において，船舶管理事業者が一括して船員の雇用・配乗や，船舶の保守管理・運航管理をすることで，船員の安定的な確保や事業の効率化が可能となり，事業基盤の強化を図ることが期待された。

　登録船舶管理事業者規程において，船舶管理とは，①船舶の堪航性を保持するための保守に係る管理（船舶保守管理），②船員の配乗及び雇用に係る管理（船員配乗・雇用管理），③船舶の運航の実施に係る管理（船舶運航実施管理）のいずれかに該当する管理と定義された。また，本告示において，三つの管理を一括

19

第Ⅰ部　これまでの内航海運の歩みと現状の課題

して行う事業者で登録を受けた者を第一種登録船舶管理事業者，船員に対する指揮命令を行うものを除いた船舶保守管理のみを行う事業者で登録を受けた者を第二種登録船舶管理事業者とした。[64] 2018年5月に山友汽船株式会社（本社：兵庫県）と株式会社イコーズ（本社：山口県）が第一種船舶管理事業者として登録された。[65] それから2021年10月21日までで船舶管理事業者の登録数は31事業者となった。[66]

　前述の「海事産業の基盤強化のための海上運送法等の一部を改正する法律」（令和3年法律第43号）による2022年4月の内航海運業法改正で，船舶管理業の登録制度が創設された。つまり，これまでの内航海運業である運送業と貸渡業に加えて船舶管理業が追加され，船舶管理業の登録が義務化されたのである。それに伴い，登録船舶管理事業者規程は2023年3月31日で廃止された。船舶管理業は法令による位置づけがないために活用されていなかったが，2018年に告示による任意の登録制度が創設され，2022年に登録の義務化がされることになり，今後その活用の普及が期待できる。

4　船舶共有建造制度

　船舶共有建造制度は，内航海運事業者とJRTTで船舶を共同建造するもので，1959年から実施されている。この制度の仕組みとしては，まず，事業者が申込みをすると，事業者とJRTTで造船所に船舶の建造を共同発注する。費用に関しては，事業者が船価の30〜10％，JRTTが70〜90％を負担する。船舶が竣工した後は，おおむね耐用年数の期間（7〜15年），費用の分担割合に応じて共有登記する。その期間，事業者はJRTTに船舶使用料を支払うことで，JRTTが分担した建造費用を弁済する。共有期間が終了すると，残存簿価を事業者がJRTTに支払うことでJRTTは事業者に船舶を譲渡し，最終的には事業者の100％所有船となる。

　同制度のメリットとしては，原則として担保が不要なこと，低利で固定金利と5年毎の見直し金利の選択が可能で事業の見通しが立てやすいこと，長期の返済が可能なこと，JRTT持ち分に係る登録免許税が免除されることである。そして，船舶建造や所有に際し金銭的負担を減らせるだけでなく，建造時の技術支援や共有期間のメンテナンスサポートが受けられる。[67] 1959年から2021年8

月末現在において，この制度により JRTT が建造してきた共有船は4108隻
で，そのうち貨物船が3056隻，旅客船が1052隻である。また，2020年に竣工し
た船舶のうち共有船の占める割合は，約25％である。[68]

　環境対策や物流効率化対策，船員雇用対策などを講じる船舶に対しては，最
大で0.9％の金利低減の優遇措置がある。これらの政策目標を達成するために
は，それに適応した船舶の代替建造を促進する船舶共有建造制度を活用するこ
とも一つの手段である。これまで国が推進する政策に応じて，金利低減措置な
どの改正が継続的に行われてきたが，JRTT の第4期中期目標期間（2018〜
2022年度）においては，前述の「内航未来創造プラン」を受けて，2018年度に
登録船舶管理事業者の管理契約船及び船員の労働環境改善に資する船舶，2019
年度にスクラバーを設置した既存共有船及び LNG 燃料船に対して金利軽減措
置を導入した。さらに2021年度には，「海事産業強化法」に基づく「特定船舶
導入計画の認定を受けた船舶」を新たに追加した。同期間中における建造実績
は144隻で，その内訳は以下のとおりである。[69]

①　物流の効率化に資する船舶（計9隻）
　　・内航フィーダーの充実に資する船舶　1隻
　　・高度モーダルシフト船　8隻
②　地域振興に資する船舶（計32隻）
　　・離島航路の整備に資する船舶　31隻
　　・国内クルーズ船　1隻
③　船員雇用対策に資する船舶（計43隻）
　　・若手船員又は女性船員を計画的に雇用する事業者の船舶　35隻
　　・労働環境改善船　8隻
④　事業基盤強化に資する船舶（計3隻）
　　・登録船舶管理事業者を利用する船舶　3隻
⑤　グリーン化に資する船舶（計57隻）
　　・スーパーエコシップ　2隻
　　・先進二酸化炭素低減化船　7隻
　　・高度二酸化炭素低減化船　40隻

第Ⅰ部　これまでの内航海運の歩みと現状の課題

　　・二重船殻構造を有する油送船及び特殊タンク船　8隻

　鈴木（2021）は，2021年3月2日に関西外国語大学の宮下國生教授にインタ
ビューを行った。宮下教授は「船舶の共有建造に際し，貨物船の場合船主自身
が船舶を運航する場合は積荷保証が必要となり，用船に出す場合は用船者の用
船保証が必要になるなど，制度利用にはハードルは高いものの，内航船の技術
進歩と意欲的な内航海運業者の登場に大いに寄与した」と同制度を評価してい
る。[70]

5　船員に関する政策

　日本のこれまでの主な内航船員政策は，大きく分けて船員の雇用を拡大する
ものと船員の労働環境を改善するためのものの二つに分けられる。前者に関連
するものとしては，民間完結型六級海技士短期養成制度，船員計画雇用促進事
業，船員派遣事業制度の三つがある。一つ目の民間完結型六級海技士短期養成
制度は2009年に創設され，これを利用すれば短期間で海技士資格を取得するこ
とが可能である。そして，同制度は民間完結型であることから，顧客ニーズに
迅速な対応をすることができ，また共同体方式とすることで，個別に対応する
無駄を省くこともできる。現在の新規就業者の1割以上が，この制度により養
成された船員である。[71]二つ目の船員計画雇用促進事業は，2008年に始まったも
ので，船舶運航事業者などが，新規船員の確保・育成を積極的に実施すること
に対して，国による助成金により，事業者の取り組みを支援する制度である。
三つ目の船員派遣事業制度は，船員労働力の円滑な移動を促進するもので，単
発的な船員の補充には有用であるが，供給源を拡大するものではない。この制
度は，2003年の交通政策審議会海事分科会が答申した「内航海運の活性化によ
る海上物流システムの高度化について」によって2004年に船員職業安定法が改
正されたことで制度化された。この改正によって無料船員職業紹介事業の拡充
も行われ，それまで同事業を行うことができる者は国及び船員や船舶所有者を
代表する団体などに限られていたが，船員教育を行う学校なども実施できるよ
うになった。
　後者に関連するものとしては，労働時間規制に関する見直しがある。1987年

9月，政府は船員中央労働委員会に対し，船員法の改正について諮問を行い，1988年1月に船員の労働時間短縮についての答申を受けた。それまでの労働時間は，航海中が週56時間，停泊中が週48時間と定められていたが，1988年度の改正（1989年4月施行）により基準労働期間について週平均40時間（当分の間は政令により48時間）に短縮された。1992年4月は同政令を改めて週平均44時間とし，1994年6月の改正により週平均40時間に完全移行した[72]。

さらに前述した2002年の「次世代内航海運ビジョン」をもとに設置された「内航船乗組み制度検討会」において，労働時間規制と配乗基準に関する見直しが行われ，2004年に船員法が改正された。これまでも時間内労働は1日8時間と定められていたものの，時間外労働に関しては，臨時の必要がある場合のみ可能であるとして，その上限には定めがなかった。2004年の法改正によって，臨時以外でも労働組合などとの協定により，時間外労働が可能となり，その上限が1日当たり14時間，1週間当たり72時間と設定された。配乗基準も航行の安全を確保するという観点から，当直者の最低1名は六級海技士（航海）以上の有資格者であることが定められ，安全最少定員が示された[73]。2012年の船員法改正においては，これまで海員にしか労働時間規制がなかったものが，船長にも適用されるようになった。

また，最近の施策として「船員の働き方改革」がある。交通政策審議会海事分科会基本政策部会が2020年9月に公表した「中間とりまとめ」と同じくして，同分科会船員部会においても「船員の働き方改革に向けて」が公表された。これにおいて，船員の労働環境改善と健康確保が方向性として示され，制度改正が行われることとなった[74]。主要なものとして「海事産業強化法」による船員法・船員職業安定法・内航海運業法の改正がある。この改正によって，2022年4月より，船員の労務管理は労務管理責任者の下で行うとされ，労務管理に影響を与えるオペレーターや荷主にもその責任を課すことが明確化された。2023年4月からは，労働時間規制の範囲が見直され，当直の引継ぎや操練を労働時間規制の対象に加えた。また，健康確保の観点からは，同じく2023年4月より，すべての船舶所有者に健康検査結果に基づく健康管理を義務付け，常時50人以上の船員を使用する船舶所有者に関しては，産業医による健康管理，長期間労働者への医師による面接指導，医師などによるストレスチェックが義務付けられた[75]。

第Ⅰ部　これまでの内航海運の歩みと現状の課題

6　モーダルシフト

　モーダルシフトとは，ある輸送方式（mode）を他の輸送方式に転換（shift）することである。時代とともに転換先の輸送方式は変わってきたが，近年では一般的に，トラックなどの自動車貨物輸送を，環境負荷が小さく大量輸送が可能な鉄道や船舶輸送へと転換することを指す。モーダルシフトという言葉は1981年の運輸政策審議会の答申において初めて登場した。それ以降，労働力不足や環境問題への対応のため，長年にわたって推進されてきた。そのため，内航全体の輸送量に成長がみられない中，モーダルシフトの受け皿となる長距離フェリー，RORO船の輸送量だけは右肩上がりである。

　しかし，さまざまな政策が打ち出されてきたもののモーダルシフトは期待されたようには進展していない。それにはいくつかの理由が指摘されているが[76]，それらは以下のように集約できる。第一に，鉄道や船舶輸送に適している貨物の大部分はすでに転換されてしまっていること，そして第二に，競争激化によるトラック運賃の低下やトラックとの積替えなどのコスト増加により，費用面での鉄道や船舶輸送の優位性がないことである。

　近年のモーダルシフト政策は，環境問題対策を主眼としている。この問題に関連する施策として，カーボンニュートラルの取り組みがある。これが社会に浸透するきっかけとなったのは，2020年10月に菅義偉首相（当時）が行った「2050年カーボンニュートラル宣言」である。この宣言を受けて，内航海運でも「内航カーボンニュートラル推進に向けた検討会」が設置され，2030年度におけるCO_2排出量を902万トン（2013年度比で17％削減）とすることが目標として定められた。日本内航海運組合総連合会においても，日本経済団体連合会の「経団連カーボンニュートラル行動計画」に参画し，ボランタリープランとして，2030年度のCO_2排出量を565万トン（1990年度比で34％削減[77]）とすることが目標として掲げられた。これを達成するため，各企業においてさまざまな船舶の導入が進められている。

　世界初の電気推進（EV）タンカー「あさひ」が2022年4月に，日本初のLNG燃料フェリー「さんふらわあ　くれない」が2023年1月に就航した。その他，バイオ燃料や水素・アンモニアを燃料として用いた船舶の開発も進められている。従来の船舶の燃料は重油が一般的で，燃焼過程において大量の

第1章　内航海運業の発展過程と内航海運政策

CO_2を排出していた。それを単位当たりのCO_2排出量が少ないLNGや水素，アンモニアなどに転換したり，「あさひ」のようにエンジンの代わりにバッテリーを搭載したりすることによって，その船舶からのCO_2排出量を削減することが可能となる。バイオ燃料を使用すれば，それを燃焼させるときのCO_2排出量は実質ゼロとカウントされる。この場合，エンジンなどの既存の機器を改造する必要がない。2050年までにカーボンニュートラルを実現するためには，船舶を最大で25年使用すると仮定すると，これから建造する船舶は全くCO_2を排出しないものでなければ間に合わない状況にきている。

第4節　小　括

　本章では，内航海運業の歴史を鳥瞰し，アジア・太平洋戦争後からの斯業に対して講じられた政策の変遷を概観した。

　第1節では，明治から現在に至るまでの内航海運業の発展過程をたどった。戦後直後には，朝鮮戦争による特需ブームがあった。これによって一時は輸送量の大幅な拡大がみられたものの，その終了とともに輸送需要は落ち込んだ。また，当時の業界は零細事業者が乱立した過当競争の状態にあり，これらが相まって船腹過剰の状態が続いた。さらに，旧国鉄との貨物運賃の競合により，運賃の長期低迷の問題にも悩まされることとなった。

　高度経済成長期には，日本における一次エネルギーの転換が進み，輸送の大宗貨物が石炭から石油へと移行した。また，このとき大量生産・大量消費の流れを受けて物流の合理化が進められた。その一環として，会社の専属化・系列化が進展し，内航海運の不定期船部門においてインダストリアル・キャリアが形成された。この元請オペレーターから下請オペレーター，オーナーへとつながる系列化かつ下請け化のピラミッド構造は，現在においても残存している。

　その後の1970年代から1980年代前半にかけて，ニクソンショックや石油危機の影響で重化学工業から知識集約型産業へと産業構造が変化した。1980年代後半以降は，それまで輸出依存的な成長を続けていたことで円高や貿易摩擦が生じ，電機産業などの製造業はその拠点を海外に移転した。これらによって，大宗貨物が石油などのエネルギー資源，その他素材型貨物である内航海運は，

1990年ごろをピークに輸送量が減少している。

　第2節では，内航海運に対する主な政策について概観した。高度経済成長期前の船腹過剰問題については補助金の支給などによって解決を試みたが，その実現には至らなかった。その後高度経済成長期に事業の安定化のための法律が制定され，対象船舶の範囲を木船，小型鋼船，大型鋼船へと広げていった。1964年に「内航二法」が公布され，事業の許可制と船腹調整事業が始まった。これらの経済的規制は，市場の安定という面で当初は効果があった。しかしそれが長年にわたって継続されたことにより，インダストリアル・キャリアである不定期船において，市場原理が働かない状況が生まれてしまったのは大きな問題であった。なお，内航海運政策は供給をコントロールするための規制が中心であったが，外航海運に対しては同時期，「海運再建整備二法」といった国際競争力向上のための政策が展開された。

　今世紀に入ると，「次世代内航海運ビジョン」の策定に基づいて，許可制が登録制に緩和されるなど内航海運業法等が大幅に改正された。その他にも，船舶管理会社の活用や環境対策船の開発，船員雇用拡大や労働環境改善といった船員に対する政策も本格的に始まった。現在に至るまで，徐々にこれらの制度の見直しや改善が行われてきた。その例として船舶管理会社の活用は，導入当初法的な根拠がなくその促進は進まなかったが，2022年に船舶管理業の登録制度が確立し，内航海運業の一つに位置付けられたことで，今後の活用の普及に期待ができる。船員に対する政策についても，同年に「船員の働き方改革」により労務管理や健康確保が法律によって義務化され，事業者による労働環境改善が必須のものとなった。

　以上の内航海運政策の特徴をまとめると，戦後から1990年代までは業界秩序の確立・維持や近代化に重きが置かれていたが，今世紀に入ってからは，生産性の向上や船員政策へと大きく方向転換したといえる。

注

1）　浜崎礼三（2012）『海の人々と列島の歴史―漁撈・製塩・交易等へと活動は広がる―』
　　北斗書房，46頁。
2）　石原道博編訳（1985）『新訂　魏志倭人伝・後漢書倭伝・宋書倭国伝・隋書倭国伝―
　　中国正史日本伝（1）―』岩波書店，21頁。

第1章 内航海運業の発展過程と内航海運政策

3） 同上書，83-84頁。

4） 鈴木暁・古賀昭弘（2007）『現代の内航海運』（交通ブックス216）成山堂書店，27頁。

5） 森隆行編著（2016）『新訂 外航海運概論』成山堂書店，52-53頁。

6） 鈴木・古賀（2007），前掲書，31-32頁。

7） 運輸省50年史編纂室編（1999）『運輸省五十年史』運輸省50年史編纂室，9頁。

8） 鈴木・古賀（2007），前掲書，35-36頁。

9） 日本造船学会（1997）『日本造船技術百年史』日本造船学会，73頁。

10） 三和（1971）によれば，明治時代の内航海運輸送量に関する資料は，『日本帝國港灣統計』が明治39（1906）年版より刊行されるまで極めて乏しい。明治初期に関しては，開拓使の調査による「二府四県采覧報文」（1879年），「東北諸港報告書」（1880年），「西南諸港報告書」（1882年）の記載資料や『帝国統計年鑑』『府県統計書』の一部が利用できるが，これらの資料以降から1906年の『日本帝國港灣統計』までに関しては，ほとんど適当な資料が得られないという。三和良一（1971）「海上輸送」松好貞夫・安藤良雄編『日本輸送史』日本評論社，所収，386頁。筆者の調べによれば『日本帝國港灣統計』（明治41年版からは『大日本帝國港灣統計』）に関しても，「明治39年，明治40年」（1906年，1907年）から「大正3年」（1914年）までは港湾の輸出入量の値が価格あるいは品目の単位における数量のみであり，トン数は公表されていない。内務省「大日本帝國港灣統計」（明治39年，明治40年〜昭和16年）https://dl.ndl.go.jp/pid/11172078（2023年11月30日取得）。

11） 運輸省50年史編纂室編（1999），前掲書，73-75頁。

12） 同上書，168頁。

13） 日本内航海運組合総連合会広報委員会編（2015）『五十年のあゆみ』日本内航海運組合総連合会広報委員会，9-10頁。

14） 運輸省50年史編纂室編（1999），前掲書，168頁。

15） 土井靖範（1984）「日本経済の成長と機帆船の輸送構造」笹木弘・篠原陽一・鈴木暁・雨宮洋司・武城正長・土居靖範『機帆船海運の研究—その歴史と構造—』多賀出版，所収，208-215頁。

16） 鈴木・古賀（2007），前掲書，44頁。

17） 同上書，44-45頁。

18） 牛島利明（2017）「高度成長から平成不況まで」浜野潔・井奥成彦・中村宗悦・岸田真・永江雅和・牛島利明『日本経済史 1600-2015—歴史に読む時代—』慶應義塾大学出版会，所収，271-273頁。

19） 運輸省50年史編纂室編（1999），前掲書，359-360頁。

20） 同上書，532-533頁。

21） 国土交通省海事局「内航海運・フェリー・国内旅客船の振興」平成23年版海事レポート第1部第4章，https://www.mlit.go.jp/maritime/kaijireport/report_H23_07.pdf（2024年7月12日取得）。

22） 運輸省50年史編纂室編（1999），前掲書，9頁。

23） 弓庭博行（2016）「内航海運の戦後70年史 前史第12回不平等条約」『内航海運』Vol.

第Ⅰ部　これまでの内航海運の歩みと現状の課題

51 No. 982，82–83頁。

24)　弓庭博行（2016）「内航海運の戦後70年史　前史第14回カボタージュ確立」『内航海運』Vol. 51 No. 984，11頁。

25)　運輸省50年史編纂室編（1999），前掲書，10頁。

26)　織田政夫（1979）『海運政策論』成山堂書店，45頁。

27)　運輸省50年史編纂室編（1999），前掲書，12–89頁。

28)　この二法によって，海運企業が六つの中核体（大阪商船三井船舶，日本郵船，川崎汽船，山下新日本汽船，ジャパンライン，昭和海運）に集約され，企業の経営改善と建造量の増大につながったが，財政融資は外航海運に限られていたため，その後，外航船社が内航海運部門を切り離す「内外航分離」が行われた。1966年には中核となった川崎汽船が川崎近海汽船，大阪商船三井船舶が商船三井近海，1968年には山下新日本汽船が山下新日本近海汽船をそれぞれ設立した。なお，この六つの中核体は，後のコンテナの登場や石油危機などの環境変化に伴って，現在の商船三井，日本郵船，川崎汽船の3社体制へとさらに集約される。弓庭博行（2019）「内航海運近現代史　第39回内航業者団体の変遷⑥」『内航海運』Vol. 54 No. 1014，72頁。

29)　弓庭博行（2019）「内航海運近現代史　第42回内航業者団体の変遷⑨」『内航海運』Vol. 54 No. 1019，62頁。

30)　運輸省50年史編纂室編（1999），前掲書，168–169頁。

31)　同上書，532–533頁。

32)　国土交通省「次世代内航海運懇談会」https://www.mlit.go.jp/kaiji/zisedainaikokon/zisedainaikokon_.html（2023年2月9日取得）。

33)　2001年1月6日の中央省庁再編による国土交通省の設置にともない，「国土交通大臣の諮問に応じて交通政策に関する重要事項を調査審議すること」など（国土交通省設置法第14条）を所掌事務とする「交通政策審議会」が設置された（同法第6条）。それ以前の旧運輸省では運輸モードごとに個別の審議会が設けられ，海事に関する審議は「海運造船合理化審議会」や「海上安全船員教育審議会」で行われていたが，交通政策審議会は各モードにわたる審議内容を総合的に連携するものである。海事政策に係る調査審議については海事分科会に付託されている。

34)　交通政策審議会（2003）「内航海運の活性化による海上物流システムの高度化について（答申）」https://www.mlit.go.jp/singikai/koutusin/kaiji/toushin 2 .pdf（2023年2月9日取得）。

35)　日本船主協会「2003年度の内航海運対策」船協海運年報2004，https://www.jsanet.or.jp/report/nenpo/nenpo2004/text/nenpo2004_09- 3 .pdf（2023年3月7日取得）。

36)　基本政策部会は，海事分科会において海事行政全般について検討する場がなかったことから，2014年3月12日に設置されたものであり，海事行政の既存施策の検証や今後取り組むべき課題及び具体的政策の検討を行っている。

37)　交通政策審議会海事分科会基本政策部会（2015）「基本政策部会とりまとめ～海洋立国日本の前進に向けた今後の海事行政の目指す方向2015～」https://www.mlit.go.jp/common/001097942.pdf（2023年2月21日取得）。

38) 内航海運の活性化に向けた今後の方向性検討会（2017）「内航未来創造プラン～たくましく　日本を支え　進化する～」https://www.mlit.go.jp/common/001190904.pdf（2023年2月21日取得）。

39) 国土交通省「内航海運についての新たな産業施策を発表（「内航未来創造プラン～たくましく　日本を支え　進化する～」について）」2017年6月30日更新，https://www.mlit.go.jp/report/press/kaiji03_hh_000078.html（2019年12月17日取得）。

40) 国土交通省「内航海運の『安定的輸送の確保』と『生産性向上』に向けた施策が進んでいます！～『内航未来創造プラン』策定から1年間の進捗状況～」2018年7月6日更新，https://www.mlit.go.jp/report/press/kaiji03_hh_000100.html（2019年12月17日　取得）。

41) 国土交通省海事局（2020）「中間とりまとめに向けて」交通政策審議会海事分科会第16回基本政策部会（2020年6月26日）資料3，https://www.mlit.go.jp/policy/shingikai/content/001353253.pdf（2023年2月21日取得）。

42) 交通政策審議会海事分科会基本政策部会（2020）「令和の時代の内航海運に向けて（中間とりまとめ）」https://www.mlit.go.jp/policy/shingikai/content/001365409.pdf（2021年5月10日取得）。

43) 同上資料。

44) 国土交通省「内航海運の『取引環境改善』，『生産性向上』（内航海運業法等の改正）」http://www.mlit.go.jp/maritime/maritime_tk3_000074.html（2023年2月21日取得）。

45) 国土交通省「『海事産業の基盤強化のための海上運送法等の一部を改正する法律案』を閣議決定」2021年2月5日更新，https://www.mlit.go.jp/report/press/kaiji01_hh_000512.html（2023年2月21日取得）。

46) 李志明（2014）「内航海運暫定措置事業」森隆行編『内航海運』晃洋書房，所収，116－118頁。

47) 同上論文，118-121頁。

48) 同上論文，122-125頁。

49) 同上論文，113頁。

50) 日本内航海運組合総連合会（2022）『内航海運の活動・令和4年度版』日本内航海運組合総連合会，20-21頁。

51) 日本内航海運組合総連合会（2022），前掲資料，20-21頁。

52) 内航海運研究会（2011）「カボタージュ規制について」『内航海運』Vol. 46 No. 921，40頁。

53) 国土交通省（2010）「沖縄県における外国籍船での沿岸輸送について」https://www.mlit.go.jp/common/000111596.pdf（2023年2月22日取得）。

54) 内閣府（2018）「海洋基本計画（平成30年5月15日閣議決定）」https://www8.cao.go.jp/ocean/policies/plan/plan03/pdf/plan03.pdf（2023年2月22日取得）45頁。

55) 日本における内航海運の継続的研究体制を確立するという趣旨の下，2010年4月に設立され，内航海運の現状や諸課題の調査・研究，情報発信に取り組む。

56) 1966年に閣議決定された「雇用対策基本計画」において，外国人単純労働者の導入を

認めないとされ，それに船員も含まれている。

57) 内航海運研究会（2011），前掲論文，45-47頁。

58) 森隆行（2014）「船舶管理」森隆行編『内航海運』晃洋書房，所収，157-158頁。

59) 内航海運ビジネスモデル検討会（2006）「これからの内航海運のビジネスモデルについて」http://www.mlit.go.jp/common/001012477.pdf（2023年2月23日取得）。

60) 国土交通省（2008）「内航海運グループ化について＊マニュアル＊」http://www.mlit.go.jp/common/001012484.pdf（2023年2月23日取得）。

61) 国土交通省（2012）「内航海運における船舶管理業務に関するガイドライン」http://www.mlit.go.jp/common/001012473.pdf（2023年2月23日取得）。

62) 森（2014），前掲論文，170頁。

63) 国土交通省「『登録船舶管理事業者制度』における登録事業者の初登録！〜船舶管理事業者の活用の本格的な促進に向けて〜」2018年5月30日更新，https://www.mlit.go.jp/report/press/kaiji03_hh_000096.html（2019年12月20日取得）。

64) 国土交通省「登録船舶管理事業者規程の解釈・運用の考え方について」（国海内第204号2018年3月29日内航課長通達，一部改正国海内第114号2021年5月14日）https://www.mlit.go.jp/maritime/content/001485042.pdf（2023年12月7日取得）。

65) 森隆行監修・関西物流総合研究所編（2019）『内航海運・フェリー業界の現状と課題—内航海運・フェリーの希望ある明日のために—2019年度版（Vol. 3）』大阪港振興協会・大阪港埠頭，29頁。

66) 国土交通省「登録船舶管理事業者一覧」2021年10月21日更新，https://www.mlit.go.jp/maritime/maritime_tk3_000057.html（2023年2月23日取得）。

67) 鉄道建設・運輸施設整備支援機構「船舶共有建造事業の概要」https://www.jrtt.go.jp/ship/outline/（2023年2月23日取得）。

68) 鉄道建設・運輸施設整備支援機構「共有船のススメ。4108」https://www.jrtt.go.jp/corporate/public_relations/202110_ship_pamphlet.pdf（2023年2月23日取得）。

69) 鉄道建設・運輸施設整備支援機構（2022）「第4期中期目標期間業務実績等報告書（見込）」https://www.jrtt.go.jp/corporate/asset/4th-gyoumujissekihoukokusho%28mikomi%29.pdf（2023年2月24日取得）125頁。

70) 鈴木裕介（2021）「わが国の内航海運政策の評価」『運輸と経済』第81巻第5号，115頁。

71) 畑本郁彦・古荘雅生（2021）『内航海運概論』成山堂書店，99-107頁。

72) 運輸省50年史編纂室編（1999），前掲書，553頁。

73) 国土交通省「内航乗組み制度の見直しについて」https://www.mlit.go.jp/kaiji/naikousen/index.html（2023年3月7日取得）。

74) 国土交通省「交通政策審議会海事分科会船員部会における検討・とりまとめ」https://www.mlit.go.jp/maritime/maritime_tk4_000018.html（2023年3月7日取得）。

75) 国土交通省「船員の働き方改革」https://www.mlit.go.jp/maritime/maritime_tk4_000026.html（2023年3月7日取得）。

76) 森隆行監修・関西物流総合研究所編（2018）『内航海運・フェリー業界の現状と課題—内航海運・フェリーの希望ある明日のために—2018年度版（Vol. 2）』大阪港振興協会・

大阪港埠頭，51頁。

77)　日本経済団体連合会「経団連カーボンニュートラル行動計画　2022年度フォローアップ結果　個別業種編　日本内航海運組合総連合会」2023年3月31日更新，https://www.keidanren.or.jp/policy/2022/095.html（2023年4月25日取得）。

第2章　内航海運の現状と課題

第1節　内航貨物輸送の現状

1　内航貨物輸送量と他モードとの比較

　内航貨物の輸送量の推移を図2－1（トンベース）及び図2－2（トンキロベース）に示す。輸送量は，アジア・太平洋戦争後，日本の経済発展とともに増え続け，1990年度ごろをピークに減少を続けている。2021年度の内航貨物輸送量は，トンベースで3億2466万トン，トンキロベースで1617億9500万トンキロである[1]。

　主要品目別にみた輸送量は，表2－1に示すとおりである。トンベースにおいて最も高い割合を占めるのは石油製品（トン：23.5％，トンキロ：23.3％）で，次いで石灰石等（トン：18.0％，トンキロ：18.0％），鉄鋼等（トン：11.4％，トンキロ：11.3％）が多く，上位3品目で全体の52.9％（トンベース）を占めている。それら製造工業品，セメント，化学工業品，砂利・砂・石材，石炭，輸送用機械等を含めた産業原材料で全体の90.9％（トンベース）を占める。つまり，内航船舶で輸送される貨物のほとんどが産業原材料であることがわかる。

　次に，日本国内の貨物輸送を輸送機関別でみていく。現在，日本国内で利用されている輸送機関は，トラック，鉄道，船舶，航空機の4種類である。トラックは全国各地に直接配送することができるという特性を生かし，個人荷物や鮮度が必要となる食品，半導体などの付加価値の高い製品を主に輸送している。しかし，長距離の輸送には適しておらず，トラック1台当たりの輸送量は，他の輸送機関に比べて少ない。航空機輸送の特徴は，長距離を短時間で輸送できることである。そして主な輸送品は自動車やコンピューターなどの小型部品や生花，果物，医薬品などの高付加価値商品が挙げられる。しかし，離着陸ができる空港間の輸送に限られ，空港からトラックなどで目的地まで運ばなければならないこと，輸送の可否が天候に左右されること，そして単位容積当

第Ⅰ部　これまでの内航海運の歩みと現状の課題

図2-1　内航船舶輸送量の推移（トン）

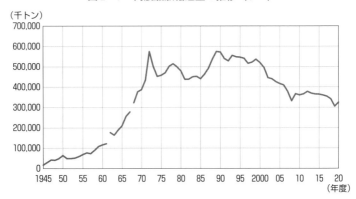

（注）調査方法が1963年度及び1969年度に変更されているため連続させていない。
（出所）運輸省「内航船舶輸送統計年報」（昭和38年度～平成11年度）。国土交通省「内航船舶輸送統計年報」（平成12年度～令和3年度）。以上をもとに筆者作成。

図2-2　内航船舶輸送量の推移（トンキロ）

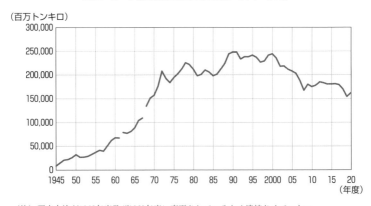

（注）調査方法が1963年度及び1969年度に変更されているため連続させていない。
（出所）図2-1に同じ。

たりの輸送料金が高額であることが欠点として挙げられる。鉄道や船舶は，主に長距離輸送で利用されている。また，トラックや航空機に比べて単位容積当たりの輸送費は安く，エネルギー消費や二酸化炭素の排出量も少ないために環境にやさしい輸送手段といわれている。しかし，鉄道網のあるところしか輸送

第 2 章　内航海運の現状と課題

表 2 - 1　内航船舶による品目別輸送量（2021年度）

品目	区分	トンベース		トンキロ	
		千トン	割合	百万トンキロ	割合
産業原材料	石油製品	76,243	23.5%	37,753	23.3%
	石灰石等	58,316	18.0%	29,053	18.0%
	鉄鋼等	37,130	11.4%	18,251	11.3%
	製造工業品	30,527	9.4%	22,571	14.0%
	セメント	30,282	9.3%	16,093	9.9%
	化学工業品	21,436	6.6%	9,091	5.6%
	砂利・砂・石材	16,004	4.9%	5,145	3.2%
	石炭	14,479	4.5%	1,759	1.1%
	輸送用機械等	8,685	2.7%	5,639	3.5%
	その他産業原材料	2,061	0.6%	1,186	0.7%
その他	特種品	22,771	7.0%	11,630	7.2%
	農林水産品	3,655	1.1%	2,044	1.3%
	その他製品等	2,806	0.9%	1,563	1.0%
分類不能のもの		265	0.1%	17	0.0%
合　計		324,659	100.0%	161,795	100.0%

（出所）国土交通省総合政策局情報政策課交通経済統計調査室「内航船舶輸送統計年報　令和 3 年度」
2022年 6 月27日更新，https://www.e-stat.go.jp/stat-search/files?page = 1 &layout=datalist&to
ukei=00600340&tstat=000001018595&cycle= 8 &year=20211&month= 0 &result_
back= 1 &tclass 1 val= 0 （2023年 3 月20日取得）をもとに筆者作成。

できず，一般的なコンテナの大きさがトラックや船舶の規格と異なること，船
舶についても港間の輸送に限られ，輸送時間が天候に左右されることなど，輸
送に制約が多いという特徴がある。
　輸送機関別にみた輸送分担率の推移を図 2 - 3 （トンベース）及び図 2 - 4 （ト
ンキロベース）で示す。2021年度の輸送分担率は，自動車がトンベースで91.4%
と圧倒的に高いシェアを占めている。しかし，トンキロベースでみると自動車
は55.4%と全体の半分程度であり，その次を占めるのが内航海運の40.0%であ
る。このことから，内航海運は輸送距離が自動車に比べて長いことがわかる。
さらに長期的な推移をみると，1950年度のトンキロベースで最も高い割合を占
めたものは鉄道である。トンベースにおいても，自動車のシェアが一番高い

35

第Ⅰ部　これまでの内航海運の歩みと現状の課題

図 2-3　輸送機関別輸送分担率の推移（トン）

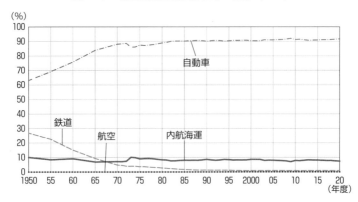

（注1）自動車について，1987年度より軽自動車を新たに調査対象に加えたため，1986年度以前とは時系列上の連続性が担保されない。2010年度より調査方法及び集計方法を変更したため，2009年度以前の数値とは時系列上の連続性が担保されない。2010年度及び2011年度の数値には，2011年3月及び4月の北海道運輸局及び東北運輸局の数値を含まない。2020年度より調査方法及び集計方法を変更したため，2019年度以前の数値とは時系列上の連続性が担保されない。
（注2）鉄道について，2011年度より「鉄道輸送統計年報」の公表項目からJR部分が秘匿項目となったため計上しない。
（注3）航空は，国内定期のみの数値であり，超過手荷物・郵便物を含む。
（出所）国土交通省「交通関係基本データ　輸送機関別輸送量」https://www.mlit.go.jp/k-toukei/（2023年1月4日取得）。運輸省「内航船舶輸送統計年報」（昭和49年度〜平成6年度）https://dl.ndl.go.jp/pid/11151923（2023年12月17日取得）。運輸省「航空輸送統計年報」（昭和45年〜平成6年）https://dl.ndl.go.jp/pid/11100754（2023年12月17日取得）。運輸省運輸政策局情報管理部統計課編（1989）『陸運統計要覧（昭和63年版）』美印刷。運輸省運輸政策局情報管理部編（2000）『陸運統計要覧（平成11年版）』日本自動車会議所。以上をもとに筆者作成。

が，鉄道も26.9％と現在に比べて大きな割合を占めていた。つまり，当時の輸送手段は鉄道が主流であった。その後，鉄道のシェアは減少し，代わって自動車のそれが増加した。1985年度にはすでに現在と変わらないシェアになり，その後，多少の変動はみられるものの，ほとんど変化はなく現在に至っている。

なお，国内航空のシェア（トンキロベース）は，1970年度から2021年度までの間に0.02％から0.15％に増加している。これは，高度経済成長期を経て国民の生活が豊かになり，果物や生花などの付加価値の高い商品の輸送が増えたためであると考えられる。また1980年頃から，産業構造が重厚長大型産業から軽薄短小型産業へと変化し，コンピューターなどの小型部品の製造量が増えたことも増加の要因であろう。

図2-4 輸送機関別輸送分担率の推移（トンキロ）

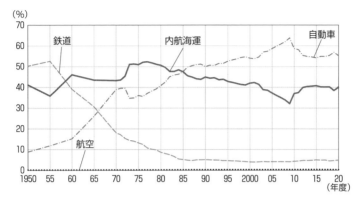

(注1) 自動車について，1987年度より軽自動車を新たに調査対象に加えたため，1986年度以前とは時系列上の連続性が担保されない。2010年度より調査方法及び集計方法を変更したため，2009年度以前の数値とは時系列上の連続性が担保されない。2010年度及び2011年度の数値には，2011年3月及び4月の北海道運輸局及び東北運輸局の数値を含まない。2020年度より調査方法及び集計方法を変更したため，2019年度以前の数値とは時系列上の連続性が担保されない。
(注2) 鉄道について，2011年度より「鉄道輸送統計年報」の公表項目からJR部分が秘匿項目となったため計上しない。
(注3) 航空は，国内定期のみの数値であり，超過手荷物・郵便物を含む。
(出所) 図2-3に同じ。

　前述したとおり，内航海運において，石油製品，石灰石等及び鉄鋼等の輸送量の合計は現在，全体の約半分を占めている。そこで，次項は内航海運で輸送する貨物の上位3品目である石油製品，石灰石等及び鉄鋼等と，石油製品の前に日本の最も主要なエネルギー源であった石炭，近年輸送量が右肩上がりの雑貨[2]について，輸送量の変化を他の輸送機関と比較しつつ考察する。

2　内航主要品目の輸送量の変化

(1) 石油製品

　重油や揮発油をはじめとする石油製品は，高度経済成長が始まった1950年代以降，石炭に代わって需要が急増し始め，第一次エネルギーの首座を占めるようになった。ところが，1973年の第一次石油危機，1979年の第二次石油危機により中東産油国からの供給が停止されたことによって，日本は石油不足に陥った。

第Ⅰ部　これまでの内航海運の歩みと現状の課題

図2-5　輸送機関別国内輸送量の推移（石油製品）

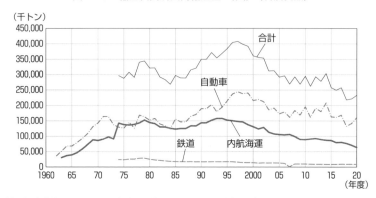

(注1) 自動車について，1962年度は路線トラックにおける輸送を含まない。1995年1～3月の兵庫県の数値を含まない。2010年度より調査方法及び集計方法を変更したため，2009年度以前の数値とは連続しない。特に，2010年度からは自家用軽自動車を対象から除外している。2011年3月の東日本大震災の影響により，北海道運輸局及び東北運輸局管内の2011年4月の数値を含まない。

(注2) 鉄道について，資料元は1974～1983年度が陸運統計年報，1984年度以降が鉄道統計年報である。1974～1983年度は，国鉄と民鉄の合計であり，国鉄は車扱貨物（有賃，無賃の合計）の合計，民鉄は車扱貨物（有賃のみ）の合計である。1984年度以降は，車扱貨物（有賃のみ）のみの数値である。

(出所) 運輸省『運輸経済統計要覧』（昭和39年版～昭和50年版，昭和52年4月刊，昭和52年版，昭和54年版～昭和63年版，平成元年版～平成7年版，平成8・9年版，平成9年版～平成11年版）。国土交通省『交通経済統計要覧』（平成12年版～平成17年版，平成18・19年版，平成20～24年版，平成25・26年版，平成27・28年版，平成29年版，平成30年版，平成31・令和元年版，2020（令和2）年版，2021（令和3）年版）。運輸省運輸政策局情報管理部統計課（1998）「内航船舶輸送統計年報　平成9年度」https://dl.ndl.go.jp/pid/11151958（2023年12月17日取得）。以上をもとに筆者作成。

　図2-5は，石油製品の国内輸送トン数を輸送機関別に示したものである。公的統計において品目の定義が途中で変更されたことで戦後直後からの通年データでの比較は困難であるため，内航海運は1963年度以降，自動車は1962年度以降，鉄道は1974年度以降のものを示す。内航海運及び自動車は，1960年代に増加している。このことは，高度経済成長によって石油の取扱量が増えたことが影響していると考えられる。さらに，1970年代に入ると，内航海運，自動車，鉄道の各輸送機関の合計は，1979年度から1984年度の間で減少している。この減少は第二次石油危機が影響していると考えられる。その後，1990年代半ばまで増加傾向にあり，1990年代後半からは減少に転じ，近年は3億トン以下で推移している。

輸送機関別にさらにみてみると，全体として自動車による輸送が大きな割合を占めている。しかし，1974年度に内航海運の輸送量が5000万トン増加し，1975年度から1985年度の間は，内航海運と自動車が同程度の輸送量を占めている。鉄道は，1974年度以降のデータではあるが，輸送量は他モードと比べて小さく，年々減少している。

(2)石　炭

石炭は，1960年ごろまで日本の最も主要なエネルギー源であった。アジア・太平洋戦争後，復興政策の一つである1947年の傾斜生産方式により，石炭は鉄鋼と共に増産されていた。しかし，高度経済成長期の1950年代に海外から安価な石油が輸入され第一次エネルギー源の主力が石油に転換されると，1963年に「第一次石炭政策」が発表され，全国各地にあった炭鉱は相次いで閉山されていった。1992年には最後の石炭政策が発表され，1997年に三井三池炭鉱が閉山し，2002年に北海道の太平洋炭鉱が閉山すると，国内の主要炭鉱はすべて閉山となった。[3] こうして日本では戦後，国内で生産される石炭は減少を続け，一方それを補う形で海外から輸入される安価な石炭に依存するようになっていった。1970年頃を境に石炭の海外輸入量が国内生産量を上回り，それ以降海外からの輸入量は増え続けて[4]，2000年以降は年間約2億トン弱を推移している。[5]

図2-6は，石炭の国内輸送トン数を輸送機関別に示したものである。石油製品と同様，公的統計において品目の定義が途中で変更されたことで戦後直後からの通年データでの比較は困難であるため，内航海運は1963年度以降，自動車は1962年度以降，鉄道は1974年度以降のものを示す。内航海運及び自動車は，1960年代から1970年代前半にかけて減少傾向にあり，先述の石油製品に転換されたことがわかる。内航海運，自動車，鉄道の各輸送機関の合計は，1976～1988年度で増加傾向にあるが，それ以降減少に転じ，近年は増減を繰り返している。

輸送機関別にさらにみてみると，1975年度ごろにおける各輸送機関の輸送量は同規模であり，それ以前の内航海運と自動車は，ほぼ同量である。また1975年度以降は自動車の輸送量が増加している。つまり，1975年度以降，徐々に内航海運や鉄道から自動車へ，輸送機関の転移が起こったといえる。

第Ⅰ部　これまでの内航海運の歩みと現状の課題

図2-6　輸送機関別国内輸送量の推移（石炭）

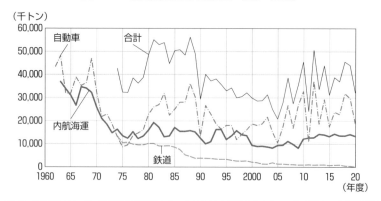

（注1）自動車について，1962年度は路線トラックにおける輸送を含まない。1995年1～3月の兵庫県の数値を含まない。2010年度より調査方法及び集計方法を変更したため，2009年度以前の数値とは連続しない。特に，2010年度からは自家用軽自動車を対象から除外している。2011年3月の東日本大震災の影響により，北海道運輸局及び東北運輸局管内の2011年4月の数値を含まない。

（注2）鉄道について，資料元は1974～1983年度が陸運統計年報，1984年度以降が鉄道統計年報である。1974～1983年度は，国鉄と民鉄の合計であり，国鉄は車扱貨物（有賃，無賃の合計）の合計，民鉄は車扱貨物（有賃のみ）の合計である。1984年度以降は，車扱貨物（有賃のみ）のみの数値である。

（出所）図2-5に同じ。

(3) 石灰石

　石灰石は，主にセメント原料として利用されている。日本には，全国各地に石灰岩鉱脈が分布しており，山口県の秋吉台，福岡県の平尾台を含む200以上の石灰石鉱山が稼働している。石灰石は，直近の2021年度を例にとると，その生産量は約1億3000万トンである。一方，同年度の輸入量はわずか約44万トンにすぎない。天然資源に乏しい日本にしては珍しく，国内自給率がほぼ100％の産品である。

　図2-7は，石灰石等の国内輸送トン数を輸送機関別に示したものである。石油製品，石炭と同様，公的統計において品目の定義が途中で変更されたことで戦後直後からの通年データでの比較は困難であるため，内航海運は1963年度以降，自動車は1962年度以降，鉄道は1974年度以降のものを示す。内航海運及び自動車は，高度経済成長期の1960年代から1970年代前半にかけて輸送量が増加した。内航海運，自動車，鉄道の合計は，1985～1995年度で増加傾向にあ

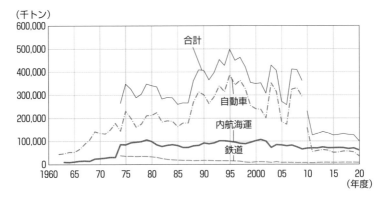

図2-7 輸送機関別国内輸送量の推移（石灰石等）

（注1） 自動車について，1962年度は路線トラックにおける輸送を含まない。1995年1～3月の兵庫県の数値を含まない。2010年度より調査方法及び集計方法を変更したため，2009年度以前の数値とは連続しない。特に，2010年度からは自家用軽自動車を対象から除外している。2011年3月の東日本大震災の影響により，北海道運輸局及び東北運輸局管内の2011年4月の数値を含まない。
（注2） 鉄道について，資料元は1974～1983年度が陸運統計年報，1984年度以降が鉄道統計年報である。1974～1983年度は，国鉄と民鉄の合計であり，国鉄は車扱貨物（有賃，無賃の合計）の合計，民鉄は車扱貨物（有賃のみ）の合計である。1984年度以降は，車扱貨物（有賃のみ）のみの数値である。
（注3） 1973年度以前の内航海運は，石灰石のみの値である。
（出所） 図2-5に同じ。

る。しかし1995年度を過ぎると減少傾向に転じ，現在に至っている。

　上記のとおり輸入される石灰石の総量は，極めて微量であることから，その国内での輸送量（荷揚げ港から消費先まで）は無視しても実際の分析には影響しない。換言すれば，国内における石灰石の輸送量と国内の生産量はほぼイコールの関係にあるといえる。石灰石の生産量は，1960年度の約3900万トンから1973年度には約1億6400万トンへと13年間で4倍以上も増加した。その後も緩やかに増加を続け，1991年度に約2億トンとピークを迎える。その後は現在に至るまで減少傾向にある[9]。このことから，輸送量の推移は国内の生産量のそれと似たような傾向を示し，輸送量は生産量の増減に影響を受けていることがわかる。

　輸送機関別にさらにみてみると，2010年度までは自動車による輸送量が最も多い。内航海運は約1億トン前後を横ばいに推移し，鉄道は緩やかに減少しているが，自動車の推移は国内の生産量のそれと似たような傾向を示している。

第 I 部　これまでの内航海運の歩みと現状の課題

したがって，国内生産量の変化による影響を受けているのは自動車であることがわかる。2009年度から2011年度にかけて急激に自動車の輸送量が減少しているようにみえるが，2010年10月より統計の調査方法及び集計方法を変更しているためであると考えられる。貨物自動車には営業用と自家用があるが，このときの変更により，自家用の軽自動車及び旅客自家用自動車が除外された。[10]　新しい調査・集計方法による統計では，内航海運の輸送量が自動車の輸送量を若干上回り，国内で生産される石灰石は内航海運と自動車で分担し輸送されているといえる。

⑷ 鉄　鋼

　鉄鋼は，石炭と同様に1947年の傾斜生産方式で増産され，1950〜1953年の朝鮮特需もあって生産量は拡大した。高度経済成長期には，重化学工業の基軸である鉄鋼業は現代化し，さらに成長を続けた。その後，1985年のプラザ合意による円高や1990年代のバブル崩壊によって一旦は低迷が続いたが，2000年代に入ると，自動車向けの鋼材などの需要が高まり，また中国などの新興国に向けた輸出が増加したために，再び生産量が拡大した。[11]

　図2-8は，鉄鋼等の国内輸送トン数を輸送機関別に示したものである。石油製品，石炭，石灰石等と同様，公的統計において品目の定義が途中で変更されたことで戦後直後からの通年データでの比較は困難であるため，内航海運は1963年度以降，自動車は1962年度以降，鉄道は1974年度以降のものを示す。高度経済成長期の1960年代は特に自動車の輸送量が大きく増加した。内航海運，自動車及び鉄道の各輸送機関の合計は，1990年度ごろまでは，ほとんど横ばいであるが，それを過ぎると輸送量は減少する。しかし，2000年度頃を境に輸送量は転じて増加傾向となる。これは，自動車用の鋼材などの輸送が増加したためと考えられる。輸送機関別にさらにみてみると，全体を通して自動車の割合が高い。内航海運による輸送量は比較的変化が小さいが，1960年代から1970年代前半にかけて増加し，1990年代後半以降緩やかに減少していることがわかる。

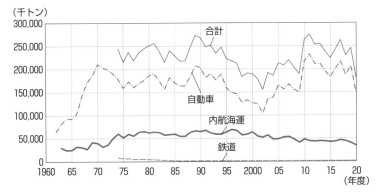

図2-8 輸送機関別国内輸送量の推移（鉄鋼等）

(注1) 自動車について，1962年度は路線トラックにおける輸送を含まない。1995年1～3月の兵庫県の数値を含まない。2010年度より調査方法及び集計方法を変更したため，2009年度以前の数値とは連続しない。特に，2010年度からは自家用軽自動車を対象から除外している。2011年3月の東日本大震災の影響により，北海道運輸局及び東北運輸局管内の2011年4月の数値を含まない。
(注2) 鉄道について，資料元は1974～1983年度が陸運統計年報，1984年度以降が鉄道統計年報である。1974～1983年度は，国鉄と民鉄の合計であり，国鉄は車扱貨物（有賃，無賃の合計）の合計，民鉄は車扱貨物（有賃のみ）の合計である。1984年度以降は，車扱貨物（有賃のみ）のみの数値である。
(注3) 1973年度以前の内航海運は，鉄鋼のみの値である。
(出所) 図2-5に同じ。

(5) 雑　貨

　雑貨は，船種でいうと主にRORO船，コンテナ船によって輸送される。また，トラックがフェリーを利用して目的地まで運ぶことも船舶による雑貨輸送の一種である。表2-2からわかるように，雑貨輸送の99%は自動車が担っている。内航海運（RORO船とコンテナ船を含む）は，全体の占める割合としては少ないものの，増加傾向にあることがわかる。内航貨物の輸送量が1990年度ごろをピークに減少を続ける中，雑貨輸送は現在もなお成長を期待できる分野であろう。

　このように輸送量が増加しているのは，国土交通省が推進してきたモーダルシフト政策の効果も影響していると考えられる。RORO船などはモーダルシフト船と位置づけられ，船腹調整制度において船体の引当て義務を無くし，載貨重量トン数当たり10万円を支払うことでこれらの建造が可能であった。暫定措置事業に移行した後も，対象の大型RORO船の建造納付金は一般貨物船の

第Ⅰ部　これまでの内航海運の歩みと現状の課題

表2-2　自動車，内航，フェリー，鉄道の国内輸送量の推移（雑貨）

年　度	1970	1975	1980	1985	1990	1995
自動車	4,626,069	4,392,859	5,317,950	5,048,048	5,984,786	5,877,202
内航海運			13,468	13,856	17,796	19,290
長距離フェリー	640	6,560	8,000	8,240	10,560	11,090
鉄道（JRコンテナ）	8,720	12,110	9,960	12,180	20,160	20,570
合　計	4,635,429	4,411,529	5,349,378	5,082,324	6,033,302	5,928,152

年　度	2000	2005	2010	2015	2020	2021
自動車	5,646,088	4,842,232	4,270,375	4,094,030	3,786,998	3,888,397
内航海運	22,410	23,580	24,760	25,330	27,047	28,457
長距離フェリー	11,720	11,700	8,860	9,290	9,360	10,080
鉄道（JRコンテナ）	20,640	20,900	20,470	22,120	18,830	18,480
合　計	5,700,858	4,898,412	4,324,465	4,150,770	3,842,235	3,945,414

（注1）自動車について，1987年度より軽自動車を新たに調査対象に加えたため，1986年度以前とは時系列上の連続性が担保されない。2010年度より調査方法及び集計方法を変更したため，2009年度以前の数値とは時系列上の連続性が担保されない。2010年度及び2011年度の数値には，2011年3月及び4月の北海道運輸局及び東北運輸局の数値を含まない。2020年度より調査方法及び集計方法を変更したため，2019年度以前の数値とは時系列上の連続性が担保されない。

（注2）内航海運の「雑貨」は，一般雑貨，コンテナ，塩，非鉄金属の合計。

（出所）内航ジャーナル（2019）「2019年版内航海運データ集」内航ジャーナル，CD-ROM版。自動車：国土交通省「交通関係基本データ　輸送機関別輸送量　貨物輸送トン数」https://www.mlit.go.jp/k-toukei/（2023年1月4日取得）。運輸省大臣官房統計調査部編（1971）『運輸経済統計要覧（昭和45年版）』大蔵省印刷局。運輸省運輸政策局情報管理部編（1997）『運輸経済統計要覧（平成8・9年版）』運輸経済研究センター。運輸省運輸政策局情報管理部統計課編（1989）『陸運統計要覧（昭和63年版）』美印刷。運輸省運輸政策局情報管理部編（2000）『陸運統計要覧（平成11年版）』日本自動車会議所。内航海運：［2018～2021年度］日本内航海運組合総連合会「輸送実績（1号票）」（令和2年度上期，3年度上期，4年度上期，4年度）https://www.naiko-kaiun.or.jp/datastock/116/（2023年12月10日取得）。長距離フェリー：［2018～2021年度］国土交通省「長距離フェリー航路の輸送実績」https://www.e-stat.go.jp/stat-search/files?page=1&layout=datalist&toukei=00600730&tstat=000001080903&cycle=8&tclass2val=0（2023年3月21日取得）。鉄道（JRコンテナ）：［1968～1979年度］運輸省大臣官房情報管理部統計課編（1981）『陸運統計要覧（昭和55年版）』ヨシダ印刷両国工場，35頁。［1980-1987年度］運輸省大臣官房国有鉄道改革推進部地域交通局監修（1990）『1990年版　数字で見る鉄道』運輸経済研究センター，10頁。［1988～1994年度］運輸省鉄道局監修（1997）『1997年版数字で見る鉄道』運輸経済研究センター，17頁。［2018～2021年度］日本貨物鉄道「企業情報」https://www.jrfreight.co.jp/about.html（2023年3月21日取得）。以上をもとに筆者作成。

　それの8分の1と格安に設定された。国土交通省は，2002年からモーダルシフト補助金制度を開始し，荷主がRORO船を利用しやすくするために第二種貨物利用運送事業に海運を追加するなど，モーダルシフト推進のための制度を整備してきた。[12]コンテナ船においても，国土交通省の国際コンテナ戦略港湾政策

によって輸送が増加した。内航コンテナ船輸送の8割は外貿コンテナの国内二次輸送である内航フィーダー輸送である。1985年9月のプラザ合意により円高となり，これまで日本に寄港していた外航コンテナ船が釜山や香港に入るようになった。これによって，日本の港湾の競争力が失われ，内航フィーダー輸送も衰退した。これを受けて，国土交通省は，2005年より東京と横浜（京浜港），名古屋と四日市（伊勢湾），大阪と神戸（阪神港）を「スーパー中枢港湾」と指定し，これらの港のコンテナターミナルの整備などを行った。さらに2010年からは民主党政権下の「選択と集中」の基本政策により，京浜港と阪神港の2港に絞り，国際コンテナ戦略港湾政策が展開され，RORO船と同様に暫定措置事業における建造ルールが緩和された。近年のドライバー不足や環境問題の関心の高まりにより，内航フィーダー輸送だけでなく内貿コンテナ輸送も増加している。[13]

3　海外の内航海運の現況

ここで，日本と同様に海運産業が発展している，イギリス，韓国，アメリカ，オーストラリアの4か国について，各国の内航海運の現況を日本と比較する（表2-3参照）。[14]まず，トンベースの輸送量を2021年の名目国内総生産（以下，「名目GDP」という）で除すると，日本は6.6×10^{-5}トン／US\$である。それに対して，イギリスは2.8×10^{-5}トン／US\$，韓国は6.2×10^{-5}トン／US\$，アメリカは2.4×10^{-5}トン／US\$，オーストラリアは2.8×10^{-5}トン／US\$となっており，日本は対象国と比較して名目GDP当たりのトンベースの輸送量が最も多いといえる。同様にトンキロベースの輸送量を2021年の名目GDPで除すると，日本，イギリス，韓国，アメリカ，オーストラリアの順に，それぞれ3.3×10^{-2}トンキロ／US\$，8.0×10^{-3}トンキロ／US\$，1.6×10^{-2}トンキロ／US\$，2.0×10^{-2}トンキロ／US\$，5.8×10^{-2}トンキロ／US\$である。トンキロベースの場合，オーストラリアを除き相対的に日本は輸送量が多いことがわかる。また，国内貨物輸送におけるシェアは，日本はトンベース及びトンキロベース共に各国より高い。

各国の国内貨物輸送をモード別にみると，トンベースでは，すべての国において半分以上が道路輸送を占めている。その中で，日本，[15]イギリス及び韓国[16][17]

表2-3　各国の内航海運統計による比較

	日本		イギリス		韓国		アメリカ		オーストラリア	
	年		年		年		年		年	
名目GDP（10億US$）	2021年	4,941	2021年	3,131	2021年	1,811	2021年	23,315	2021年	1,735
輸送量 万トン	2021年度	32,466	2020年度	8,837	2020年	11,151	2022年	56,809	2020年度	4,811
輸送量 億トンキロ		1,618		250		288		4,776	2021年度	1,000
輸送量/名目GDP トン/US$		$6.6×10^{-5}$		$2.8×10^{-5}$		$6.2×10^{-5}$		$2.4×10^{-5}$		$2.8×10^{-5}$
輸送量/名目GDP トンキロ/US$		$3.3×10^{-2}$		$8.0×10^{-3}$		$1.6×10^{-2}$		$2.0×10^{-2}$		$5.8×10^{-2}$
シェア トン（%）		7.6	2020年	6.2	2020年	5.8	2022年	3.6	2013年度	1.5
シェア トンキロ（%）		40.0		14.2		16.9		7.7	2021年度	12.6
船員数（人）	2021年度	28,625	2022年	22,510	2022年	7,435	2022年	28,360	2018年	4,669
船舶数（隻）		5,136	2021年	1,509	2021年	1,955	2021年	10,392	2020年度	137
内航事業者数（者）		2,822		—		812	2021年	328		—

（注1）船員数に関して、日本は内航船員数（旅客船員を含む。）、イギリスはイギリス人航海士・人船員数（外国船員を含まない。）、アメリカは従事する水域に従事する船員長、韓国は韓国人内航船員数（外航船員を含む。韓国は韓国人船員及び予備船員を含む。外国人船員を含む。航海士及び水先人）、オーストラリアは「水運」部門に従事する「船員」「船舶機関士」「小型船舶操縦士」の合計値。オーストラリアは水運（内航オーストラリア国籍4530人、「船員長」「船舶機関士」「小型船員数を含む。）。

（注2）船舶数に関して、日本は内航船舶数（貨物船・タンカーを含む。日本は内航船舶とタンカーの合計値。イギリスはイギリスの合計値（幹・タンカー等を含む。が所有又は管理する100総トン以上の会社（親会社を含む）。韓国は貨物船とタンカーの合計は679隻）、アメリカは貨物船とタンカーの合計は299隻）。オーストラリアはイギリスの合計値（幹・タンカー・タグボート等を含む。アメリカは内航船舶数（旅客船・タグボート等を含む。150総トン超、外航船を含む。

（注3）内航事業者数に関して、韓国は幹・タグボート・タグボート等の事業者を含む。オーストラリアは旅客船・タグボート等の事業者を含む。韓国は旅客船事業を含む。アメリカは旅客船・タグボート等の事業者を含む。

（出所）国土交通省海事局「数字で見る海事2022」https://www.mlit.go.jp/maritime/maritime_fr1_000050.html（2023年1月23日取得）などをもとに筆者作成。詳細は脚注14を参照のこと。

は，道路輸送が約90%を占めているのに対し，アメリカ及びオーストラリアでは約65%である。前者は水運輸送のシェアも後者に比べて高く，後者では鉄道輸送，特にアメリカの場合パイプラインのシェアも高い。これは，地勢条件に影響していると考えられる。すなわち，第一に，海上輸送あるいは陸上輸送のシェアで大きく関係するのは，国土面積に対する海岸線の長さである。それが長い前者のような国は海上輸送のシェアが比較的高く，それが短い後者のような国は陸上輸送のシェアが高くなる。第二に，陸上輸送のうち，前者のように国土の面積が小さい国の場合は，輸送距離も輸送時間も短いために鉄道輸送が優位性を発揮できず，小口でドアツードアの輸送が可能な道路輸送の方が勝ることになる。しかし後者のような広大な国土を持つ国の場合，輸送距離が長いために，道路輸送よりも一度で大量に高速で輸送を行うことができる鉄道輸送やパイプラインのシェアが高くなる。

　トンキロベースでは，日本の水運輸送は40%を占め，イギリスの14%や韓国の17%と比べて高い。これは，国土の形状によるものである。すなわち日本は，本州，北海道，九州及び四国の大きく四つの島で構成され，東西南北に長い弓なりの国土であるために，特に長距離となる島間の輸送は，道路輸送や鉄道輸送よりも船舶による輸送の方が適している。以上のことから，内航海運の主要国として取り上げた4か国と比較して，日本では国内の貨物輸送に内航海運が利用されるウエイトが大きいといえる。

第2節　内航海運事業者の現状

1　内航海運業の分類

　内航海運業とは，内航運送をする事業，内航運送の用に供される船舶の貸渡しをする事業，内航運送の用に供される船舶の管理をする事業の三つをいう（内航海運業法第2条第2項）。また，内航運送とは，「ろかい舟」や漁船以外の船舶による海上における物品の運送であって，船積港及び陸揚港のいずれもが本邦内にあるものをいう（内航海運業法第2条第1項）。一般的に内航運送をする事業を営む者は「運送事業者（オペレーター）」，内航運送の用に供される船舶の貸渡しをする事業を営む者は「貸渡事業者（船主又はオーナー）」，内航運送の用に

第Ⅰ部　これまでの内航海運の歩みと現状の課題

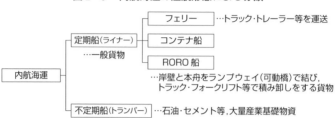

図2-9　内航海運の運航形態による分類

(注) フェリー事業は法律的には旅客定期航路事業に含まれる。
(出所) 市川寛 (2004)「内航海運」ジェイアール貨物・リサーチセンター『日本の物流とロジスティクス』成山堂書店, 所収, 85頁をもとに筆者作成。

供される船舶の管理をする事業を営む者は「船舶管理事業者」と呼ばれている。

なお, 内航海運業に旅客定期航路事業及び旅客不定期航路事業, 港湾運送事業などは含まれない (内航海運業法第2条第2項)。つまり内航海運業の事業内容は, 国内の貨物輸送に限り, ろかい舟による遊覧観光や漁船による漁獲物の運搬, フェリーによる旅客輸送は除かれる。さらに港湾運送事業には, 岸壁において荷物の積卸しを行うだけでなく, 港内を海上輸送する, はしけ運送事業やいかだ運送事業もあり, これらも内航海運業に含まれない。

内航海運業を営む内航海運事業者は現在, 大きく登録事業者と届出事業者に分けられる。登録事業者とは, 総トン数が100トン以上又は長さ30メートル以上の船舶を有する事業者をいう。一方, 届出事業者は, 総トン数が100トン未満かつ長さ30メートル未満の船舶を用いる事業者をいう (内航海運業法第3条)。

また内航海運は, 運航形態により不定期船と定期船に分類される (図2-9参照)。不定期船は, 内航海運の8割を占めるものであり, 大企業である荷主の依頼を受けて産業原材料を大量かつ継続的に輸送する。そのため, 大手荷主と内航海運の元請オペレーターは, 年間契約を結び安定輸送の確保を図っている。残りの2割の定期船は, さらにフェリー, コンテナ船及びRORO船に分けられ, 不特定多数の荷主から委託された小口貨物 (主に電化製品, 家庭用品, 食料品などの雑貨) を運送する。この場合, 定期船は海陸一貫輸送の海上輸送部分を担う。また, 大手トラック運送事業者や港運事業者などがフォワーダーとして大手内航海運事業者に委託するケースもみられる[21]。つまり, 不定期船は特

図 2-10 内航海運業とそれに関係する事業者の契約形態

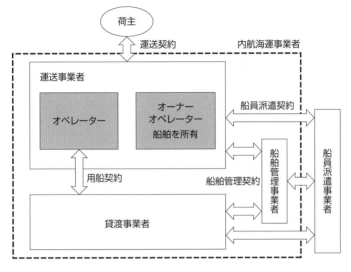

（出所）畑本郁彦（2017）「内航船の安全管理体制構築に関する研究」神戸大学大学院海事科学研究科博士論文, 2頁をもとに筆者作成。

定荷主の貨物を輸送する「インダストリアル・キャリア」, 定期船は複数の荷主を対象とする「コモン・キャリア」の形態をとる。

2 内航海運業の契約形態

内航海運業とその関係する事業者の代表的な契約形態を図 2-10に示す。図のとおり, 荷主と運送事業者は運送契約を結び, さらに運送事業者と貸渡事業者は用船契約を結んでいる。用船契約には,「定期用船契約」「裸用船契約」「運航委託契約」の三つが存在する。「定期用船契約」は, 貸渡事業者が船舶に船員を配乗させ, 当該船舶を運送事業者に貸渡すものである。「裸用船契約」は, 貸渡事業者が船舶のみを運送事業者に貸渡すものであり, 船員を配乗させるのは運送事業者となる。「運航委託契約」は, 貸渡事業者が船舶の運航を運送事業者に委託するものである。[22] 運送事業者の中でも荷主と運送契約を結ぶのは, 元請運送事業者と呼ばれ, 2次運送事業者, 3次運送事業者へとさらに下請けに出す場合もある。また, 運送事業者の中には船舶を自ら所有する「オーナー

オペレーター」が存在する。

　2022年4月の内航海運業法改正により，船舶管理事業者は，内航海運事業者としての登録が義務化された。同事業者は，運送事業者や貸渡事業者と船舶管理業務を結び，船員の雇用・配乗，船舶の保守管理，運航の実施管理を行う。船員派遣事業者は内航海運事業者には含まれないが，運送事業者などに船員を派遣する。なお，同法改正以前，貸渡事業者の中でも「みなし貸渡事業者」と呼ばれていた，自ら船舶を所有せず，船舶所有者から裸用船をして船員の配乗などを行う者は，改正内航海運業法では，船舶管理業に該当することとなった。このように内航海運業界は，非常に複雑で多重な契約関係がある。

3　内航海運事業者の推移と現状

　アジア・太平洋戦争後の内航海運は，零細事業者が乱立し，過当競争の状況であった。また，船腹投入に規制がなく常に船腹過剰であり，運賃も長期間低迷していた。そうした事態を受けて，1964年7月に公布された内航海運業法によって全事業が許可制となったが，2005年の内航海運業法改正により，登録制へと規制緩和された。また，同改正により内航運送業及び内航船舶貸渡業の事業区分は廃止されたが，現在の統計上でもその区別はされている。

　登録事業者の運送事業者数と貸渡事業者数の推移を示したのが**表2-4**である。1967年4月から許可制へと移行を開始し，1969年10月に完全実施となるまでの期間に，全体の事業者数は変化していないが，運送事業者と貸渡事業者の数が逆転している。このように逆転したのは，登録制から許可制となり，オーナーとオペレーターが明確に区別されたことで，中小事業者においては，オペレーターとしての許可を受けるのに必要な船腹量を満たすために集約化が進み，一方で，その許可基準を満たすことができなかった零細事業者の大部分はオーナーへと転じざるを得なくなったためである。そして1971年8月に許可対象を20総トンから100総トン以上に引き上げた後には，運送事業者数が約75％，貸渡事業者数が約65％に減少している。それ以降，運送事業者は1972年の897者から2022年の613者まで減少しているものの，貸渡事業者は，同年の間で6057者から1181者となり，運送事業者と比べて減少は著しい。事業者が減少した要因としては，高度成長期以降の物流の合理化の流れを受けて，会社の専

第 2 章　内航海運の現状と課題

表 2 - 4　業種別登録（許可）事業者数の推移

年	運送事業者数	貸渡事業者数	合　計	備　　考
1967	9,149	1,792	10,941	1967年 4 月 1 日許可制移行
1970	1,175	9,129	10,304	1969年10月 1 日許可制完全実施
1972	897	6,057	6,954	1971年 8 月 1 日許可対象を100総トン以上に変更
1975	901	6,051	6,952	1975年度以降，実事業者数
1980	794	5,322	6,116	
1985	750	4,868	5,618	
1990	725	3,463	4,188	1990年度以降，実事業者数（休止等事業者を除く）
1995	712	3,124	3,836	
2000	680	2,671	3,351	
2005	613	2,206	2,819	2005年 4 月 1 日登録制移行
2006	658	2,067	2,725	
2007	718	1,943	2,661	
2008	713	1,872	2,585	
2009	710	1,786	2,496	
2010	701	1,686	2,387	
2011	677	1,624	2,301	
2012	664	1,567	2,231	
2013	652	1,513	2,165	
2014	647	1,450	2,097	
2015	641	1,395	2,036	
2016	637	1,344	1,981	
2017	633	1,317	1,950	
2018	640	1,290	1,930	
2019	623	1,239	1,862	
2020	619	1,209	1,828	
2021	613	1,178	1,791	
2022	613	1,181	1,794	

（注 1 ）2005年 3 月31日以前は許可事業者であったが，同年 4 月 1 日以降は登録事業者となった。
（注 2 ）各年 3 月31日現在。
（出所）日本内航海運組合総連合会（2022）『内航海運の活動・令和 4 年度版』日本内航海運組合総連合会，
　　　　12頁をもとに筆者作成。

第Ⅰ部　これまでの内航海運の歩みと現状の課題

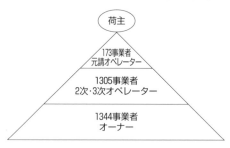

図2-11　内航海運の業界構造（2021年度）

（注）2022年3月31日現在。
（出所）日本内航海運組合総連合会（2022）『内航海運の活動・令和4年度版』日本内航海運組合総連合会，11頁をもとに筆者作成。

属化・系列化を推進するために倒産や廃業，合併，買収などが進められたことが考えられる。特に船舶を所有するオーナーは，バブル崩壊などの景気後退により経営が立ち行かなくなると，船腹調整事業や暫定措置事業の制度によってその廃業が促された。[23]

2022年3月31日現在の内航海運事業者数は，全体で3309者であるが，このうち休止などの事業者が487者あり，営業事業者数は2822者である。その内訳は，登録事業者が運送事業者613者，貸渡事業者1181者，届出事業者が運送事業者865者，貸渡事業者163者である。[24]

4　内航海運事業者の規模

2022年の内航海運の登録事業者を規模別にみておく。まず資本金別にみると，オペレーターで個人経営又は資本金が5000万円未満の事業者が約70％を占めている。それに対してオーナーは約90％にも上る。また，個人経営又は1000万円未満の事業者のみで約45％を占める。次に隻数別にみると，オペレーターでは運航隻数1隻の事業者が39％であるが，一方で5隻以上の事業者も28％と多い。それに対してオーナーは，「一杯船主」と呼ばれる所有隻数1隻の事業者が約60％を占めている。[25]　このようにオーナーはオペレーターよりも，より小規模の企業が多いことがわかる。

前述のように，運送事業者は，契約形態で元請運送事業者と2次・3次運送

事業者に分けられる。図2-11において，2022年の登録と届出の運送事業者数の合計は1478者であるが，そのうち元請運送事業者は173者，2次・3次運送事業者は1305者である。元請運送事業者の上位60者の輸送契約量は総輸送量の8割を占めており，2次・3次事業者に対して圧倒的に優位に立っている。内航海運業界は，このピラミッド構造のように，事業者間で系列化かつ下請化の多重的な取引関係をとっていることで，仕事量は安定しているが閉鎖的であるといえる。[26]

第3節　内航船舶の現状

1　隻数と総トン数

　図2-12に内航船舶の隻数及び総トン数，平均総トン数の推移を示す。平均総トン数とは，総トン数を隻数で除したものである。2021年度末現在，内航船舶の隻数は5136隻，総トン数は約395万7000トン，平均総トン数は770トンである。隻数の推移をみると，1942年度から1950年度にかけて増加し，1950年度以降は基本的に減少している。一方で，総トン数は1970年度ごろまで増加傾向にあったが，それ以降から現在にかけてはほとんど変化がみられない。ただ，平均総トン数は増大を続けていることを考慮すると，内航船舶は大型化していることがうかがえる。実際，1942年度では平均総トン数が65トンであったのが，2021年度では770トンと10倍以上となっている。

　次に，船型別（隻数は図2-13，総トン数は図2-14）と船種別（隻数は図2-15，総トン数は図2-16）の船腹量の推移をみる。図2-13によれば，1970年度から2021年度にかけて全体の隻数は減少しているが，それは400総トン未満の船舶の減少が主因であることがわかる。それに対して400総トン以上から1000総トン未満の隻数はあまり変化していない。1000総トン以上から3000総トン未満は減少している一方で，3000総トン以上は増加している。図2-14の総トン数ベースでみると，3000総トン以上の船舶が増加した結果，2021年度において3000総トン以上の船舶が船腹供給量全体の半分以上を占めている。

　船種別でみると，図2-15の隻数ベースにおいて，セメント専用船は1990年度をピークに減少しているものの，概ね全船種が1970年度から減少しているこ

第Ⅰ部　これまでの内航海運の歩みと現状の課題

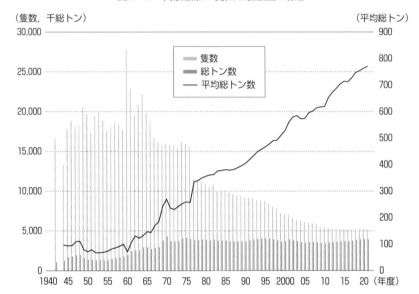

図2-12　内航船舶の隻数と船腹量の推移

(出所) 日本内航海運組合総連合会 (2021)『データで読み解く　内航海運』日本内航海運組合総連合会, 21頁。
国土交通省海事局「海上輸送分野」数字で見る海事2022第1章, https://www.mlit.go.jp/maritime/content/001514478.pdf (2023年1月23日取得) 35頁。以上をもとに筆者作成。

とがわかる。図2-16の総トン数ベースにおいては, 一般貨物船が1970年度から1990年度で減少しているが, それ以降は増加に転じている。一方, 油送船の船腹量はほとんど変化していない。平均総トン数では, 1970年度からデータのある一般貨物船, セメント専用船, 油送船, 特殊船において, 1970年度と2021年度の変化率を計算すると, 順に, 221％, 58％, 204％, 137％となり, 一般貨物船及び油送船は特に大型化が進んでいるといえる。

2　船齢構成

船齢とは, 船舶が建造されてからの年月のことをいう。図2-17に内航船舶の船齢構成の推移を示す。ただし, 1989年度以前の統計は, 1977年度まで確認することはできたが「耐用年数」の定義が不明確であり, また1977年度から1983年度は総トン数ベースの統計しか確認できなかったため, 1989年度から

第 2 章　内航海運の現状と課題

図 2-13　船型別内航船舶の隻数の推移

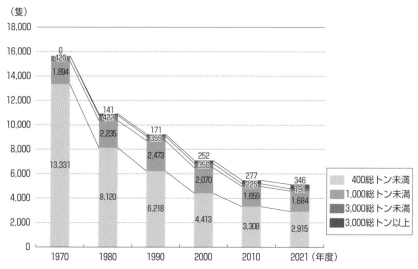

（出所）日本内航海運組合総連合会（2021）『データで読み解く　内航海運』日本内航海運組合総連合会，24-25頁。国土交通省海事局「海上輸送分野」「数字で見る海事2022」第 1 章，https://www.mlit.go.jp/maritime/content/001514478.pdf（2023年1月23日取得）38頁。以上をもとに筆者作成。

図 2-14　船型別内航船舶の船腹量の推移

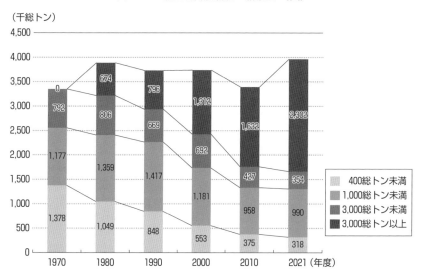

（出所）図 2-13に同じ。

第Ⅰ部　これまでの内航海運の歩みと現状の課題

図2-15　船種別内航船舶の隻数の推移

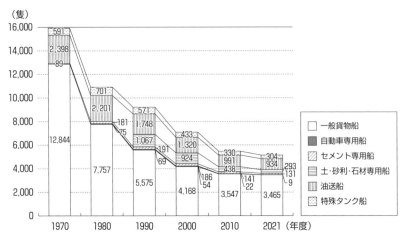

（出所）図2-13に同じ。

図2-16　船種別内航船舶の船腹量の推移

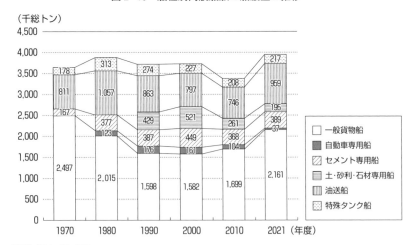

（出所）図2-13に同じ。

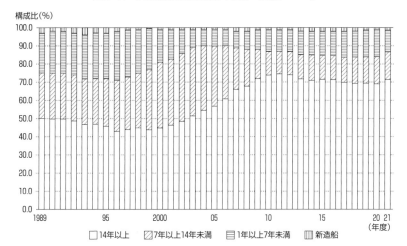

図2-17 内航船舶船齢構成の推移（隻数ベース）

(注) ここでいう新造船とは，各年度末時点での船齢0歳船（進水ベース）を抽出・集計したものである。
(出所) 日本内航海運組合総連合会（2019）『内航海運の活動・令和元年度版』日本内航海運組合総連合会，9頁。日本内航海運組合総連合会（2022）『内航海運の活動・令和4年度版』日本内航海運組合総連合会，9頁。以上をもとに筆者作成。

2021年度までの推移を示す。

船齢が法定耐用年数（14年）以上の船舶を一般的に「老齢船」と言う。内航船舶の船齢構成の推移を隻数ベースで示した図2-17によれば，1989年度における老齢船の割合は51％であった。それから1996年度まで減少を続け43％となったが，2000年度以降は増加に転じ，2010年度には74％となった。その後，2010年度をピークに再び微減を続けており，2021年度現在は71％を占めている。1990年度ごろの約50％と比較すると，現在は約70％であることから，老齢船の割合は増加している。

この割合から図2-16の全体の隻数をもとに老齢船の隻数を算出すると，1989年度から2000年度ごろまで老齢船の数は約4700隻から約3200隻まで減少していたが，それ以降は2010年度ごろまでに約4000隻に増加し，さらに再び減少に転じ，2021年度は3665隻である。このように，老齢船の数自体は増加しておらず，約4000隻を軸に増減を繰り返している。したがって，老齢船の割合が増加したのは，老齢船の数が増えただけではなく，全体の隻数が減ったことも影

第Ⅰ部　これまでの内航海運の歩みと現状の課題

響している。2021年度末における船齢構成をタンカーと貨物船で比較すると，隻数ベースではタンカーの老齢船は59.5％であるのに対し，貨物船のそれは75.1％と高い。総トン数ベースでみても同様である[27]。

　以上，第1節から第3節にかけて，内航海運業に関する統計データに基づいた考察を行った。内航海運業の現状をみる場合，船員の問題についても取り上げる必要があるが，この点についてはその養成問題も含めて章を改めて述べる。

第4節　事業の収益・費用構造と船舶の老朽化

1　内航海運業とトラック運送業における事業規模と業界構造の比較

　第1章で述べたように，船腹調整事業といった規制の長年の継続によって，内航海運業界の不定期船では，市場原理が働かない状況が生まれてしまった。その結果，未だに内航海運には零細事業者や「一杯船主」と呼ばれるような事業者も多数存在している（本章第2節参照）。

　トラック運送業は，内航海運業と合わせて日本の貨物輸送を代表する2大機関である。それらの業界構造も類似しており，中小零細事業者が多くを占めている[28]。そこで，事業者の規模をトラック運送[29]と内航海運[30]で比較する。資本金別では，500万円超1000万円以下のトラック運送事業者が最も割合が高く，全体の32.2％を占める。資本金が1000万円以下の事業者は，全体の67％と半数以上であり，内航海運の登録オーナーの約45％と比較しても多いことがわかる。中小企業基本法における運輸業の中小企業者の範囲は「資本の額又は出資の総額が三億円以下の会社並びに常時使用する従業員の数が三百人以下の会社及び個人」と規定されている（第2条第1項第1号）。この資本金の基準を照らし合わせると，トラック運送事業者では95％，内航海運の登録オーナーでは96％がそれに該当する。

　車両数別では，10両以下の事業者が54.7％で全体の半数以上を占める。船舶価格と車両価格には大きな差があることから単純な比較はできないが，内航海運の登録オーナーにおける隻数別構成比と比べると，類似していることがわかる。例えば，トラックでは，10両以下の事業者が55％，11～20両が21％，21～

第 2 章　内航海運の現状と課題

表 2 - 5　上場企業数の比較

(単位：者)

		内航海運	外航海運	トラック	バス	
					乗合	貸切
東京証券取引所	プライム市場	0	5	19		1
	スタンダード市場	3	4	17		2
	グロース市場	0	0	1		0
名古屋証券取引所	プレミア市場	0	0	3		0
	メイン市場	0	0	1		0
札幌証券取引所	本則市場	0	0	1		1
福岡証券取引所	本則市場	0	1	0		0
上場企業数合計		3	9	39		4
事業者数 （　）内はデータ年度		2,822 (2021)	192 (2018)	63,251 (2021)	2,377 (2021)	3,589 (2021)

(注 1)　トラックの上場企業数は，東京証券取引所における業種分類の「陸運業」「倉庫・運輸関連業」に該
当し，さらに東洋経済上の業種の細分類において「3 PL」「総合物流」「燃料輸送」「陸運」「冷凍・
冷蔵食品輸送」のいずれかに含まれるものである。

(注 2)　内航海運の事業者数は営業している者の数であり，休止等事業者は含まない。

(注 3)　外航海運の事業者数に関する統計は確認できなかったため，上記出所の資料に記載されている数値を
用いた。

(出所)　上場企業数：eol「企業検索」https://ssl.eoldb.jp/EolDb/UserLogin.php より 2023 年 6 月 8 日に集計。
事業者数：［内航海運］日本内航海運組合総連合会（2022）『内航海運の活動・令和 4 年度版』日本内
航海運組合総連合会，11頁。［外航海運］国土交通省「交通政策審議会海事分科会国際海上輸送部会
中間とりまとめ（参考資料）」https://www.mlit.go.jp/policy/shingikai/content/001381722.pdf（2023
年 6 月 8 日取得）。［トラック，バス］国土交通省「数字で見る自動車2023」https://www.mlit.go.jp/
jidosha/jidosha_fr 1 _000084.html（2023年11月24日取得）。以上をもとに筆者作成。

30両が10％であるのに対し，内航海運では，1 隻所有する事業者が59％，2 隻
が20％，3 隻が 9 ％である。このように，トラック運送業界は内航海運と同様
に，中小零細事業者が多数を占めている。

　次に，大手事業者の数を関連する運輸業で比較する。**表 2 - 5 **は，内航海
運，外航海運，トラック，バスのそれぞれの業界における上場企業の数を比較
したものである。内航海運における上場企業は，東京証券取引所のスタンダー
ド市場に 3 者あるのみである。一方で，トラックの場合，全事業者数に対する
上場企業数の占める割合は0.062％で，内航海運の0.106％よりも少ないが，プ
ライム市場に19者が上場しており，このことから上位の事業者の中には大規模
なものもある。なお，外航海運は全事業者192者のうち，プライム市場に 5

59

第Ⅰ部　これまでの内航海運の歩みと現状の課題

者，スタンダート市場に4者，福岡証券取引所に1者上場しており，大手事業者の割合も多く，その規模も大きい。ちなみに，トラックと同じ自動車運送事業であるバス事業に関しては，上場企業数の合計は4者であり，全事業者数に対する割合は内航海運と比べると多くはない。

　トラック運送の業界構造も内航海運と類似している。トラック運送業は，貨物自動車運送事業法によりその区分が規定されており，「一般貨物自動車運送事業」「特定貨物自動車運送事業」「貨物軽自動車運送事業」に分けられる。一般貨物自動車運送事業のうち，「特別積合せ貨物運送」は，不特定多数の荷主からの荷物を混載して運送するもので，宅配便がこの事業に含まれる。全国各地の拠点で集荷・配送を行い，各拠点間は幹線輸送を行う。これらを行うには，全国の幹線ネットワークを有し，ある程度の取扱量が必要となるため，大規模事業者による寡占化が進んでいる。一方で，それ以外の一般貨物自動車運送事業者は，前述した中小零細事業者が多数を占めている。これらの事業者は特定の荷主に専属する，あるいは，実運送部分を元請事業者から下請けするという取引形態をとっており，内航海運と同様に多重下請けのピラミッド構造にある。[31]

2　小規模事業者の収益・費用構造

　内航海運とトラック運送の業界構造は，少数の大手事業者と多数の中小零細事業者で構成され，多重下請け構造にあることをこれまで述べてきた。これらの中小零細事業者における輸送生産性及び財務状況のモデルを比較する。**表2-6**は，1日平均の船舶1隻とトラック1台当たりの営業損益，[32]輸送量及び輸送要員を示したものである。内航海運事業者は，430総トンのケミカルタンカーを1隻所有する家族経営のオーナーをモデルとしている。この場合，オペレーターから用船料を受けとるため，月に約1000万円の収入がある。船舶の価格は，430総トンのケミカルタンカーでおおよそ8億円であるので，全額借入を行ったとすると金利を含めて月に約500万円ずつ返済することになる。残りは半分の約500万円となり，その中から，船員の給料，保険料，船舶の修繕費などを賄わなければならない。

　船員の給料は，労働組合に加入していなければ比較的低額であるが，それで

60

第 2 章　内航海運の現状と課題

表 2 - 6　輸送生産性モデルの比較

日隻（車）当り	内航海運事業者（オーナー）	トラック運送事業者（10台以下）
営業収益	約330,000円	38,514円
営業費用	約330,000円 （外部船員を雇う場合＋70,000円）	40,002円
営業損益	0 円（上記の場合△70,000円）	△1,488円
輸送量	333トン（1,000トン積／3 日）	15.0トン
要　員	4 名（430総トン，16時間以下）	2 名

（注1）内航海運事業者は，430総トンのケミカルタンカーを1隻所有する家族経営のオーナーをモデルとしている。
（注2）トラック運送事業者の営業収益，営業費用，営業損益及び輸送量は，2021年度における車両10台以下の事業者約885者の合計値から算出されている。そのため，1 者平均値から算出した結果と不一致の場合がある。
（出所）2023年12月14日に木村海運に実施したインタビューによる。全日本トラック協会（2023）『令和3 年度決算版　経営分析報告書』全日本トラック協会，84頁。以上をもとに筆者作成。

も平均すると1 人当たり約100万円かかるため，船舶の安全最少定員が4 名であれば，合計約400万円かかる。その他ドックの費用，船舶の消耗品や次の新造船建設のための資金の内部留保などを残りの約100万円で工面しなければならないが，筆者がインタビューした内航海運事業者によれば，近年の物価高騰によりそれも厳しい状況にあるという。これらを1 日当たりに換算したものが表2-6 である。

　家族や親族だけでその船舶を運航できているのであれば問題はないが，要員が不足すると求人を出して船員を新たに雇う必要がある。その場合，法定の休暇を与える必要があり，予備船員としてさらに2 人雇用しなければならない。こうして，月に約200万円，1 日当たり約7 万円が追加でかかることになり，営業損益は大幅にマイナスとなってしまう。赤字を少しでも解消するため，船舶を建造する際に搭載する設備を減らして船価を下げる，ドックの頻度を下げる，金利を調整して返済金を減らす，家族船員の給料を減らすなどして，費用を捻出しなければならないと説明している[33]。このように，家族経営のオーナーが厳しい環境におかれていることがわかる。

　一方で，トラック運送事業者（保有する車両が10台以下）の財務状況の平均をみると，2021年度の営業損益はマイナスであった。2021年度以前の損益も2020年度が△1272円（約887者の合計値から算出）[34]，2019年度が△901円（約733者の合計

61

第Ⅰ部　これまでの内航海運の歩みと現状の課題

値から算出）であり，営業利益が得られていないことがわかる。このように，中小零細の内航海運事業者及びトラック運送事業者のどちらも，営業利益を得にくい現状にあるといえる。

　表2－6に掲出した営業費用を詳細に把握するため，船舶及びトラック経費の構成比を示したものが，図2－18及び図2－19である。図2－18の項目は，運航経費を負担しない内航海運のオーナーの営業費用と比較を行うため，トラック運送事業者の営業費用から運航経費を除き，トラック運転者の人件費，車両の修繕費などその所有・維持にかかる経費のみを計上している。内航海運事業者及びトラック運送事業者の両方において共通するのは，人件費の占める割合が高いことである。この場合，内航海運事業者は53.0％，トラック運送事業者は68.0％となっており，後者の方がより労働集約的であることがわかる。内航海運事業者の場合，船舶価格が高額であるために，減価償却費などの船舶に関係する費用の占める割合が高い。

　このように末端のオーナーはほとんど収益を上げられておらず，経営基盤は非常に脆弱である。そのような事業者にとって，従業員の賃金，船舶維持や運航に係る費用などの経常的経費に加え，さらに安全投資を行うことには厳しいものがある。例えば，予備船員の追加，若手船員の教育，環境負荷や労働負荷を軽減するための最新技術を搭載した船舶への投資，安全性向上のために管理体制のための人件費などが挙げられる。オーナーが十分な収益を得られるようになれば，これらの費用にリソースを配分することができ，安全性がさらに向上するものと考えられる。

3　船舶の老朽化問題と対策

　このような事業基盤の脆弱性は，船舶の代替建造が進まず，船齢の高い船舶が多くを占める状況の一因となっている。船舶の法定耐用年数は14年であるが，使用限度は最大25年と言われている。しかし実際は，年数がたつと船舶部品の調達が難しくなるため，22〜23年が限界であるされる。また，使用年数が長くなると修繕費もかかってくるので，それを考慮した上でオーナーは手放すか否かを判断する。船舶の長期使用は，故障が生じやすくなるだけでなく燃費効率が悪くなるため，安全問題や環境問題に大きく影響する。また，船齢の高

図2-18 船舶経費の構成比

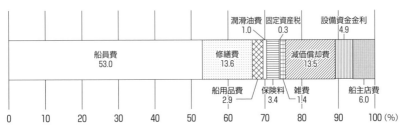

(出所) 内航ジャーナル（2019）「2019年版内航海運データ集」内航ジャーナル，CD-ROM版をもとに筆者作成。
(注) 750～1000トン積以上のケミカルタンカーにおける2006年度の実績値である。

図2-19 トラック経費の構成比

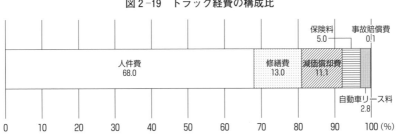

(出所) 全日本トラック協会（2023）『令和3年度決算版 経営分析報告書』全日本トラック協会，69頁をもとに筆者作成。
(注) 2021年度における約885者の平均である。

い船舶は船内設備も古いため，船員の労働・居住環境が船齢の低いものと比べると劣ってしまう。

代替建造の促進に寄与したこれまでの施策としては，1967年からの船腹調整事業と，続いて導入された内航海運暫定措置事業がある。船腹調整事業は，船腹過剰の是正を本来の目的としているが，S&B方式により新造船の建造にはそのトン数分の既存船舶を解撤しなければならないことから，結果的に船舶の代替建造が促進されたと考えられる。[39] 1959年から実施されている船舶共有建造制度は，新造船建造の際のオーナーの金銭的負担を軽減することで，船舶の代替建造を促すものである。そして，2017年の「内航未来創造プラン」の提言に基づき，円滑な代替建造の支援として船舶共有建造制度の優遇措置の拡充が行

第Ⅰ部　これまでの内航海運の歩みと現状の課題

われた。

　2023年現在，船舶の代替建造を促進する主な施策は船舶共有建造制度のみである。この制度は，あくまでも事業者の新造船建造に対する経済的支援であり，補助的な役割にすぎない。船舶の代替建造を促すには，事業者の経営環境を改善しなければならない。その方法の一つに適切な運賃・用船料の収受があると考えられる。2020年9月に公表された交通政策審議会海事分科会基本政策部会基本政策部会の「中間とりまとめ」では，「十分な運賃・用船料の確保に向けて，トラック運送業や建設業の例を参考にしつつ，問題となりうる取引行為（例：通常支払われる運賃より低い運賃の一方的な設定）と望ましい取引行為（例：原価計算を行った上での見積書の提示による運賃協議）の類型を，ガイドライン等の形で整理する等，適正な取引を推進するための施策を検討すべきである」[40]と提言している。これを受けて，2022年3月に「内航海運業者と荷主との連携強化のためのガイドライン」が公表された。しかし，運賃・用船料に関しては，原価計算に基づく価格協議を行うことを推奨しつつも，標準的な運賃などの設定や参考となる指標はない。また，原価に基づいた運賃などの支払いをすることに対して，荷主やオペレーターの義務はない[41]。元々荷主などに対して弱い立場であるオーナーが，協議に基づいて用船料を決定するのは難しいと考えられる[42]。

　一方，トラック運送業界では，2024年4月に時間外労働規制が適用されるまでの時限措置として，2020年4月に「標準的な運賃」制度が導入された。これまでは荷主が価格交渉の場において圧倒的に優位に立っていたために，荷主が決定した運賃に対して原価が計算されてきた[43]。標準的な運賃とは「ドライバーの労働条件（賃金・労働時間等）を改善し，持続的に事業を運営するための参考となる指標」[44]をいい，運送事業者が適正な運賃を収受するために，原価を算出した上で運賃が決定されることを基本的な考え方としている。そしてこれらの原価は，車両費であれば車両の償却年数を5年で設定し，人件費は全産業平均の単価を使用するなど，具体的な指標が示されている。この制度の実現に向け，国土交通省は荷主への周知を行うとともに，貨物自動車運送事業法附則第1条の2に基づき，荷主が違反行為をしている疑いがある場合に，その程度によって「働きかけ」「要請」「勧告・公表」を行うこととしている[45]。

内航海運とトラック運送の両方において，適正な運賃・用船料の収受が推進されているものの，後者の方が原価の算出や荷主の理解・協力において，より具体的に示されている。新造船の計画や船舶の適切な維持管理をするためには，必要なコストを積み上げ，それを基に用船料が決定されなければならない。したがって，内航海運業界においても，トラック運送業界を参考に，業界全体として原価の参考となる指標を示し，荷主の理解を求めていくことが必要であると考えられる。

第5節　小　括

本章では，内航海運の現状と課題について考察した。

第1節から第3節では，内航海運業に関する統計を整理した。まず第1節では内航輸送貨物について，全体の輸送量は戦後，日本の経済発展とともに増え続け，1990年度ごろをピークに減少に転じている。品目別でみると，石油製品，石灰石等，鉄鋼等が多く，上位3品目で全体の50％を占めている。これらを含め産業原材料は全体の約90％であり，残りの雑貨類は，割合としては少ないものの内航貨物の中で唯一，輸送量が増加傾向にある。また，国内貨物輸送のシェアをみると，現在，内航海運はトンキロベースにおいて40.0％であり，自動車に次いで高い輸送モードである。1950年以降のシェアにおいて，鉄道は1950年当時最もトンキロベースで輸送量が多かったが，その後，鉄道のシェアは減少した。それに代わって増加したのは自動車であり，1985年度にはすでに現在と変わらないシェアを占めていた。

第2節では，内航海運の業界構造について把握するため，事業の分類と契約形態について整理し，事業者の数と規模について確認した。内航海運の業界は，ピラミッド構造で表され，元請オペレーターの上位60者が輸送契約量全体の8割を占める。それに対し，オーナーの約6割が一杯船主であり，その大多数が零細規模の事業者である。事業者数の推移をみると，1967年の許可制移行によって業界が大規模に再編され，オペレーターとオーナーの数が逆転した。それ以降，物流合理化の流れを受けて，会社の専属化・系列化のための倒産や廃業，合併，買収などが進められ，特に貸渡事業者の数が大幅に減少した。

第Ⅰ部　これまでの内航海運の歩みと現状の課題

　第3節では，内航船舶における隻数・船腹量と船齢に着目し，その現状を示した。隻数は1950年度以降減少している一方で，総トン数は1970年度以降ほとんど変化がみられない。つまり，平均総トン数は増加しており，内航船舶は大型化している。船型別の隻数をみると，3000総トン以上の船舶のみ増加しているが，それ以下のトン数の船舶では減少又は横ばいであり，このことからも船舶の大型化が確認できる。船齢構成に関して，老齢船（船齢14年以上）の割合は1996年度から2021年度の間に43％から71％まで増加しており，船舶の老朽化が進んでいることがわかった。

　第4節では，第3節までの現状を踏まえつつ，内航海運の事業経営の脆弱性と小規模事業者における収益・費用構造について，トラック運送業界との比較を行った。両者の業界構造は，少数の大手事業者と多数の中小零細事業者で構成され，多重下請け構造にある。そして，小規模事業者においては利益がほとんど得られていないことがわかった。また，これらは，船舶の代替建造が進まず，船齢の高い船舶が多くを占める状況の一因となっており，これらを改善するためには，適切な運賃・用船料を確保することが必要である。内航海運では，運賃・用船料の決定に際し，原価計算に基づく価格協議を行うことを推奨しつつも，標準的な運賃などの設定や参考となる指標はなく，実効性はない。一方で，トラック運送業界では原価の算出や荷主の理解・協力において，より具体的に示されていることから，内航海運でもこれを参考にする必要があると考えられる。

　事業経営の脆弱性は，内航海運の安全を脅かす要因となり得る。つまり，経営状態が良好ではない内航海運の事業者にとって，従業員の賃金，船舶維持や運航に係る費用などの経常的経費に加え，さらに安全投資を行うことには厳しいものがある。それによって安全対策がおろそかになると事故や労働災害の発生リスクが高まり，実際にそれらが発生した場合には，船舶や船員を失い経営が立ち行かなくなる可能性もある。第4章以降で述べる内航海運の安全に関する問題は，事業経営の脆弱性が潜在的な要因としてあり，これを解決しなければ安全性の向上は成し得ないであろう。

注

1) 海運業は，内航海運業の他に外航海運業がある。日本の外航海運業とは，日本と外国の港間において貨物の輸送を行う事業をいう。外航海運業は，日本が開国したときから始まり，日本経済の成長とともに発展してきた。外航船舶は，1978年を境に外国籍船が大半を占めるようになり，現在約9割が外国籍船となっている。また，外航船員も外国人がほとんどを占めている。日本の海上貿易量は，アジア・太平洋戦争後から増え続けており，2021年は輸出入合わせて8億5617万トン，その内訳は輸出が鉄鋼，機械類を中心に1億5556万トン，輸入が鉄鉱石，石炭，原油を中心に，7億61万トンである。

2) 本稿では，日本内航海運組合総連合会「輸送実績（1号票）」https://www.naiko-kaiun.or.jp/datastock/116/（2023年6月24日取得）の「雑貨」（一般雑貨，コンテナ，塩，非鉄金属の合計）とする。

3) 矢野恒太記念会編（2020）『数字で見る日本の100年　改定第7版』矢野恒太記念会，117-118頁。

4) 同上書，128頁。

5) 財務省「貿易統計　B-4　概況品別推移表」https://www.customs.go.jp/toukei/search/futsu1.htm（2023年11月30日取得）。

6) 石灰石鉱業協会「石灰石鉱業の紹介」http://www.limestone.gr.jp/introduction/（2020年4月30日取得）。

7) 矢野恒太記念会編（2022）『日本国勢図会　2022/23』矢野恒太記念会，102頁。

8) 財務省，前掲資料。

9) 矢野恒太記念会編（2020），前掲書，114頁。

10) 国土交通省総合政策局情報政策課交通経済統計調査室「自動車輸送統計調査」https://www.mlit.go.jp/k-toukei/jidousya.html（2020年5月28日取得）。

11) 矢野恒太記念会編（2020），前掲書，221-222頁。

12) 「モーダルシフト政策の波に乗ったRORO船」『内航海運』Vol. 57 No. 1057（2022年10月号），5-10頁。

13) 「年率11％成長で波に乗る内航コンテナ船」『内航海運』Vol. 57 No. 1058（2022年11月号），5-9頁。

14) 表2-3の出所の詳細は，名目GDP：United Nations, "Basic Data Selection," https://unstats.un.org/unsd/snaama/Basic（2023年8月24日取得）。日本：国土交通省「交通関係基本データ―輸送機関別輸送量」https://www.mlit.go.jp/k-toukei/（2023年1月4日取得）。国土交通省海事局「数字で見る海事2022」https://www.mlit.go.jp/maritime/maritime_fr1_000050.html（2023年1月23日取得）。イギリス：Department for Transport (2022) "Domestic freight transport, by mode: annual from 1953 (Table TSGB0401)," Transport Statistics Great Britain: 2022, https://www.gov.uk/government/statistics/transport-statistics-great-britain-2022（2023年8月27日取得）。Department for Transport (2023) "Estimated UK Seafarers active at sea by type: 1997 to 2022 (Table SFR0101)," Seafarers in the UK Shipping Industry: 2022, last updated May 10, 2023, https://www.gov.uk/government/statistics/seafarers-in-the-uk-shipping-industry-2022（2023年8月27

第Ⅰ部　これまでの内航海運の歩みと現状の課題

日取得）。Department for Transport, "UK owned and managed trading fleets: vessels of 100gt and over (Table FLE0102)," Shipping fleet statistics: data tables, last updated March 29, 2023, https://www.gov.uk/government/statistical-data-sets/shipping-fleet-statistics（2023年8月28日取得）。韓国：Korean Transport Database, "국내외 화물수송실적," last updated November 11, 2022, https://www.ktdb.go.kr/www/selectTrnsport TreeView.do?key=32（2023年8月25日取得）。Korea Seafarer's Welfare & Employment Center（2023）"2023년도 한국선원통계 – 선원현황," https://www.koswec.or.kr/koswec /information/sailorshipstatistics/selectSailorShipStaticsList.do, p. 113（2023年8月26日取得）。Korea Shipping Association（2022）"2022년도 연안해운통계연보（Statistical Year book of Coastal Shipping)," https://www.theksa.or.kr/site/main/board/sub05_08_ 01_04/87958?cp=1&sortOrder=BA_REGDATE&sortDirection=DESC&listType=list& bcId=sub05_08_01_04&baNotice=false&baCommSelec=false&baOpenDay=false&baUse= true, pp. 74–75（2023年8月27日取得）。アメリカ：U.S. Department of Transportation, Bureau of Transportation Statistics, "Freight Analysis Framework Version 5," https:// www.bts.gov/faf（2023年8月29日取得）, U.S. Bureau of Labor Statistics, "Occupational Employment and Wage Statistics," May 2022 data, https://www.bls.gov/oes/current/ oes_stru.htm（2023年8月29日取得）。Institute for Water Resources U.S. Army Corps of Engineers Alexandria, Virginia（2023）"Summary of the United States Flagged Vessels: Available Vs. Operating by Vessel Type for 2021（Table 13)," Waterborne Transportation Lines of the United States Calendar Year 2021, https://usace. contentdm.oclc.org/digital/collection/p16021coll2/id/3796/rec/40, p. 94（2023年8月29日取得）。オーストラリア：Department of Infrastructure, Transport, Regional Development and Communications and the Arts（2022）"Domestic freight by transport mode – total bulk and non–bulk（Table 4.1c)," Australian Infrastructure and Transport Statistics - Yearbook 2022, https://www.bitre.gov.au/sites/default/files/documents/ bitre-yearbook-2022.pdf, p. 88（2023年8月29日取得）。Maritime Industry Australia（2019）"Seafaring Skills Census Report," https://mial.org.au/wp-content/ uploads/2022/09/MIALSeafaringSkillsCensus.pdf（2023年8月29日取得）。Department of Infrastructure, Transport, Regional Development and Communications and the Arts（2022）"Summary of the Australian trading fleet – number of vessels（Table 9.8a)," Australian Infrastructure and Transport Statistics - Yearbook 2022, https://www. bitre.gov.au/sites/default/files/documents/bitre-yearbook-2022.pdf, p.197（2023年8月29日取得）。

15）　国土交通省「交通関係基本データ―輸送機関別輸送量」https://www.mlit.go.jp/ k-toukei/（2023年1月4日取得）。

16）　Department for Transport（2022）"Domestic freight transport, by mode: annual from 1953（Table TSGB0401)," Transport Statistics Great Britain: 2022, https://www. gov.uk/government/statistics/transport-statistics-great-britain-2022（2023年8月27日取得）。

17）Korean Transport Database, "국내외 화물수송실적," last updated November 11, 2022, https://www.ktdb.go.kr/www/selectTrnsportTreeView.do?key=32（2023年8月25日取得）。

18）U.S. Department of Transportation, Bureau of Transportation Statistics, "Freight Analysis Framework Version 5," https://www.bts.gov/faf（2023年8月29日取得）。

19）Department of Infrastructure, Transport, Regional Development and Communications and the Arts（2022）"Domestic freight by transport mode ? total bulk and non-bulk（Table 4.1c）," Australian Infrastructure and Transport Statistics - Yearbook 2022, https://www.bitre.gov.au/sites/default/files/documents/bitre-yearbook-2022.pdf, p. 88（2023年8月29日取得）。

20）「内航運送の用に供される船舶の管理をする事業」は，2022年4月の内航海運業法改正により，新たに内航海運業として追加された。

21）市川寛（2004）「内航海運」ジェイアール貨物・リサーチセンター『日本の物流とロジスティクス』成山堂書店，所収，85-88頁。

22）同上論文，91-92頁。

23）「約3割衰退した内航の平成30年史」『内航海運』Vol. 54 No. 1016（2019年5月号），7-8頁。

24）日本内航海運組合総連合会（2022）『内航海運の活動・令和4年度版』日本内航海運組合総連合会，11頁。

25）同上資料，13-14頁。

26）森隆行（2014）「内航海運の現状」森隆行編『内航海運』晃洋書房，所収，17頁。

27）日本内航海運組合総連合会（2022），前掲資料，9頁。

28）全日本トラック協会（2022）「日本のトラック輸送産業　現状と課題　2022」https://jta.or.jp/wp-content/themes/jta_theme/pdf/yusosangyo2022.pdf（2023年6月9日取得）6頁。

29）国土交通省「数字で見る自動車2023（トラック事業者の規模）」https://www.mlit.go.jp/jidosha/jidosha_fr1_000084.html（2023年11月30日取得）。

30）日本内航海運組合総連合会（2022），前掲資料，13-14頁。

31）阿部航仁（2004）「トラック（道路）輸送」ジェイアール貨物・リサーチセンター『日本の物流とロジスティクス』成山堂書店，所収，60-61頁。

32）内航海運の営業費用について，オペレーターが負担する燃料費，港使用料などは含めていないため，船舶1隻を運航して貨物輸送を行うのにかかる費用は，表2-6に示す金額より高くなる。

33）2023年12月14日に木村海運に実施したインタビューによる。

34）全日本トラック協会（2022）『令和2年度決算版　経営分析報告書』全日本トラック協会，84頁。

35）全日本トラック協会（2021）『令和元年度決算版　経営分析報告書』全日本トラック協会，84頁。

36）全日本トラック協会（2023）『令和3年度決算版　経営分析報告書』全日本トラック

第Ⅰ部　これまでの内航海運の歩みと現状の課題

協会，84頁。

37)　交通政策審議会海事分科会基本政策部会（2020）「令和の時代の内航海運に向けて（中間とりまとめ）」https://www.mlit.go.jp/policy/shingikai/content/001365409.pdf（2021年5月10日取得）8頁。

38)　2020年8月5日に神戸運輸監理部に実施したインタビューによる。

39)　その後の内航海運暫定措置事業は，船腹調整事業廃止に伴う引当資格の財産的価値の段階的な解消を目的としている。同事業は，解撤する船舶に交付金を与えることで老朽船の解撤を促した結果，それらの減少に寄与したといえる。しかし，新造船の建造には納付金を納めなければならないことから，納付金が減額されたモーダルシフト船などを除き，新造船の建造も同時に減少した。このことから，代替建造が進んだとは考えられない。一方で，2010～2021年に開催された「内航海運代替建造対策検討会」や2016～2017年の「内航海運の活性化に向けた今後の方向性検討会」では，代替建造が進んだと評価している。内航海運暫定措置事業の評価については，松尾俊彦（2020）「内航海運における暫定措置事業の混乱と評価」『日本航海学会誌』第214号，68-77頁に詳しい。

40)　交通政策審議会海事分科会基本政策部会（2020），前掲資料，21頁。

41)　船員の労働時間に関しては，オペレーターや荷主の責務を法律で定めている。オペレーターに対しては，船員の過労を防止するための船員の労働時間を考慮した適切な運航計画の作成を義務付けている（内航海運業法第12条第1項）。さらに荷主に対しては，オペレーターの法令順守への配慮を義務付け（同法第29条），オペレーターの違反行為に荷主の関与があった場合において勧告・公表する制度がある（同法第30条第1項，第3項）。

42)　国土交通省海事局（2022）「内航海運業者と荷主との連携強化のためのガイドライン」https://www.mlit.go.jp/maritime/content/001470912.pdf（2023年6月12日取得）。

43)　首藤若菜（2020）「トラック業界の人手不足と『物流危機』」『計画行政』第43巻第2号，6頁。

44)　国土交通省「【資料1】国土交通省提出資料」第16回トラック輸送における取引環境・労働時間改善中央協議会（2023年3月13日）資料1，https://www.mlit.go.jp/jidosha/content/001593839.pdf（2023年5月30日取得）。

45)　同上資料。

第3章　内航船員と船員教育機関の現状と課題

第1節　内航船員の現状

1　船員労働の特徴

　一般的な労働者の労働に関する規定は，労働基準法で定められている。原則として使用者は，労働者に対して，休憩時間を除き1日について8時間，1週間について40時間を超えて，労働させてはならない(労働基準法第32条)。また，休日は原則として，毎週少なくとも1回，又は4週間を通じ4日以上である(労働基準法第35条)。「働き方改革を推進するための関係法律の整備に関する法律」(平成30年法律第71号)(以下，「働き方改革関連法」という)による2019年4月の法改正で，原則1か月45時間，1年間360時間，臨時的な特別の事情がある場合にも1年間に720時間以内などの時間外労働の上限規制(いずれも労働基準法第36条に基づく労使協定の締結と届出が必要)が設けられた(労働基準法第36条第4～6項)。しかし，船員はその勤務の特殊性から適用除外とされており(労働基準法第116条第1項)，船員労働に関する規定は特別に船員法で定められている。

　船員法によれば船員1日当たりの労働時間は8時間以内とされ(船員法第60条第1項)，1週間当たりの労働時間は「基準労働期間」について平均40時間以内(船員法第60条第2項)，1週間当たりの休日は「基準労働期間」について平均1日以上と規定されている(船員法第61条)。「基準労働期間」とは，船舶の航行区域などに応じて1年以下の範囲で定められている期間であり(船員法第60条第3項)，その範囲内で1週間当たりの労働時間や休日が決められているという点が，一般的な労働者と異なる。なお，労働時間の上限は，1日につき14時間，1週間につき72時間である(船員法第65条の2)。

　船員法の時間外労働には，①「船舶が狭い水路を通過するため航海当直の員数を増加する必要がある場合その他の国土交通省令で定める特別の必要がある場合」(船員法第64条第2項)，②「その使用する船員の過半数で組織する労働組

第Ⅰ部　これまでの内航海運の歩みと現状の課題

合があるときはその労働組合，船員の過半数で組織する労働組合がないときは
船員の過半数を代表する者との書面による協定をし，これを国土交通大臣に届
け出た場合」（船員法第64条の２第１項），③「船舶の航海の安全を確保するため
臨時の必要があるとき」（船員法第64条第１項），④「船員が人命，船舶若しくは
積荷の安全を図るため又は人命若しくは他の船舶を救助するため緊急を要する
作業に従事する場合」（船員法第68条第１項）の４種類がある。①及び②に関す
る作業は労働時間上限規制の対象となっており，これらを含めて前述の１日14
時間，１週間72時間が上限である。③及び④に関しては，条文に「安全」とい
う言葉が含まれているとおり，労働時間の上限のために船舶や人命を危険にさ
らすことはできないという性質から上限は設けられていない。しかし，③は割
増手当の支払い対象となっている点で④とは異なる。当直の引継ぎや防火操練
などの時間は，これまで労働時間規制の例外として④と同様の扱いであった
が，2023年４月の船員法と同施行規則の改正により，①の中に組み込まれ規制
の対象となった（船員法施行規則第42条の９第２号，同第３号）。

　交通労働の特色として，船員や事業用自動車運転者の労働時間は他律的であ
り，不規則，深夜・早朝，日曜祝日労働など，標準的な生活時間・サイクルか
ら離れた労働を余儀なくされる。また，国際線の航空機，船舶及びトラックに
よる輸送は，長距離移動を伴うことから１回当たりの勤務が長時間化しやす
く，鉄道，バス及びタクシーによる輸送は，通勤・通学などのピーク時と閑散
時とで需要の差が大きいために，変則勤務や超過勤務によって対応しなければ
ならない。その中でも事業用自動車運転者の労働に関して，それらの労働条件
の改善を図る目的で策定されたのが「自動車運転者の労働時間等の改善のため
の基準」（以下，「改善基準告示」という）である。改善基準告示も，働き方改革
関連法の国会附帯決議で改善が求められたことから，2022年12月23日に改正さ
れ，2024年４月より適用された。

　表３-１に，一般労働者，船員，事業用自動車運転者の労働時間，休憩・休
息及び休日を比較したものを示す。事業用自動車運転者に関しては2022年の改
正後のものである。改正前後を比較すると，トラック，バス，日勤タクシーの
運転者において，１日当たりの拘束時間の上限が16時間から15時間に短縮さ
れ，休息時間は「継続８時間以上」から「継続11時間以上を基本とし，継続９

72

表3-1 各種労働者における労働時間等の比較

		労働時間（自動車運転者の場合、拘束時間）			休息	休日
		1日	1週間	1か月	1日	1週間
一般労働者		8時間以内	40時間以内	時間外労働の上限（労使協定）1か月45時間 1年間360時間		1回以上又は4週間で4日以上
船員		8時間以内上限14時間	基準労働期間で平均40時間以内 上限72時間		3回以上分割の禁止。2回分割の場合、長い方の休息時間を6時間以上	基準労働期間で平均1日以上
事業用自動車運転者	トラック運転者	13時間以内 上限15時間 14時間超は週2回までが目安	284時間以内		継続11時間以上を基本とし、最低継続9時間	1回以上又は4週間で4日以上
	バス運転者 日勤勤務者	13時間以内 上限15時間 14時間超は週3回までが目安	4週間平均で65時間以内 281時間以内	又は 288時間以内		
	タクシー運転者 隔日勤務者	2暦日で22時間以内かつ2回の隔日勤務を平均し1回当たり21時間以内		262時間以内	継続24時間以上を基本とし、最低継続22時間	

（出所）労働基準法、船員法、自動車運転者の労働時間等の改善のための基準をもとに筆者作成。

第Ⅰ部　これまでの内航海運の歩みと現状の課題

時間を下回ってはならない」というように延長された。船員と一般労働者を比べると，基本の労働時間は両者とも変わらない。しかし，時間外労働に関して一般労働者は労使協定の締結・届出が必要であるが，船員は「特別の必要がある場合」の作業にはそれを必要としない。この場合というのは，出入港時の総員配置や防火操練等，航海当直の交代などであり日常的に行われる必然的なものである。そもそも，航海当直は4時間交代制を基本とし，船員は1日に2回当直に入るため，それだけで基本の労働時間を満たしてしまう。したがって，船員は一般労働者より長時間勤務を強いられる傾向にあると考えられる。一方で，事業用自動車運転者の基本の拘束時間は，休憩時間が含まれているために一般労働者や船員の労働時間に比べて1日当たり5時間長い。

2　船員数と年齢構成

　図3-1に各業種別にみた日本人船員数の推移を示す。[2] 2021年度現在，外航船員や漁船船員を含めた全船員数は，6万3375人である。1974年度当時の船員数は27万7644人で，4分の1に減少した。内航船員だけをみると，1974年度では7万1269人，2021年度では2万8625人と半数以下に減少している。外航船員，内航船員，漁船船員すべてにおいて，船員数はこの50年間で減少しており，最も減少率が高いのは，漁船船員である。次いで外航船員，内航船員となっている。なお，この内航船員の数は内航旅客船の船員も含めたものであるが，日本内航海運組合総連合会において，内航貨物船のみの船員数を公開している。その数は，2021年度において2万1502人（職員1万6646人，部員4856人）[3]で，2013年度の1万9893人（職員1万5301人，部員4592人）[4]から微増している。[5]

　図3-1は日本人船員のみの数値であり，1970年当時は外航船にも日本人が乗り組んでいたが，現在の外航船員はほとんどが外国人となっているため，このような推移となっている。一方で，内航船員は現在でもすべての船員が日本人である。その根拠となるのは，「雇用対策基本計画」である。まず1967年に第1次基本計画が閣議決定され，そこでは外国人労働者を受け入れる必要はないとされた。そして1988年の第6次基本計画では，外国人労働者を「専門・技術的労働者」と「単純労働者」に分け，前者は可能な限り受け入れるよう変更されたが，後者は十分慎重な対応がとられた。このとき，船員も単純労働とみ

第 3 章　内航船員と船員教育機関の現状と課題

図 3-1　日本の船員数の推移

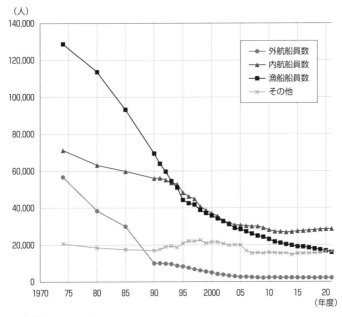

（注1）各年10月1日現在。
（注2）船員数は、乗組員数と予備船員数を合計したものであり、日本の船舶所有者に雇用されている船員（外国人を除く）をいう。
（注3）その他は、官公署船や港内作業船など他に属さない船員数。
（出所）国土交通省海事局「海事レポート」（平成13年版～令和4年版）https://www.mlit.go.jp/statistics/file000009.html（2023年12月15日取得）をもとに筆者作成。

なされた。[6] さらに、深刻化する人手不足への対応として、2019年4月より在留資格に「特定技能」（1号及び2号）が創設された。これまで単純労働とされてきた分野においても外国人の就労が認められたのである。2023年8月現在、特定技能の在留資格として認められているのは、12の産業分野（介護、ビルクリーニング、素形材・産業機械・電気電子情報関連製造業、建設、造船・舶用工業、自動車整備、航空、宿泊、農業、漁業、飲食料品製造業、外食業）で、これらに船員は含まれていないため、内航船舶への外国人船員の配乗は認められていない。[7]

次に、内航船員の年齢構成の推移を図3-2に示す。同図によると、20歳代の船員は1980年度の16.6％から減少していたが、1990年度の8.9％以降は増加している。2021年度のそれは18.3％であることから、1980年度よりも2021年度

第Ⅰ部　これまでの内航海運の歩みと現状の課題

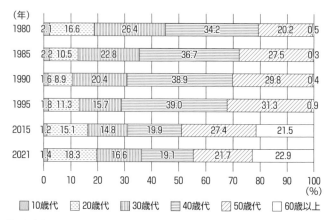

図3-2　内航船員の年齢構成の比較

(注1)　各年10月1日現在。
(注2)　1980年及び1985年，1990年，1995年の値は運輸省海上技術安全局船員部資料，2015年及び2021年の値は国土交通省海事局調べによる。
(出所)　運輸省海上交通局編（1992）『日本海運の現況　平成4年7月20日』日本海事広報協会。運輸省海上交通局編（1997）『平成9年版　日本海運の現況』日本海事広報協会。日本海事広報協会編（2016）「日本の海運 SHIPPING NOW 2016-2017」日本海事広報協会，46頁。日本海事広報協会編（2022）「日本の海運 SHIPPING NOW 2022-2023」日本海事広報協会，54頁。以上をもとに筆者作成。

の方が若年層の占める割合は高い。一方で，50歳代の船員は1980年度から1995年度時点までは増加していたが，2015年度には減少している。それに代わって，60歳以上の船員が1995年度に0.9％であったのが2015年度に21.5％に急増していることから，1995年度時点で50歳代だった船員が60歳以降も継続して従事しているケースが多くなったことが推測される。また，30〜50歳代の船員は減少傾向にあり，中間層が薄くなっているといえる。

　なお，同種のデータをトラックと比較すると，トラック運転者の数は，1970年度に約24万人であったが，1995年度に約89万人まで増加した[8]。それから現在までは概ね横ばいに推移し，2021年は約84万人である[9]。道路貨物運送業の就業者数全体を年齢別にみると，2015年の10〜20歳代の割合は9％であり，2021年は10％となっている。一方で，60歳以上の割合は，2015年において15％であったのが，2021年には18％とわずかに上昇している[10]。

76

図3-3 船員の有効求人倍率の推移

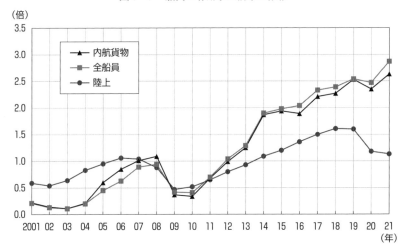

（出所）国土交通省海事局「船員分野」「海事レポート2013」第2部第3章, https://www.mlit.go.jp/maritime/kaijireport/report_13_06.pdf（2023年12月15日取得）。国土交通省海事局「船員分野」「数字で見る海事2022」第3章, https://www.mlit.go.jp/maritime/content/001514480.pdf（2023年12月15日取得）52頁。以上をもとに筆者作成。

3　船員の採用

　国土交通省の統計によると，2012年以降，船員の有効求人数は，有効求職数を大きく上回るような状態が続いている。2021年現在では，1万892人の有効求職数に対し，3万1268人の有効求人数があり，有効求人倍率は2.87倍である。[11] 一方で，成立数は2012年をピークに少しずつ減少し，2021年では959人と有効求職数を大幅に下回る。[12] 松尾（2021）は，船型別の求人数などを整理し，成立数が少ない要因を内航船舶の主力船型である200総トン以上500総トン未満の船舶で船員が確保できていないためであると指摘する。同船型の船舶では，船員法の「安全最少定員」の規定により1人で航海当直を行うため，新卒船員の採用が敬遠されること，そして中途採用の可能性として考えられる40～50代の船員が減少しており，その船員の確保が難しくなっていることがその理由にあるという。[13]

　次に，有効求人倍率を全船員及び陸上と比較したものを，図3-3に示す。2008年以前は，内航貨物を含む全船員の有効求人倍率が増加しているが，2008

第Ⅰ部 これまでの内航海運の歩みと現状の課題

図3-4 船員と陸上労働者の給与（月額）比較

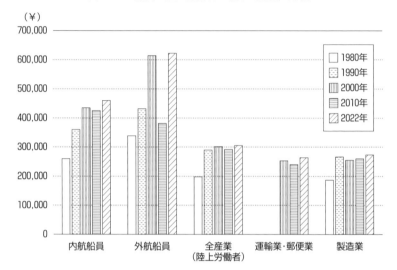

(注1) 各年6月現在。
(注2) 2022年の外航船員は日本人船員のみ。
(注3) 給与は、きまって支給する給与を指し、特別に支払われた報酬、航海日当、その他の手当ては含まない。
(注4) 全産業は、規模30人以上、規模30〜99人、規模500人以上の平均。
(注5) 運輸業・郵便業及び製造業は、規模30人以上。
(出所) 運輸省「船員労働統計」(1980, 1990年)。国土交通省「船員労働統計」(2000, 2010, 2020年)。以上をもとに筆者作成。

年9月のリーマンショックの影響を受けて、2009年及び2010年は大幅に落ち込んだものと考えられる。2010年以降は船員及び陸上ともに増加傾向にあり、全船員や内航貨物は陸上に比べて飛躍的に増加していることがわかる。

さらに、船員の給与を他の業種と比較したものを図3-4に示す。船員の給与は、他の業種と比べても非常に高い水準であるとわかる。2022年6月における給与を比較すると、内航船員では、全産業に対して月額で約15万円高く、一方で外航船員と比較すると月額で約16万円低く、同じ船員でも収入の差がある。また、陸上労働者は1990年から給与はほとんど変わらないが、外航船員や内航船員のそれは上昇している。

第3章　内航船員と船員教育機関の現状と課題

第2節　船員養成からみた内航海運業

1　船員教育機関の種類

　船員を養成する教育機関は，主に海事系大学，商船高等専門学校，独立行政法人海技教育機構の三つがある。海事系大学や商船高等専門学校は文部科学省が所管しているが，海技教育機構は国土交通省の所管である。これらの教育機関では，船舶職員として職務に従事するための国家資格である海技士を取得することができる。教育機関毎に取得できる海技士の級（三級から六級）は異なり，それによって乗り組むことができる船舶の種類も異なる。その詳細は本節2で述べる。

　まず海事系大学は，全国に東京海洋大学海洋工学部と神戸大学海洋政策科学部（前：海事科学部）の二つがある。いずれも国立の東京海洋大学と神戸大学の一学部という位置づけである。東京海洋大学は，2003年に東京商船大学と東京水産大学が統合して誕生した。同大学海洋工学部は，海事システム工学科，海洋電子機械工学科，流通情報工学科の三つの学科からなり，海技資格を取得できる学科は，海事システム工学科航海システムコース及び海洋電子機械工学科機関システム工学コースの二つである[14]。神戸大学も同様で，元は神戸商船大学という一つの大学であったが廃止され，2003年に神戸大学海事科学部となった。そして，2021年4月，海洋政策科学部が新たに設置された。1年次で基礎的知識を学んだ後，2年次からは，一般3領域である海洋基礎科学領域，海洋応用科学領域，海洋ガバナンス領域及び海技資格を取得できる航海学領域と機関学領域に分かれている[15]。

　次に商船高等専門学校は，富山，三重，広島，山口，愛媛の全国5か所にあり，各学校には，船舶職員を養成する商船学科の他に，工業系などの学科も併設されている。商船学科の修業期間は，他の学科よりも半年長い5年6か月で，卒業後は前述した海事系大学に編入する学生もいる。また，商船学科は航海コースと機関コースに分かれており，航海コースでは船舶の運航技術に関すること，機関コースでは船舶機器の運転や維持管理技術に関することを学ぶことができる[16]。

79

第Ⅰ部　これまでの内航海運の歩みと現状の課題

　最後に海技教育機構は，海技大学校，海上技術短期大学校，海上技術学校の
3種類ある。海技大学校は全国に1校だけであるが，海上技術短期大学校は5
校，海上技術学校は2校ある。海上技術短期大学校は高校卒業後に2年間，海
上技術学校は中学卒業後に3年間の修業期間がある。また，海上技術学校を卒
業すれば，高等学校卒業と同等の資格が得られる。[17]海技大学校は，多種多様な
コースに分かれており，海上技術短期大学校を卒業した後，さらに上級の資格
を目指すコースや，一般大学等を卒業して海運会社に就職した後，海技士取得
を目指すコースをはじめ，水先人を養成するコース，外国人を対象としたコー
スなどがある。[18]

2　国家資格を取得する条件と方法

　船舶に乗り組む船員[19]には，船長とそれ以外の海員がおり，さらに海員は「職
員」と「部員」に分けられる。職員とは，航海士，機関長，機関士，通信長，
通信士などをいい，部員とは，職員以外の海員をいう（船員法第1条から第3
条）。また，船舶職員及び小型船舶操縦者法（以下，「船舶職員法」という）にお
いては，船長に加え，船員法でいう職員の中でも，航海士，機関長，機関士，
通信長，通信士及び運航士の職務を行う者を「船舶職員」といい（船舶職員法
第2条第2項及び第3項），船舶職員になろうとする者は，海技士の免許を受け
なければならない（船舶職員法第4条第1項）。一方で，船員法でいう部員は，
海技士の免状を必要としない。なお，この適用を受けるのは，20総トン以上の
船舶に乗り組む船員に限る。20総トン未満の小型船舶を操縦する場合は，小型
船舶操縦士の免許が必要となる。つまり，船舶職員として大型船舶に乗り組
み，仕事をしようとする場合には，海技士という国家資格を取得しなければな
らない。

　海技士の取得に関しては，船舶職員法に定められている。海技士を取得する
ためには，海技士国家試験（以下，「海技試験」という）に合格し，登録海技免許
講習の課程を修了しなければならない。海技試験には，身体検査及び学科試験
があり，学科試験はさらに筆記試験と口述試験に分かれている。筆記試験は，
乗船履歴を有していなくても受験することが可能であるが，身体検査や口述試
験を受ける場合は，筆記試験に合格し，一定期間の乗船履歴が無ければ受験す

第3章　内航船員と船員教育機関の現状と課題

ることはできない。このように，海技士の取得には試験を受けるだけでなく，乗船履歴や講習など，通常一個人では取得することが不可能な条件がある。このために，先述した船員教育機関で修学することで，乗船実習を通じて乗船履歴を取得したり，授業の中で登録海技免許講習の課程を修了したりすることができる。さらには特例により，船員教育機関の課程を修了すれば筆記試験が免除される。また，船員教育機関を卒業し，その課程において海技試験科目に直接関係のある教科単位を一定数修得すると，必要な乗船履歴の期間も通常より短期間になる場合もある。船員教育機関は，基本的には船員としての素養を学ぶところではあるが，目標として海技士の取得に重きを置いている。

　海技士の種類は，大きく分けて航海，機関，通信，電子通信の四つに分かれている。さらに，航海及び機関は一級から六級までの六段階，通信は一級から三級までの三段階，電子通信は一級から四級までの四段階に分かれており，級の数字が小さいほど学科試験の難易度が上がり，乗り組み可能な船舶の種類や船舶職員の階級の幅が広くなる。また，乗船履歴が必要であるのは航海及び機関のみで，通信及び電子通信の学科試験は筆記試験のみである。この他にも，乗船履歴に応じ船舶職員の職について限定された「履歴限定」，職務が船舶の運航に限定された船橋当直限定や機関の運転に限定された「機関当直限定」，船舶の機関の種類が内燃機関に限定された「内燃機関限定」があり，取得した海技士に応じて職務の内容にさまざまな制限がかかる。

　大型船舶で船舶職員として働くためには，船員教育機関などで海技士を取得する必要がある。各機関の単位を取得することで海技試験の身体検査及び口述試験を受ける受験資格が得られ，三級海技士や四級海技士を取得することができる。それ以外にも，海技士の取得が可能な教育機関として，水産大学校や水産系高等学校がある。それらは，主に漁業関係の仕事につきたい学生が多く希望する学校であるが，中には内航海運の会社に就職する学生もいる。水産系高等学校を卒業又は六級海技士短期養成コース[20]を修了して海技士を取得するためには，企業に就職して船舶で部員として働きながら乗船履歴をつけ，身体検査や口述試験に合格しなければならない。

81

3 学生数と就職状況

船員教育機関の入学応募倍率と入学者数の推移[21]をみると，2005〜2022年度において，海事系大学の倍率は2011年度をピークに減少，商船高等専門学校及び海技教育機構についても2015〜2016年度ごろをピークに減少している。一方，入学者数の女子の割合についてみると，2005〜2007年度ごろはどの機関も10%程度であったが，海事系大学及び商船高等専門学校では年々増加し，15〜20%まで上昇している。海技教育機構も2015年度ごろまでは5%まで減少していたが，最近では増加傾向にある[22]。

次に，2012〜2021年度の船員教育機関卒業者の状況について述べる。各教育機関を卒業すると，ほとんどの学生が就職あるいは進学をする。海技大学校はほぼ100%の学生が就職をするが，その他の教育機関では一部の学生がさらに上級の教育機関へ進学をしている。その割合は，海事系大学が年度ごとにばらつきがあるものの概ね5〜10%，商船高等専門学校が14〜16%，海上技術短期大学校及び海上技術学校が5〜9%程度である。進学先は海事関連分野の学校が多く，例として，海事系大学は大学院，海上技術短期大学校及び海上技術学校は海技大学校へ進学し，商船高等専門学校は4年生大学へ編入する[23]。

卒業者全体でみると，進学者よりも圧倒的に就職者の方が多い。2004〜2021年度における就職者数をみると，海事系大学は，海事産業の中では外航海運が多い。内航海運へ就職する学生は，全体の10〜20%程度である。商船高等専門学校では，海事系大学よりも偏りはなく，全体的に内航海運に就職する学生が多いが，外航海運や旅客運送，陸上産業への就職者も一定数いる。また，卒業者数及び就職希望者数の増加に伴い，外航海運，内航海運，旅客運送の海上産業への就職者数も増加している。それに対して，陸上産業のそれは減少している。特に内航海運の就職者数を2004年度と2021年度で比較すると，3.2倍に増加している[24]。

海技大学校では，おおむね内航海運へ就職する学生が多いものの，最近では外航海運への就職が増加している。海上技術短期大学校及び海上技術学校では，内航海運への就職者が多くを占めており，外航海運へ就職する学生は少数である。商船高等専門学校と同様に，海上産業に就職する学生は増加している。他の教育機関にはみられなかったが，海上技術短期大学校及び海上技術学

第3章　内航船員と船員教育機関の現状と課題

校を卒業した学生の中で水産系の企業に就職する学生も見受けられる。[25]

4　船員教育機関の歴史

　船員教育機関の歴史は，明治維新にまで遡る。当時，西洋形汽船を操縦する技能を持った日本人船員はほとんどおらず，船長や機関長等の要職は，イギリス人などの外国人が就いていた。このような事態を憂えた内務卿大久保利通が，1875年5月に政府に対して海運政策樹立の建白を行い，船員の養成を強く主張した。これにより，政府は郵便汽船三菱会社に莫大な補助金を与えて船員養成を行うこととし，同年11月に現在の東京海洋大学海洋工学部の前身にあたる私立三菱商船学校が設立された。[26]その後，1882年には官立へと移管されて官立東京商船学校となり，1925年には東京高等商船学校と改称されている。[27]その流れを受けて，1879年，函館と大阪に商船学校が設立され，地方でも高等船員教育が行われるようになった。[28]現在ある五つの商船高等専門学校はこの時代に設立されている。

　大正時代に入ると，1914年7月に勃発した第一次世界大戦により，日本の海運が飛躍的に発展して船員不足が生じたため，各商船学校において施設や採用人数の拡充がなされた。[29]この時期に設立されたのが，現在の神戸大学海洋政策科学部の前身にあたる私立川崎商船学校である。この学校は1917年に川崎造船所が設立し，1920年には官立神戸高等商船学校として設立された。[30]しかし，第一次世界大戦後の不況及び1929年の世界恐慌により海運不況が深刻化し，その影響を受けて1932年，官立高等商船学校（官立東京高等商船学校及び官立神戸高等商船学校）と公立商船学校は採用人数を半分に制限し，さらに1933年から1935年にかけて商船学校3校が廃校となった。[31]

　1937年の日華事変，1939年の第二次世界大戦勃発により，再び船舶が不足しそれに伴って船員も不足した。各商船学校における施設の整備及び拡充のため，公立から文部省直轄とし，逓信省は1939年7月以降各地に海員養成所6か所を設立した。これらの養成所には，現在の宮古海上技術短期大学校，清水海上技術短期大学校，小樽海上技術短期大学校及び唐津海上技術学校が含まれている。さらに1942年1月には，高等商船学校，商船学校，航海練習所の所管が文部省から逓信省海務院へと移管された。[32]また1945年4月，海事専門学院官制[33]

83

第Ⅰ部　これまでの内航海運の歩みと現状の課題

（勅令第167号）の制定により，現在の海技大学校の前身にあたる海技専門学院が設置された。[34]

　第二次世界大戦が終結すると，1946年3月には船員教育機関の施設が整理統合された。その結果，船員教育機関は，高等商船学校，航海訓練所，海務学院，海技専門学院，商船学校（富山，鳥羽，広島，大島，弓削の5校），海員養成所（児島，小樽，唐津，宮古，七尾，宮崎，門司，高浜の8カ所）となった。[35] さらに1947年4月，粟島海員養成所が設立された。[36] それから高等商船学校は大学へ昇格されることとなり，1949年11月，高等商船学校と海務学院を包括して商船大学が設立され，1950年4月に文部省に移管された。また，商船学校も1951年4月に文部省所管の商船高等学校として設立され，その後1967年6月に商船高等専門学校に昇格した。これにより，第二次世界大戦中に文部省から運輸省へ移管された船員教育機関は，航海訓練所を除き再移管された。[37]

　海技専門学院は大学への昇格が検討されたが，それよりもむしろ戦時中に速成教育された船員への再教育体制を強化すべきであるとして，船員の再教育及び通信教育が実施されることとなった。その結果，海技専門学院の施設，教材，設備などはすべて文部省に移管され，1952年5月に設立された神戸商船大学が管理することになった。そして，運輸省所管の海技専門学院がこれらの施設を利用して再教育及び通信教育を行った。また，1952年8月，全国に8か所あった海員養成所は，「養成所」が従弟教育のような印象を青少年に与えるため教育上好ましくないとされ，その名称を海員学校に改めた。当時，九州地方の海員学校は，門司，唐津，宮崎の3か所にあったが，立地条件及び教育環境，地元からの要望を考慮した結果，1954年4月，宮崎海員学校が廃止され，新たに長崎に口之津海員学校が設置された。[38]

　1960年代に入り，高度成長期を迎えると，輸送需要の増大に伴って船舶が大量建造されたことから，船員不足が問題となった。そのような事態に対応するため，船員教育機関の充実強化が図られることとなり，海技専門学院及び海員学校がその対象となった。海技専門学院は，神戸商船大学との教育目的の違い並びに学生の年齢及び経歴の差から，同一施設を供用して使用することに支障があった。そのため，1961年4月，兵庫県芦屋市に移転し，名称を海技大学校に改めた。また，現在の館山海上技術学校にあたる館山海員学校が1963年1月

に新設された。なお，1960年8月には，高浜海員学校が伊勢湾台風の被害を受けて，静岡県清水市（当時）に移転し清水海員学校と改称されている[39]。

　高度成長期からの船員養成は，主として外航船員の養成であり，内航船員は慢性的に不足していた。こうした状況に対応するため，1968年4月，現在の波方海上技術短期大学校にあたる粟島海員学校波方分校が設立され，内航船員のための教育が開始された。その後の1974年5月，同校は波方海員学校に昇格した。また，外航部員も引き続き不足しており，日本海側に海員学校が少なかったことから，1970年8月に村上海員学校が設立され，さらに1972年5月の沖縄本土復帰に合わせて沖縄海員学校が運輸省に移管された[40]。これにより，海員学校は全国で13校となり，この時に学校数がピークを迎えた。

　1973年の第一次石油危機を契機とする世界的な不況に伴い，海運業も低迷し求人が激減した。この影響を直接受けた海員学校は，1977年度から定員が25％削減され，1981年には，門司，七尾及び児島の3校を廃止し，海員学校は全部で10校となった[41]。さらに1980年代後半から急激に円高が進み，外航船舶は海外の子会社に譲渡されて外国籍船となり，外国人船員を配乗させて人件費を削減するなどの措置が講じられた。その結果，日本人船員が急激に減少し[42]，それに伴って，1987年4月に粟島海員学校及び村上海員学校が廃止された[43]。

　海技大学校及び海員学校は，これまで運輸省所管であったが，2001年1月の中央省庁改革により国土交通省所管になると，同年4月には行政改革により独立行政法人へ移行した。これにより海員学校8校のうち，小樽，唐津，宮古，口之津，館山及び沖縄の6校は海上技術学校，清水及び波方の2校は，海上技術短期大学校へと改称された。2005年3月には沖縄海上技術学校が廃校となり[44]，2008年4月には宮古海上技術学校が宮古海上技術短期大学校，2021年4月に小樽海上技術学校が小樽海上技術短期大学校，2024年4月に唐津海上技術学校が唐津海上技術短期大学校へと移行された。

　以上のとおり，船員教育機関は明治時代に始まり，戦争や高度成長期に増設された。そして，石油危機や不況，外国人船員の増加などにより整理統合され，多数の学校が移管や改称を繰り返して現在に至っている。

第Ⅰ部　これまでの内航海運の歩みと現状の課題

第3節　内航海運の船員不足と労働問題

　内航船員不足の問題は，1990年代から存在したとされている。以前は，外航や水産からの流入，60歳以上の船員の継続雇用によって補われてきたが，今後はそれらの供給源にも限界がある。松尾（2021）は，現在の日本の船員不足は業界全体の問題というよりも，500総トン未満の小型船で顕著であると指摘している[45]。同型船の連続航海時間が16時間を超える場合の安全最少定員は甲板部3名であるため，一般的な3直体制では1人当直となる[46]。2005年4月の船員法改正により，航海当直士は「六級海技士（航海）」以上の免許保有が義務付けられたことから，安全最少定員で運航すれば必然的に，同型船に乗り組む甲板部の船員は全員が海技免状保有者でなければならない[47]。つまり，海技士資格を持ち，1人当直を行うだけの技術を身につけた者が不足しているといえる。さらに図3-2で示したように近年は50歳以上の船員が約5割を占め，高齢船員の大量退職に伴う担い手不足も懸念されている。

　一方で，民間完結型六級海技士短期養成制度の創設や小中高校生などに対してPR活動が行われるなど，船員確保に向けた取り組みが実施されてきた。それらの成果もあって，船員数は2013年度以降増えており（図3-1参照），10～20歳代の船員の割合は2013年度に14.2％であったのが，2021年度には19.7％と高くなっている（図3-2参照）[48]。

　船員の給与は陸上の一般的な雇用労働者と比べて低くはない。しかし，勤務は基本3か月の乗船と1か月の休暇のサイクルのため，長期間の労働を余儀なくされている。さらに，24時間関係なく海上を航行する船舶では夜間も働かなければならない。乗船期間は船内で寝食を共にするため，プライベートの確保も難しい。船が沖合に出るとインターネットの利用はほとんどできなくなる。近年は，社会と若者の価値観の変化により，特に若年層は給与より労働環境や休暇を重視する傾向にある。このような船上での働き方は若者にとって魅力に乏しいものとなる。

　労働環境の悪さは，船舶の運航形態に大きく関係している。そこで，船舶と同じ運輸業であるトラックと運航（又は運行）形態の比較を行う。図3-5及び

第3章　内航船員と船員教育機関の現状と課題

図3−6に船舶の運航形態の例，図3−7及び図3−8にトラックの運行形態の例を示す。図3−5は499総トン級の船舶の場合，図3−6は199総トン以上の船舶の場合を示したものである。199総トン級の船舶の方が比較的近距離の航海であり，寄港回数が多いために入港してから荷役作業を終えて出港するまでの時間が短い。内航船舶の運航は，荷主の意向によりオペレーターが配船及び運航管理を行っている。また，荷待ち時間は，沖での錨泊が多く，その場合船員は上陸できない。船員にとっては，この生活が3か月続くことになる。

　一方のトラックについて，図3−7は会社近郊において輸送を行う場合，図3−8は長距離の輸送を行う場合を示している。モデルケースとして，会社近郊の場合は1日に3回，長距離の場合は4日間かけて2回の輸送を行う。同程度の距離間の1回の輸送にかかる日数を内航船舶とトラックで比較すると，トラックは片道で最大約1日かかるのに対して，内航船舶は少なくとも3日を要するため，内航船舶の方が輸送日数は長いことがわかる。さらに休暇の頻度を考慮すると，内航船員はトラック運転者よりも長期間にわたる勤務を強いられることになる。

　統計上，近年船員数が増加傾向にあり，若年船員の割合も増えていることから，業界全体として悪い傾向にはない。しかし，日本の船員不足問題は，前述したとおり，小型船において顕著であるといわれている。同船への就職を促すための一つの方法として，労働環境や運航形態の改善が挙げられる。今後，高齢の船員が大量に退職すると，資格と技量のある船員がさらに不足する可能性がある。これに対処するためには，現在の若年船員を定着させ，一人前の船員に育てていくことが必要である。定着を促すためには船内の居住整備の改善も必要不可欠な要素の一つである。

　最後に，トラック運送業界における労働不足の問題について簡単に触れておく。同業界では，鉄道貨物協会の「平成30年度本部委員会報告書」において2028年度に約27.8万人のドライバーが不足すると推計されるなど，内航海運と同様に労働力不足が問題視されている。このような労働不足の原因には，賃金低下や長時間労働によりドライバーの求職者が減少する一方で，近年におけるインターネット通販の普及により，貨物の小口・多頻度輸送を担うドライバーの需要が増加していることが考えられる。内航海運と異なる点として，賃金

87

第Ⅰ部　これまでの内航海運の歩みと現状の課題

図3‐5　499総トン級の船舶の運航形態の例

○月	月	火	水	木	金	土	日	月	火	水	木	金	土	日	月	火
	尼崎	堺			堺	堺	名古屋埠頭A	名古屋埠頭B	名古屋埠頭C	名古屋		千葉		千葉	鹿島	
	積		荷待ち		揚	積	揚	揚			積		荷待ち	揚	揚	

	水	木	金	土	日	月	火	水	木	金	土	日	月	火
	鹿島		苫小牧		苫小牧	室蘭	室蘭		仙台	仙台			鹿島	
	積		荷待ち		揚	揚	積		揚	積			揚	

（出所）国土交通省海事局「内航海運を取り巻く現状及びこれまでの取組み」交通政策審議会海事分科会第9回基本政策部会（2019年6月28日）資料5，https://www.mlit.go.jp/common/001296360.pdf（2023年3月21日取得）21頁をもとに筆者作成。

図3‐6　199総トン級の船舶の運航形態の例

○月	月	火	水	木	金	土	日	月	火	水	木	金	土	日	月	火
	北九州		山口	山口		松山	(松山)	松山		神戸	神戸		大分	(大分)	大分	
	積		揚	積		揚	荷待ち	積		揚	積		揚	荷待ち	積	

	水	木	金	土	日	月	火	水	木	金	土	日	月	火
	姫路		岡山	岡山		大分	大分	博多	北九州	北九州		大阪	和歌山	
	揚		揚	積		揚	積	揚	積	揚		積	揚	

（出所）国土交通省海事局「内航海運を取り巻く現状及びこれまでの取組み」交通政策審議会海事分科会第9回基本政策部会（2019年6月28日）資料5，https://www.mlit.go.jp/common/001296360.pdf（2023年3月21日取得）20頁をもとに筆者作成。

図3‐7　会社近郊において輸送を行う場合のトラックの運行形態の例

6時	7時	8時	9時	10時	11時	12時	13時	14時	15時
6:30-6:45			9:00-9:30	10:30-11:00		12:45-13:00		14:00-14:30	15:30-16:00
倉賀野			東松山市内	倉賀野		甘楽町		甘楽町	甘楽町
積込			荷降・積込	荷降		積込		荷降	荷降・終了

（出所）土屋運送「一日のタイムスケジュール」http://www.tsuchiya-unso.jp/recruit/time_schedule/（2023年3月21日取得）をもとに筆者作成。

図3‐8　長距離輸送を行う場合のトラックの運行形態の例

1日目	2日目			3日目			4日目
任意	9:15		18:00	8:00-9:00	10:00-10:30	17:00	8:00-9:00
富岡市内	富岡市内		大阪付近	大阪付近	大阪付近	長野付近	埼玉市内
積込	出発	8時間以上の休息	荷降	積込		8時間以上の休息	荷降・終了

（出所）土屋運送「一日のタイムスケジュール」http://www.tsuchiya-unso.jp/recruit/time_schedule/（2023年3月21日取得）をもとに筆者作成。

第3章　内航船員と船員教育機関の現状と課題

表3-2　トラックと内航の労働者における労働時間と給与の比較

	年齢	勤続年数	所定内実労働時間数	超過実労働時間数	きまって支給する現金給与額	所定内給与額	年間賞与その他特別給与額
単　位	歳	年	時間	時間	千円	千円	千円
全産業平均	43.7	12.3	165	12	340.1	311.8	884.5
大型トラック	50.2	12.4	175	39	366.4	286.1	376.9
中小型トラック	47.8	11.6	174	36	329.8	263.3	421.8
内航船員①	46.5	20.6	141	19	459.9	396.8	770.5
内航船員②	—	—	210	28	—	—	—

（注1）時間数及び給与額は1か月当たりである。

（注2）所定内給与額とは，きまって支給する現金給与額のうち，超過労働給与額を差し引いた額をいう。

（注3）全産業平均，大型トラック，中小型トラック，内航船員①は2022年の値，内航船員②は2017年の値である。

（注4）大型トラックとは「営業用大型貨物自動車運転者」，中小型トラックとは「営業用貨物自動車運転者（大型車を除く）」である。

（注5）内航船員①は「船員労働統計　令和4年6月分　No. 218」，内航船員②は2019年4月26日に実施された「内航船員の労働実態調査結果」による値である。内航船員①の1か月の労働時間数は，年間労働時間の平均である。内航船員は基本的に3か月勤務1か月休暇の形態をとることから，勤務期間の1か月における実態は内航船員②の値に近くなると考えられる。

（出所）厚生労働省「令和4年賃金構造基本統計調査」2023年3月17日更新，https://www.e-stat.go.jp/stat-search/files?page=1&toukei=00450091&tstat=000001011429（2023年5月27日取得）。国土交通省総合政策局情報政策課交通経済統計調査室「船員労働統計　令和4年6月分　No. 218」2022年12月19日更新，https://www.e-stat.go.jp/stat-search/files?page=1&layout=datalist&toukei=00600320&tstat=000001021050&cycle=7&year=20220&month=0&tclass1=000001021051&result_back=1&tclass2val=0（2023年5月27日取得）。国土交通省「内航船員の労働実態調査結果」交通政策審議会海事分科会第111回船員部会（2019年4月26日）資料4，https://www.mlit.go.jp/common/001288781.pdf（2023年5月27日取得）。以上をもとに筆者作成。

は，内航船員の方が一般的な雇用労働者と比べて高いために（**表3-2参照**），ドライバーよりは問題視されていない。貨物需要についても，内航の輸送量は全体的にみると減少傾向にあり，労働力不足の問題はトラック運送業の方がより深刻であるといえる。

第4節　小　括

本章では，内航海運の船員の問題に焦点を当て，現状と課題について整理を行った。

第Ⅰ部　これまでの内航海運の歩みと現状の課題

　第1節では，内航船員に関する統計を概観した。まず，法令で定められている労働時間の比較を行ったところ，船員は一般労働者より長時間の勤務を強いられる傾向にあった。次に，船員数とその年齢構成をみると，船員数は1974年と比較すると半減したが，2013年度以降は増加に転じている。そして年齢構成は，近年，20歳代と60歳以上の船員が増加しており，30〜50歳代の中間層が薄くなっていることが明らかとなった。船員の採用状況として，2021年度における有効求人倍率は2.87倍で，近年上昇傾向にある。一方で，成立数は2013年以降減少しており，1万892人の有効求職者数に対し，2021年のそれは959人である。

　第2節では，内航船員を輩出する船員教育機関についてその現状を概観した。船員教育機関には，海事系大学，商船高等専門学校，海技教育機構（海技大学校・海上技術短期大学校・海上技術学校）があり，それ以外にも内航船員になるルートとしては水産系の学校，六級海技士短期養成コースによるものがある。船員教育機関の入学状況をみると，どの学校においても入学応募倍率は減少傾向にある。一方で女子の入学者数の割合は，近年増加傾向にある。同機関で内航海運に就職する学生が多い学校は，海上技術短期大学校と海上技術学校である。

　第3節では，現状内航海運が抱える船員の問題を整理した。その問題とは船員不足と過酷な労働環境であるといえる。船員不足は業界全体の問題というよりも，小規模事業者の500総トン未満の小型船においてその傾向は強く，技術・資格を有する船員が特に不足している状況にあるといわれている。一方で若年船員の割合は増加傾向にあることから，この船員が今後も業界に定着して経験を積み上げていくと，船員不足を解決する一助となり得る。そのためには労働環境を整備することが必要である。船員の給与は陸上の一般的な雇用労働者と比べて低くはないが，この特殊な働き方は現代の若者が求めるものとは言い難い。

　最後に，同じ貨物輸送業であるトラック運送業界もドライバー不足が深刻であるため，内航海運との比較を行った。トラックの場合，業界全体としてドライバー不足が懸念されており，内航海運よりも労働不足の状況は深刻である。労働環境の悪さの要因となる労働時間と給与を比較すると，トラック運転者の方が労働時間は長く，給与も低いことが統計上示された。船員不足や過酷な労

働環境は事故や労働災害を誘発するため，第4章以降で考察する安全に密接に関わるものであり，対処しなければならない重要な問題である。

注

1）　前田達男（1999）「交通産業と交通労働者の責務」交通権学会編『交通権憲章—21世紀の豊かな交通への提言—』日本経済評論社，所収，114-115頁。

2）　1974年度以前の船員数に関する統計は確認することができなかった。

3）　ここでいう職員とは，船長と航海士，機関長，機関士，通信長，通信士などをいい，部員とは，職員以外の船員をいう。詳しくは後述する本章第2節2を参照のこと。

4）　日本内航海運組合総連合会（2022）『内航海運の活動・令和4年度版』日本内航海運組合総連合会，23頁。

5）　日本内航海運組合総連合会（2021）『データで読み解く　内航海運』日本内航海運組合総連合会，47頁。

6）　松尾俊彦（2018）「外国人労働者の受け入れと内航船員不足に関する一考察」『日本航海学会誌』第206号，23頁。

7）　出入国在留管理庁「特定技能制度」https://www.moj.go.jp/isa/policies/ssw/nyuukokukanri01_00127.html（2023年8月17日取得）。

8）　運輸省運輸政策局情報管理部編（2000）『陸運統計要覧（平成11年版）』日本自動車会議所，93頁。

9）　1970年度及び1995年度の値は『陸運統計要覧』における一般トラック事業従業員の運転手の値，2021年の値は「労働力調査」における道路貨物運送業の輸送・機械運転従業者数の値である。『陸運統計要覧』は，平成18年版をもって廃刊されたため，それ以降の値を入手することができず，「労働力調査」では，2005年より前の統計は運輸業より詳細な分類がなく，それ以前の道路貨物運送業に関する値を入手することができなかった。

10）　労働力調査では，道路貨物運送業における輸送・機械運転従業者数の年齢別の値が公表されていないため，道路貨物運送業就業者全体のものを示す。総務省「労働力調査」https://www.e-stat.go.jp/stat-search/files?page=1&layout=datalist&toukei=00200531&tstat=000000110001&cycle=7&tclass1=000001040276&tclass2=000001040282&tclass3val=0（2023年3月18日取得）。

11）　国土交通省海事局「船員分野」「数字で見る海事2022」第3章，https://www.mlit.go.jp/maritime/content/001514480.pdf（2023年12月15日取得）52頁。

12）　国土交通省海事局「船員分野」「海事レポート2013」第2部第3章，https://www.mlit.go.jp/maritime/kaijireport/report_13_06.pdf（2023年12月15日取得）。

13）　松尾俊彦（2021）「小型内航船の船員確保問題と制度的課題」『海運経済研究』第55号，5-7頁。

14）　東京海洋大学海洋工学部ホームページ，http://www.e.kaiyodai.ac.jp/index.html（2023年2月1日取得）。

第Ⅰ部　これまでの内航海運の歩みと現状の課題

15)　神戸大学海洋政策科学部ホームページ，https://www.ocean.kobe-u.ac.jp/（2023年2月1日取得）。

16)　海事産業の次世代人材育成推進会議「船員教育機関について　商船高等専門学校」http://www.uminoshigoto.com/learn/about_sailor_diti_2.html（2023年6月20日取得）。

17)　海事産業の次世代人材育成推進会議「船員教育機関について　海上技術短期大学校・海上技術学校」http://www.uminoshigoto.com/learn/about_sailor_diti_4.html（2019年11月18日取得）。

18)　海技大学校ホームページ，https://www.jmets.ac.jp/kaidai/（2023年2月1日取得）。

19)　船員法が適用される船員の乗り組む船舶は，日本船舶又は日本船舶以外の国土交通省令で定める船舶であり，①5総トン未満の船舶，②湖，川又は港のみを航行する船舶，③政令の定める30総トン未満の漁船，④船舶職員及び小型船舶操縦者法第2条第4項に規定する小型船舶であつて，スポーツ又はレクリエーションの用に供するヨット，モーターボートその他のその航海の目的，期間及び態様，運航体制等からみて船員労働の特殊性が認められない船舶として国土交通省令の定めるもの，は含まない（船員法第1条）。船舶職員及び小型船舶操縦者法上の船舶は，日本船舶（船舶法第1条に規定する日本船舶をいう。以下同じ。），日本船舶を所有することができる者が借り入れた日本船舶以外の船舶（国土交通省令で定めるものを除く。）又は本邦の各港間若しくは湖，川若しくは港のみを航行する日本船舶以外の船舶で，①ろかいのみをもつて運転する舟，②係留船その他国土交通省令で定める船舶，は含まない（船舶職員及び小型船舶操縦者法第2条第1項）。

20)　第1章の民間完結型六級海技士短期養成制度によるものである。同コースの受講料（授業料，実習・資格費，教本・教材費，保険料付保費の合計）は，航海科で59万1190円，機関科で56万8390円である。尾道海技大学校「第1種養成講習航海科」https://marine-techno.or.jp/?page_id=152，尾道海技大学校「第1種養成講習機関科」https://marine-techno.or.jp/?page_id=154（2023年12月5日取得）。

21)　入学応募倍率とは，入学応募者数を入学定員で割った値。

22)　国土交通省「船員教育機関卒業生の求人・就職状況等について」交通政策審議会海事分科会船員部会資料，https://www.mlit.go.jp/policy/shingikai/s303_senin01.html（2023年3月20日取得）。

23)　同上資料。

24)　同上資料。

25)　同上資料。

26)　運輸省50年史編纂室編（1999）『運輸省五十年史』運輸省50年史編纂室，20頁。

27)　東京海洋大学海洋工学部「海洋工学部の歴史」http://www.e.kaiyodai.ac.jp/introduction/history.html（2019年11月26日取得）。

28)　運輸省50年史編纂室編（1999），前掲書，20頁。

29)　同上書，21頁。

30)　神戸大学大学院海事科学研究科・海事科学部「海事科学とは」http://www.maritime.kobe-u.ac.jp/maritime/history.html（2019年11月26日取得）。

31) 運輸省50年史編纂室編（1999），前掲書，22頁。

32) 1943年4月，大型帆船練習船4隻を統合して航海訓練所となる。

33) 運輸省50年史編纂室編（1999），前掲書，22頁。

34) 海技大学校「沿革」https://www.jmets.ac.jp/kaidai/guide/history.html（2019年11月26日取得）。

35) 運輸省50年史編纂室編（1999），前掲書，104-105頁。

36) 海技教育機構「沿革」https://www.jmets.ac.jp/aboutus/history.html（2023年5月14日取得）。

37) 運輸省50年史編纂室編（1999），前掲書，104-105頁。

38) 同上書，105頁。

39) 同上書，178-179頁。

40) 同上書，278-279頁。

41) 同上書，390頁。

42) 同上書，555頁。

43) 海技教育機構，前掲資料。

44) 同上資料。

45) 松尾（2021），前掲論文，5-6頁。

46) 12時間を0〜4時，4〜8時，8〜12時の三つの時間帯に分け，それらを3直で交代する。1日でそのサイクルを2回繰り返すため，例えば，ある直は午前0〜4時に入った後，午後0〜4時に再び入る。

47) 松尾俊彦（2013）「内航海運における船員不足問題の内実と課題」『運輸と経済』第73巻第2号，24頁。

48) 日本海事広報協会編（2014）「日本の海運 SHIPPING NOW 2014-2015［データ編］」日本海事広報協会，21頁。

49) 鉄道貨物協会（2019）「平成30年度本部委員会報告書」https://rfa.or.jp/wp/pdf/guide/activity/30report.pdf（2023年5月25日取得）104頁。

第 II 部

内航海運の安全とその取り組み

第4章　内航海運の事故と船員災害の考察

第1節　内航海運の安全とリスク

1　内航海運の事業目的と安全

　内航海運業を行うには，貨物を積む船舶と運航する船員が必要である。それらを手配する役割を担うのが一般的にオーナーであり，オーナーは船舶を所有・保守点検し，船員を配乗する。一方，船舶を運航するのがオペレーターの役割であり，オペレーターは燃料費や港費などを負担する。その他にも契約形態によって，船舶管理事業者や船員派遣事業者がこれらの運航に関わることがある。つまり，内航海運の主体は内航海運事業者及び関連する事業者であり，内航海運の安全を考える上で事業者の寄与するところが大きいといえる。

　向殿（2021）は，企業の究極の目的は「顧客のため」「社員のため」「社会のため」に貢献することにあるとする。そして，企業が実現すべき安全を「顧客の安全」「従業員の安全」「企業体の安全」の三つに分類している。「顧客の安全」は，例えばメーカーであれば，顧客を死傷させないような安全な製品をつくることである。「従業員の安全」は，従業員が業務中に負傷したり，病気に冒されたりしないように，職場環境を適切に管理・改善することである。また「企業体の安全」は，「企業が長く存続して社会に貢献し，社会から信頼されること」をいう[1]。

　向殿のいう企業が実現すべき三つの安全を，内航海運事業者に当てはめると，それぞれ「航海の安全」「船員の安全」「事業者の安全」となる。「航海の安全」は，顧客である荷主の貨物を安全に目的地まで輸送することである。この場合の安全とは，単に貨物に損害を生じさせないことだけでなく，指定された時刻までに輸送することも含む。

　「船員の安全」は，事故や労働災害から船員を守ることである。内航海運事業者の従業員は，大きく分けて陸上職員と海上職員に分けられ，船員は海上職

第Ⅱ部　内航海運の安全とその取り組み

員に当たる。特に船舶で業務に従事する船員は，船舶搭載の主機関や甲板機械の大型機器を日常的に扱うため，陸上職員よりも労働災害の防止に努めなければならない。また，勤務時間は昼夜関係なく，３か月間又はそれ以上の長期間の勤務を求められることから，事業者は生活が不規則となりやすい船員の健康を保つための管理も必要となる。

　「事業者の安全」とは，経営の安全を維持することである。さらに，「航海の安全」及び「船員の安全」については，リスクアセスメントによってそれらの安全を確保するのに対し，「事業者の安全」については，リスクマネジメントを行うことでそれを確保できるとしている。つまり，「航海の安全」及び「船員の安全」の各リスクを事前に予測し評価しておき，これら二つをマネジメントすることで経営の安全も保たれる。しかし，それらだけでは「事業者の安全」は十分ではない。経営安全を確保するために必要な他の要素として，コンプライアンスの確保がある[2]。この点について，詳細は次の第１節２で示す。

　これまで内航海運の安全を三つの安全分野に分けて述べてきたが，次は「安全」の定義について考える。安全の定義は論者によりさまざまであるが，ここでは国際規格における定義を用いることにする。ISO/IEC Guide 51: 2014では，安全を「freedom from risk which is not tolerable」と定義している。さらにJISはこれを日本語に訳し，JIS Z 8051: 2015において「許容不可能なリスクがないこと」と定義している。この定義に基づくと，安全を確保するためには，まずリスクを洗い出し，それが許容可能か否かを判断する。そして許容不可能なものであれば，それを低減するための対策を考えることが必要である。したがって，内航海運の安全への実現には，第一のステップとして，リスクが何であるかを整理しておかなければならない。そこで以下，内航海運の安全を脅かすリスクを，前述した三つの安全分野に分けて検討する。

2　内航海運に関係するリスク

　まず，「航海の安全」について，船舶の安全運航を脅かすリスクには，大きく事故，事件及び自然災害の三つがある。

　第一に，事故には，航行中に何らかの原因によって発生する，船舶の火災，衝突，乗揚げ，転覆，沈没などがある。これらによって，船体の損害だけでな

く，他船や岸壁等の他人の財物への損害，乗組員の死傷などの人身損害が発生する場合がある。また，事故の発生によって船体の油類タンクが損傷すれば，それが海上に流出することによる環境破壊も発生する。これらは船舶の種類に関係なく発生するものであるが，内航海運の場合は貨物を輸送しているため，それらに加えて，事故によって指定の時間までに貨物を輸送できない場合や，その貨物に破損や汚損などが生じる可能性もある。

　第二に，事件には，犯罪，テロや海賊行為などがある。海上犯罪の種類を法令別にみると，海事関係法令，漁業関係法令，刑法，海上環境関係法令，薬物・銃器関係法令，出入国関係法令などに分けられる。上記の事故発生によって，船員や事業者が処罰される場合もある。また，罪を犯すことは，安全運航を阻害するだけでなく，刑事・行政・民事の法的責任を負い，社会的信用を失うリスクもある。テロは，世界各地において発生している。内航船舶がテロの現場となる可能性は少ないが，フェリーターミナルや港湾もその標的となり得るため，船舶にもその影響が及ぶリスクがある。海賊行為は，2017年から2021年までの直近5年間において，東南アジアやアフリカを中心に毎年100〜200件ほど発生しているが，日本を含む東アジア地域ではほとんど発生していない。[3]したがって，内航海運にとってそのリスクは比較的小さいと考えられる。

　第三に，自然災害について，船舶の航行は，気象・海象に大きく左右される。特に影響が大きく発生頻度が高いものとして，台風が挙げられる。台風が日本に接近・上陸し，避難勧告などが行われると，船舶は安全な海域まで避難を行う。それによって，運航計画の変更を余儀なくされ，貨物の輸送に遅延が生じる。さらに，安全な海域まで避難したとしても，走錨によって事故が発生し，被害を受けるリスクもある。その他に，船舶の航行に影響をきたすものとして，地震や津波，火山噴火などがある。

　次に，「船員の安全」を脅かす代表的なリスクには，上記の事故によるものに加え，労働災害がある。「船員災害防止活動の促進に関する法律」において，「船員災害」は「船員の就業に係る船舶，船内設備，積荷等により，又は作業行動若しくは船内生活によつて，船員が負傷し，疾病にかかり，又は死亡すること」と定義されている（第2条第1項）。本書では，この定義に従い，船員の労働災害を負傷と疾病の両方から考察する。負傷については他の一般的な職種

と比べて，最悪の事態は免れたとしても，四肢が切断されるなど重度の障害を負う可能性が高い。一方，事業者のリスクとして，船員が負傷や疾病により業務を続けられなくなった際の，船員不足による運航への影響がある。

　最後に，「事業者の安全」を脅かすリスクには，船舶の安全運航のリスク，船員の労働安全のリスク以外に，向殿（2021）は企業経営を取り巻くリスクとして，財務や経営の健全性，情報セキュリティ，企業トップや従業員が遵守すべきコンプライアンス，時代の変化への対応に関するリスクなどを挙げている[4]。

　ここで財務や経営の健全性を脅かすリスクについて実際のケースをみておくと，2022年2月10日時点で東京証券取引所に上場している川崎近海汽船株式会社及び栗林商船株式会社の有価証券報告書では，海運市況・荷動き等の影響，為替レート，燃料油価格，金利，船舶等の資産価格の各種変動が挙げられている。川崎近海汽船株式会社では，全リスク10項目のうち6項目，栗林商船株式会社では，全リスク7項目のうち4項目と過半数が経済状況に関するリスクとなっている。

　以上，「航海の安全」「船員の安全」「事業者の安全」の三つの安全とリスクについて述べてきたが，本書では主として，「航海の安全」と「船員の安全」に共通するリスクである船舶事故を考察する。また，本章では「船員の安全」のリスクである労働災害についても内航海運の安全を確保する上で重要な論点であるため，この問題も付加的に論じる。なお，「事業者の安全」の企業経営リスクに関して，本来であればこれも含めて考察すべきであるが，企業経営のリスクは既にさまざまな分野で研究が進んでいること，検討すべき範囲が膨大で紙幅の関係もあることから，本書では対象としない。

第2節　内航船舶における事故の特徴

1　船舶事故統計の種類と定義

　日本において船舶事故に関する公式統計を公開している組織は，国土交通省海事局，海難審判所，運輸安全委員会，海上保安庁の四つである。それぞれの組織で事故データの収集方法は異なっている。

第4章　内航海運の事故と船員災害の考察

　まず，海事局は，「海上輸送の安全にかかわる情報」を毎年公表している。
2014年度より前の統計は海上保安庁資料を基にしていたが，それ以降の船舶事
故等の発生件数は，海上運送法及び内航海運業法で定める安全管理規程に基づ
いて運航事業者から報告された事故などを計上したものである。運航事業者か
らの報告をベースとしていることから，この統計では，旅客船と貨物船の事故
のみを把握できる。また，海上運送法及び内航海運業法に基づいたものである
ことから，旅客船は外航・内航を合わせたもの，貨物船は内航船舶のデータが
基本となっている。

　海難審判所及び地方海難審判所（支所を含む）の理事官は，国土交通大臣等
からの通報などにより，海難審判法によって審判を行わなければならない事実
を認知したとき，事実関係の調査を行い，立件する。これを，海難立件件数と
して計上している。海難審判法の対象となる「海難」は，同法第2条により①
船舶の運用に関連した船舶又は船舶以外の施設の損傷，②船舶の構造，設備又
は運用に関連した人の死傷，③船舶の安全又は運航の阻害と定義されている。
国土交通大臣は，船員法第19条の規定により海難について報告があったとき，
又は海難が発生したことを知ったときは，海難審判所の理事官に通報しなけれ
ばならず，海上保安官，警察官及び市町村長も，海難が発生したことを知った
ときは，国土交通大臣と同様に通報しなければならない（同第24条）。

　運輸安全委員会は，同委員会が調査した船舶事故の件数を計上している。同
委員会への通報義務は，運輸安全委員会設置法第21条の規定により定められて
おり，国土交通大臣は，船員法第19条の規定により船舶事故等について報告が
あったとき，又は船舶事故等が発生したことを知ったときは，委員会に通報し
なければならない。また，海上保安官，警察官及び市町村長も，船舶事故等が
発生したことを知ったときは，国土交通大臣と同様に通報しなければならな
い。なお，船舶事故等とは，「船舶事故」及び「船舶事故の兆候」をいい（運
輸安全委員会設置法第2条第6項），船舶事故とは「船舶の運用に関連した船舶又
は船舶以外の施設の損傷」及び「船舶の構造，設備又は運用に関連した人の死
傷」をいう（同第2条第5項）。

　海上保安庁では，開庁から現在に至るまで，再三にわたり海難の定義が見直
されてきた。1948年の開庁当初は，海難を「海上保安庁による救助の必要性が

101

第Ⅱ部　内航海運の安全とその取り組み

ある事案」と定義していたが，1966年には，同庁による救助の必要性がない衝突や乗揚げも加えるようになり，2001年には同庁が118番通報などによって認知したすべての事案を海難とした。さらに近年では，民間救助組織が充実し同庁が認知しない事案が増えてきたことにより，2018年には，民間救助組織のみにより救助した事案も計上するようになった。

　海難は「船舶事故」と「人身事故」に分類され，前者は，海上において船舶に「衝突」「乗揚」「転覆」「浸水」「爆発」「火災」「行方不明」「機関・推進機・舵等の損傷又は故障その他運航不能等」に該当する事態が生じた場合をいう。後者は，海上又は海中において「船舶事故によらない乗船者の海中転落，負傷，病気，中毒等」又は「海浜等において発生した乗船者以外の者の負傷，溺水，帰還不能等」に該当する事態が生じた場合と定義される。なお，2007年より海難船舶が国際航海に従事するか否かの分類も行われている。これによって，国際航海に従事しない「貨物船」及び「タンカー」を内航船舶として区分けすることができるようになった。

　これら四つの組織を比較すると，海上保安庁は同庁が認知した事案に加えて，民間救助組織のみに救助された事案も統計に計上していることから，幅広くデータが収集されているといえる。一方，海難審判所や運輸安全委員会の場合は，認知した海難や事故などの中から海難審判所では立件されたもの，運輸安全委員会では調査したものに限定されている。また，海事局は，運航事業者からの報告に基づいたものであり，旅客船と内航貨物船に限られるという特徴がある。それぞれの組織にとって必要なデータを収集した方が効率的である。しかし，海上保安庁以外のものは全体の発生状況を把握するためのデータとして適さず，単位も異なるため各統計相互で比較することができない。本研究の対象とする内航船舶でいえば，統計からその現状を把握するには，海上保安庁の2007年からのものか，海事局の2014年度以降の統計を用いるのが適切である。

2　事故の発生隻数と傾向

　海上保安庁では，現在118番通報などによって認知したすべての事案と民間救助組織が救助した事案を海難として計上している。ここでは，そのうちの

第4章　内航海運の事故と船員災害の考察

「船舶事故」の傾向を概観する。

　図4-1は，1975年から2022年までの船舶事故隻数とそれに伴う死者・行方不明者数の推移を示している。この図より，隻数及び死者・行方不明者数とも減少傾向にあることがわかる。1975年と直近の2022年を比較すると，事故隻数は，1975年の3246隻が2022年には1882隻となり，死者・行方不明者数は，1975年の419人が2022年には66人まで減少している。このような減少をみた理由は，主要港周辺海域における次世代型航行支援システムの運用開始や海難防止思想の普及，民間団体の海難防止活動の展開，気象・海象情報の提供の充実などの安全対策が計画的に進められてきたことにある。

　次に，船舶種類別に事故の状況をみてみる。表4-1は，1976年から2022年までの船舶種類別の発生隻数の推移を示している。1976年当時，最も事故隻数が多かったのは漁船で1479隻であった。しかし，漁船の事故は1985年の1766隻と1987年の1924隻をピークに年々減少し，2022年では449隻と約3分の1となっている。一方，マリンレジャーの普及とともに1990年代末からプレジャーボートの事故が急増し，2000年代に入ると漁船の事故よりも多くなった。最近では毎年1000隻ほどの事故が発生しており，船舶事故全体の約半数を占めるようになっている。貨物船やタンカーなどのいわゆる商船の事故は1976年から減少を続け，事故隻数は2022年で貨物船が178隻，タンカーが48隻である。

　ここで，船舶事故と次節の労働災害の統計における船舶の種類を整理しておくと，まず，船舶事故に関しては，貨物船，タンカー，旅客船，漁船，遊漁船，プレジャーボート，その他の七つに分けられる。ここでいう「その他」とは，「練習船，監視取締船，軍艦等上記の用途に区分できないもの」と定義されている。一方，労働災害の統計に関しては，一般船舶と漁船，その他の三つに分けられる。一般船舶は，貨物船，油送船，LPG船，コンテナ船，旅客船を指す。そして，同船舶は外航と内航に分類され，「外航」とは国際航海に従事する一般船舶，「内航」とは国際航海に従事しない一般船舶とされている。さらに内航は，内航（大手）と内航（その他）に分けられ，「内航（大手）」は使用船員数が100人以上の事業者から報告されたもの，「内航（その他）」はそれ以外のものである。また，労働災害統計上の「その他」は，「官公庁船，曳船，はしけ及び起重機船等の船舶」であり，おおむね船舶事故のものと一致してい

103

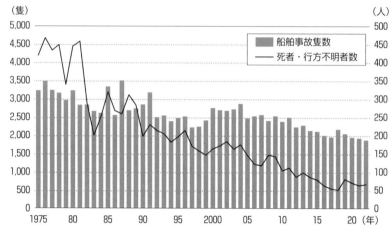

図4−1 船舶事故隻数と死者・行方不明者数の推移

(注1) 海上保安庁資料による。
(注2) 死者・行方不明者には、病気等によって操船が不可能になったことにより、船舶が漂流するなどの海難が発生した場合の死亡した操船者を含む。
(出所) 1975年：内閣府編（2002）『交通安全白書（平成14年版）』財務省印刷局、105頁。1976〜2021年：内閣府編（2022）「船舶事故隻数及びそれに伴う死者・行方不明者数の推移」令和4年版交通安全白書 CSV 形式ファイル、https://www8.cao.go.jp/koutu/taisaku/r04kou_haku/zenbun/genkyo/h2/h2s1.html（2023年5月4日取得）。2022年：海上保安庁「海難の発生と救助の状況（令和4年海難の現況と対策）」https://www6.kaiho.mlit.go.jp/info/keihatsu/20230609_state_measure01.pdf（2023年11月29日取得）1頁。以上をもとに筆者作成。

ると考えられる。

両者の統計を比較すると、労働災害統計上の「一般船舶」は船舶事故のそれの「貨物船」「タンカー」「旅客船」に該当する。なお、労働災害統計に「遊漁船」と「プレジャーボート」の分類がない。前者は、法律上漁船と区別されるものであるが、漁船登録のある「小型兼用船」が遊漁船隻数全体の73％を占めており、これらは「漁船」に分類され、それら以外は「その他」に含まれているものと推測される。後者は、船員法第1条第1項で規定される船舶に該当しないため（同条第2項第4号）、労働災害の統計には計上されていない。

以上のとおり、商船事故の全体に占める割合は多いわけではない。しかし、貨物船やタンカーはひとたび事故が発生すると、船舶の大きさや輸送貨物によっては、大規模な事故へと発展する場合もある。また、事故によって付近の構造物を破壊したり、油や有害液体物質が海に流出したりすると、周辺地域の

第4章　内航海運の事故と船員災害の考察

表4-1　船舶種類別の発生隻数の推移

	1976	1980	1985	1990	1995	2000	2005	2010	2015	2020	2022
貨物船	985	828	648	536	493	367	358	341	257	201	178
タンカー	227	179	134	186	126	107	99	88	78	57	48
旅客船	99	59	53	54	55	39	63	50	47	32	33
漁　船	1,479	1,359	1,766	1,092	911	993	809	705	593	493	449
遊漁船				85	78	105	111	94	61	62	93
プレジャーボート	360	426	496	626	583	931	874	963	935	995	938
その他	354	394	258	283	244	225	168	154	146	114	143
合　計	3,504	3,245	3,355	2,862	2,490	2,767	2,482	2,395	2,117	1,954	1,882

（注）海上保安庁資料による。
（出所）1976～2021年：内閣府編（2022）「船舶種類別の船舶事故隻数の推移」令和4年版交通安全白書CSV形式ファイル，https://www8.cao.go.jp/koutu/taisaku/r04kou_haku/zenbun/genkyo/h2/h2s1.html（2023年5月4日取得）。2022年：海上保安庁「海難の発生と救助の状況（令和4年海難の現況と対策）」https://www6.kaiho.mlit.go.jp/info/keihatsu/20230609_state_measure01.pdf（2023年11月29日取得）1頁。以上をもとに筆者作成。

人々の生活や自然環境にも悪影響を及ぼし得る。さらに事故によって輸送が滞ると，産業や生活への影響も出る。

　本研究の対象とする内航船舶は，船舶の種類のうち貨物船とタンカーの合計に含まれる。海上保安庁では，2007年より国際航海に従事するか否かの分類を行っている。ここではそれに依拠して，国際航海に従事しない貨物船及びタンカーを内航船舶とする。2022年における内航船舶の事故発生隻数は，貨物船が108隻，タンカーが41隻である[15]。つまり，貨物船では全体の約60％，タンカーでは全体の約85％を内航船舶が占めている。以下，2007年から2022年までの期間における内航船舶が関連した事故の詳細をみる。

　図4-2は，事故発生隻数と割合の推移を示している。内航貨物船及び内航タンカー共に，2007年より減少傾向にある。一方で，それらが貨物船とタンカー全体に占める割合は増加傾向にあることがわかる。図4-3に，死者・行方不明者数と負傷者数の推移を示す。最も多い死者・行方不明者数を出したのは2010年と2013年の6人，負傷者は2019年の11人である。事故発生隻数が近年150～200隻を推移していることを考慮すると，死傷者数が多いとは言い難い。

　表4-2に事故の種類別発生隻数（内航貨物船及び内航タンカーの合計，以下同

105

第Ⅱ部　内航海運の安全とその取り組み

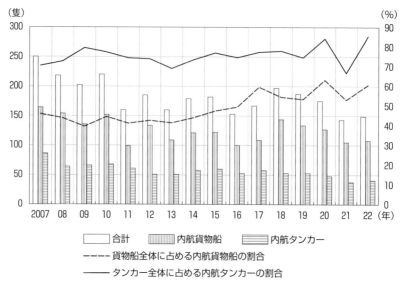

図4-2　内航船舶の事故発生隻数と割合の推移

（出所）2007～2012年：海上保安庁交通部安全対策課提供資料（2020年10月14日取得）。2013～2022年：海上保安庁「船舶海難データ（令和4年海難の現況と対策）」https://www.kaiho.mlit.go.jp/doc/hakkou/toukei/toukei.html（2023年5月4日取得）。以上をもとに筆者作成。

様）の推移を示す。発生数が多い事故の種類としては，衝突，単独衝突，乗揚，運航不能が挙げられる。その中で衝突は2007年から現在に至るまで減少傾向にあり，乗揚は2007年から2011年ごろにかけて減少し，その後横ばいにある。単独衝突及び運航不能に関しては2007年より横ばいに推移している。さらに表4-3は，2007年から2022年までの16年間における運航不能の詳細を含めた事故種類別の内航船舶事故発生隻数を示している。衝突が全体の40％を占め，この表からも単独衝突，乗揚，運航不能が割合として多いことがわかる。なお，運航不能で最も割合が多いのは機関故障である。

　表4-4に，2007年から2022年までの16年間における原因別の内航船舶事故発生隻数を示す。船舶事故の原因のうち人為的要因が83.6％を占めている。そのうち最も多いのが見張り不十分で，その次に操船不適切が挙げられ，これらの二つで全体の半数以上を占める。これらに続くのは，人為的要因では居眠り運航，船位不確認，機関取扱である。

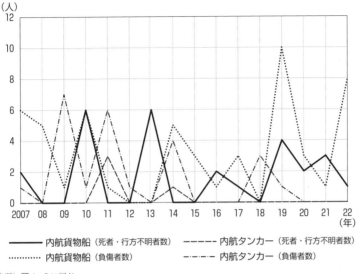

図4−3　内航船舶事故による死者・行方不明者及び負傷者の推移

(出所) 図4−2に同じ。

　この統計における人為的要因とは，JIS Z 8115:2000で「意図しない結果を生じる人間の行為」と定義されるヒューマンエラーであると考えられる。ヒューマンエラーの原因は，小松原 (2016) によれば，人間の能力の限界，知覚・認知特性，教育訓練不足，コミュニケーション，意図に分けられ，これらを改善することで，ヒューマンエラーの発生を減少させることができる[16]。そこで，人間の特性を考慮した現場環境の改善やマニュアルの策定・運用，教育訓練の充実，コミュニケーションの活発化，安全文化の構築，安全管理の改善などが行うべき施策となる。

　図4−4に，人為的要因とそれ以外の隻数及び人為的要因が事故原因全体に占める割合の2007〜2022年の推移を示す。人為的要因は隻数及びその割合も減少傾向にあることがわかる。一方で数自体は少ないものの，人為的要因以外の要因は変化がみられず，毎年概ね20〜40隻の間を推移している。これは，従前に発生した事故を教訓に，船体とその設備・機器の改良や航路・港湾などの整備が進められてきたことで，それらが起因となる事故の数が下げ止まりになっている可能性が考えられる。

第Ⅱ部　内航海運の安全とその取り組み

表4−2　種類別の内航船舶事故発生隻数の推移

(単位：隻)

	2007	2008	2009	2010	2011	2012	2013	2014	2015	2016	2017	2018	2019	2020
衝　突	114	95	86	103	63	76	54	72	74	59	69	71	67	69
単独衝突	29	32	30	31	20	28	28	36	21	28	27	32	32	36
乗　揚	68	49	43	46	33	40	42	34	41	32	34	44	46	38
浸　水	6	8	10	3	5	2	4	2	8	2	6	4	1	2
火　災	7	2	4	2	3	0	3	2	7	4	2	4	6	4
爆　発	0	1	1	1	1	0	0	2	0	1	0	0	0	0
転　覆	0	0	0	0	0	0	0	0	0	0	0	0	0	0
運航不能	25	30	28	33	35	38	29	31	31	27	29	42	35	26
その他	1	1	0	1	0	1	0	0	0	0	0	0	0	0
合　計	250	218	202	220	160	185	160	179	182	153	167	197	187	175

(出所) 図4−2に同じ。

表4−3　種類別の内航船舶事故発生隻数 (2007〜2022年)

海難種類		隻数	割合 (％)
衝突		1,170	40.0
乗揚		660	22.5
単独衝突		476	16.3
浸水		70	2.4
火災		57	1.9
爆発		7	0.2
転覆		1	0.0
運航不能	機関故障	313	10.7
	走錨	50	1.7
	推進器障害	45	1.5
	舵障害	25	0.9
	機関取扱不注意	16	0.5
	船体傾斜	10	0.3
	燃料欠乏	4	0.1
	バッテリー過放電	3	0.1
	無人漂流 (係留不備)	3	0.1
	荒天難航	3	0.1
	有人漂流	2	0.1
	その他	8	0.3
	小計	482	16.5
その他		4	0.1
総計		2,927	100.0

(出所) 図4−2に同じ。

第4章　内航海運の事故と船員災害の考察

表4-4　原因別の内航船舶事故発生隻数（2007～2022年）

主原因			隻数	割合（%）
人為的要因	運航の過誤	見張り不十分	839	28.7
		操船不適切	694	23.7
		居眠り運航	228	7.8
		船位不確認	187	6.4
		水路調査不十分	110	3.8
		気象海象不注意	71	2.4
		船体機器整備不良	27	0.9
		その他の運航の過誤	88	3.0
	機関取扱		172	5.9
	火気・可燃物取扱不良		25	0.9
	積載不良		7	0.2
小計			2,448	83.6
人為的要因以外	不可抗力等		256	8.7
	材質・構造不良		173	5.9
	その他		50	1.7
総計			2,927	100.0

（出所）図4-2に同じ。

　図4-5に，2007年から2022年までの16年間における距岸別の内航船舶事故発生隻数を示す。これらの図からも明らかなように港内で発生する船舶事故が最も多く，陸からの距離が長くなればなるほど，発生隻数は概ね減少している。港内で発生する船舶事故が多いのは，港内は船舶の輻輳するエリアであり他の船舶との距離が近いうえに，自動操舵装置を有している船舶でも自動操舵から手動操舵に切り替えて航行することで，ヒューマンエラーが発生しやすいためであると考えられる。

　図4-6に，2007年から2022年までの16年間における船舶のトン数階層別の内航船舶事故発生隻数を示す。この図より，20～500総トンの船舶の割合が高いことがわかる。2022年において，内航船舶の隻数から事故発生率を計算する[17]と，20総トン未満（0.14%），20～500総トン（4.10%），500～1000総トン（3.95%），1000総トン以上（3.35%）で，20～500総トンの船舶において最も事

図4-4 人為的要因とそれ以外の内航船舶事故発生隻数及び割合の推移

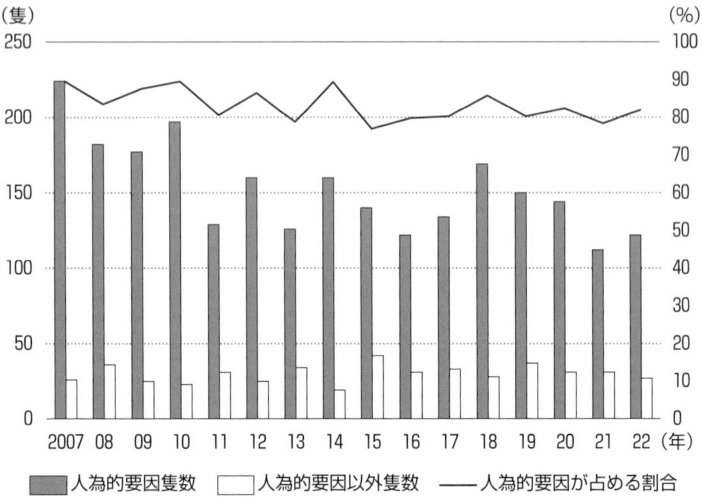

（出所）図4-2に同じ。

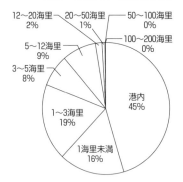

図4-5 距岸別の内航船舶事故発生隻数
（2007〜2022年，合計2927隻）

（出所）図4-2に同じ。

故が多く発生しているといえる。船員法の「安全最少定員」の規定上，自動操舵装置を有している船舶の場合，700総トン以上は航海当直が2人ずつであるが，700総トン未満は1人当直が認められている。[18] 実際も700総トン未満の船舶は当直の人員が1人というケースが大半である。1人で当直に入る場合，2人

図4-6 船舶トン数階層別の内航船舶事故発生隻数
(2007〜2022年，合計2927隻)

(出所) 図4-2に同じ。

のときと比べて他船の見落としや操船ミスなどのエラーを誘発しやすく，また居眠りや飲酒をしてしまう可能性が高くなる。これらが小型船の発生率の高さに影響していると推測される。

図4-7に，2013年から2022年までの10年間における操船者年齢別の内航船舶事故発生隻数を示す。第3章図3-2の2021年における内航船員の年齢構成と比較すると，40歳代以下では，船員の割合に対し事故を起こした操船者の割合は少ないことから，これらの年代では比較的事故の発生は少ないといえる。一方で，50歳以上になると，船員の割合に対し，事故を起こした操船者の割合は高くなる。このことから，高齢の船員の方が事故の発生率は高いといえる。しかし，年齢を重ねて操船の経験が豊富になると，当直の責任者を任され，船舶が輻輳する海域などの事故が発生しやすい場所で操船をする機会が多くなる。このことも事故発生の割合が高くなる要因と考えられる。したがって，単に年齢の要素のみが事故多発の要因となっているわけではない。

以上をまとめると，内航船舶における事故は，貨物船・タンカー全体の半数以上を占め，海難の種類では，衝突，単独衝突，乗揚，運航不能が多い。事故原因は，人為的要因が全体の80％以上を占めているが，それは2007年より減少傾向にある。また発生場所は，港内など陸から比較的近い距離，つまり入出港の前後が多い。最も事故発生率が高いのは，船舶の大きさでは20〜500総トンで，操船者の年齢では50歳以上である。

111

第Ⅱ部　内航海運の安全とその取り組み

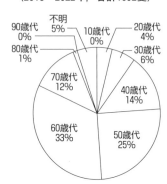

図4-7　操船者年齢別の内航船舶事故発生隻数
（2013～2022年，合計1692隻）

（出所）図4-2に同じ。

第3節　内航船員の労働災害の特徴

1　船員の労働安全衛生に関する法体系とその変遷

　日本の労働安全衛生における法体系について概観する。まず，労働者の安全や健康の確保に関しては，一般的に労働安全衛生法が適用される。ただし，この法律には適用除外があり，一つは「鉱山保安法」の適用を受ける鉱山労働者，もう一つは船員法の適用を受ける船員である（労働安全衛生法第115条第2項）。船員が労働安全衛生に関して適用を受けるのは，船員法，船員労働安全衛生規則及び船員災害防止活動の促進に関する法律である。また，船舶安全法にも船員の安全衛生を確保するための安全設備や衛生設備に関する規定がある。

　海上労働保護に関する法規制が初めて日本に導入されたのは，西洋型商船海員雇入雇止規則（明治12年太政官布告第9号）である。これによって，船員の食料支給について罰則規定が設けられた。また，「明治32年商法」において，船舶所有者による食料の負担に関する規定（第577条）と疾病又は傷病に対する治療費及び看護の費用の負担に関する規定（第578条）が定められたが，当時は安全衛生を確保するための法規制はなかった。[19]

　1937年，国際労働機関（International Labor Organization，ILO）の条約を取り入れて，「明治32年船員法」が全面改正され，「昭和12年船員法」が制定された。

これまで船員に関して規定していた「明治32年船員法」に，初めて海上労働において船員の保健衛生を確保するための医師又は医療設備に関する規定が導入された。そしてアジア・太平洋戦争後の1947年，再び「昭和12年船員法」が全面改正され，「昭和22年船員法」が制定された。このとき陸上労働の分野では，労働基準法が制定され，詳細な安全衛生規定が設けられたが，「昭和22年船員法」は，船員の安全衛生に係る研究が不足しており，そのような規定は導入されなかった。[20]

労働基準法が制定されてから15年後の1962年，船員法改正により初めて同法に海上労働における船員の安全確保のための規定が設けられた。これは，1952年の労働基準法改正を契機としたものである。[21]その２年後には，船員労働安全衛生規則が制定された。高度経済成長期には，陸上で労働災害が増加したことにより，1964年に「労働災害防止団体等に関する法律」が制定され，続いて海上労働の分野でも1967年に「船員災害防止協会等に関する法律」が制定された。この法律は，現在の「船員災害防止活動の促進に関する法律」の原型となるものである。[22]同法律に基づき，同年10月に船員災害防止協会が設立され，船舶所有者及び船員の活動を支援するために，船員の技能講習や情報の収集・提供などが行われている。[23]このように，船員の労働安全衛生に関する法規制は，陸上労働に遅れて整備されてきた。

2　労働安全衛生の内容と取り組み状況

　船員が適用を受ける三つの法令で規定されている内容をみていく。

　一つ目に船員法において，船員の安全衛生に関する規定は第８章の「食料並びに安全及び衛生」と第10章の「災害補償」である。第８章では，船舶所有者が遵守すべき事項として，①食料の支給，②船内作業による危害の防止及び船内衛生の保持，③医師の乗船，④衛生管理者の選任，⑤健康証明書を所持する船員の乗り組みを定めている。第10章では，船員が職務上において負傷又は疾病，障害，行方不明若しくは死亡したときに，船舶所有者が実施すべき費用負担や手当などについて規定している。

　二つ目の船員労働安全衛生規則は，船員法第81条，第85条第２項，第111条の規定に基づいて定められた省令である。第１章では船内における船長を長と

第Ⅱ部　内航海運の安全とその取り組み

した「船内安全衛生委員会」の設置，第2章以下では，安全基準，衛生基準，個別作業基準等の各種基準などが定められている。

　三つ目の船員災害防止活動の促進に関する法律は，前半に国土交通省が作成する「船員災害防止計画」，船舶所有者による「安全衛生管理体制」，船員災害が頻繁に発生した，あるいはそれが大規模であったときに改善措置が必要な場合，国土交通省が指示して船舶所有者が作成する「安全衛生改善計画」を定めている。後半では，船員災害防止協会について規定されている。つまり，船員法や船員労働安全衛生規則では，船舶所有者や船員に関係する遵守事項が定められており，一方で，船員災害防止活動の促進に関する法律は，船員の安全衛生における国や協会の役割について規定されている。

　最後に国土交通省の現在の取り組みについてみていく。船員災害防止活動の促進に関する法律に基づき，国土交通省は1968年度から5年毎に船員災害の減少目標や船員災害の防止に関し基本的な事項を定めた「船員災害防止基本計画」を策定している。最近の「船員災害防止基本計画」は，2023年の1月24日に「第12次船員災害防止基本計画」として公表され，これまでの計画に加え，新型コロナウイルス感染症の感染防止対策，さらに船員の働き方改革を図るための労務管理の適正化，船員の健康確保に関する制度の推進が取り組み事項として新たに挙げられている。[24]

　また，国土交通省は当該計画の具体化のために毎年，船員災害の防止に関し重要な事項を定めた「船員災害防止実施計画」を作成している。この計画に基づき，船舶所有者及び船員が中心となって「船員労働安全衛生月間」が開催され，労働安全や健康に関する講習会，優良事業者の表彰，安全衛生に関する取り組みの紹介などが全国各地で行われている。[25]

3　船員の災害及び疾病の発生状況

　船員の災害及び疾病の発生状況は，国土交通省が毎年公表している「船員災害疾病発生状況報告（船員法第111条）集計書」によって知ることができる。この集計書は，船員法第111条に基づき，船舶所有者から報告を受けたものをとりまとめたものであり，船員の災害・疾病の実態を明らかにし，船員災害防止対策に活用することを目的としている。報告の対象となるのは「船内及び船内

第4章　内航海運の事故と船員災害の考察

作業に関連した場所で発生した休業3日以上の災害及び疾病（死亡及び行方不明を含む。）」である[26]。

　まず，船員の災害発生状況について，船員千人当たりの発生率（以下，「千人率」という）の推移を**表4-5**に示す。これによると，全船種において，統計開始年から災害の発生率は減少しているが，2000年度以降の減少幅は小さい。船舶の種類別でみると，漁船が最も高い値を示している。それは，漁ろう作業など沖合において船上で作業をする機会がその他の船舶と比べて多いためであると考えられる。外航と内航で比較すると，1990年度以降は内航船舶の方が高い傾向にある。この要因として，内航船舶は航行距離が短く出入港の頻度が高いために，危険な作業の一つである出入港時の甲板作業を行う機会が外航船舶の船員よりも多いことが考えられる。また，外航船舶の場合，日本人船員は船長や航海士などの高位のポストに就くことが多く，自ら作業を行う機会が少ないことも要因の一つであるといえる。

　船員の疾病発生状況について，千人率の推移を**表4-6**に示す。疾病に関しても，災害と同様に減少傾向にあり，2000年度以降鈍化している。船舶の種類別では，発生人数及び死亡者数においては漁船が最も多く，次いで「内航（その他）」が多いが，千人率でいえば，2010年度まで「内航（大手）」が最も高い。このように災害及び疾病が減少をみた理由は，上記のような法規制の整備など，船員の労働災害防止のための取り組みが行われてきたことにあると考えられる。

　次に陸上労働者との比較を行う。**表4-7**は，2021年又は2021年度における，船員及び陸上労働者の災害発生率を示したものである。この中で最も千人率が高いのは林業であるが，他の陸上産業と比較しても漁船は高いといえる。また，内航船舶の同種の事業である陸上貨物運輸事業と比較すると，陸上の方が千人率が高いことがわかる。しかし，陸上労働者の全産業と比較すると，どの船種もそれより高く，船員の災害発生は多いといえる。

　表4-8は，一般船舶と陸上労働者における職務上休業4日以上の災害発生率の推移を表したものである。すべての業種において，災害発生率が減少していることが確認できる。一方で，減少幅には違いがみられ，特に鉱業及び港湾業系の労働者における災害発生率は，1965年から1990年にかけて著しく減少し

第Ⅱ部　内航海運の安全とその取り組み

表4-5　船員の災害発生千人率の推移

（単位：千人率）

年度	1965	1970	1975	1980	1985	1990	1995	2000	2005	2010	2015	2020	2021
外　航		22.0	21.8	24.5	20.3	11.8	7.0	4.1	3.9	3.6	2.8	1.7	0.7
内航（大手）		29.3	19.2	20.7	24.0	16.9	13.1	22.9	20.3	10.4	9.1	8.5	8.0
内航（その他）		37.9	21.5	23.0	19.3	19.5	15.3	11.3	12.1	9.1			
漁　船	50.5	44.6	37.7	35.5	35.5	32.1	26.3	22.1	14.6	15.3	12.4	12.1	13.1
その他	54.9	40.1	26.9	20.7	18.4	19.2	13.8	9.4	5.6	6.7	6.7	5.2	5.0

（注）2014年度より「内航（大手）」と「内航（その他）」の船員数の内訳が公表されておらず，それぞれの千人率を算出することができないため，それらを合わせた値を用いている。
（出所）運輸省「船内災害疾病発生状況調査報告（船員労働安全衛生規則第15条報告）」（昭和40年度～昭和45年度）。運輸省「船員災害疾病発生状況報告（船員法第111条）集計書」（昭和46年度～平成10年度）。国土交通省「船員災害疾病発生状況報告（船員法第111条）集計書」（平成12年度～平成20年度，平成22年度～令和3年度）。以上をもとに筆者作成。

表4-6　船員の疾病発生千人率の推移

（単位：千人率）

年度	1965	1970	1975	1980	1985	1990	1995	2000	2005	2010	2015	2020	2021
外　航			29.3	37.0	24.7	13.9	10.6	8.7	4.5	15.3	8.2	4.7	8.5
内航（大手）			41.1	45.7	54.9	37.4	32.7	41.3	27.1	16.0	9.6	9.9	12.0
内航（その他）			42.6	38.2	32.4	34.2	24.5	19.6	13.6	10.8			
漁　船	81.6	54.0	45.0	37.2	35.2	30.6	23.8	19.3	10.9	8.9	8.0	7.4	9.1
その他	73.6	50.0	40.9	26.6	27.9	24.2	17.8	13.2	7.2	8.0	9.9	4.9	13.2

（注）2014年度より「内航（大手）」と「内航（その他）」の船員数の内訳が公表されておらず，それぞれの千人率を算出することができないため，それらを合わせた値を用いている。
（出所）表4-5に同じ。

ており，鉱業では1987年に，港湾業系では1977年に林業を下回っている。それ以降，林業が最も災害発生率の高い職種となっている。

　さらに，2021年度における内航船員の労働災害の特徴をみていく。図4-8は，休業日数別の災害の発生状況を示したものである。同図より，全体の99％が職務上で発生した災害であることがわかる。その中で最も多いのは「30～89日」で，約半分を占めている。次に多いのが約4分の1を占める「90日以上」で，船員災害による休業日数は約7割が1か月以上を要する。

　図4-9は，船員災害の年齢構成を示したものである。第3章で掲出した図

第4章　内航海運の事故と船員災害の考察

表4-7　2021年（度）における船員及び陸上労働者の災害発生率

（単位：千人率）

業種別	死傷別	職務上休業4日以上	職務上死亡
船員	全船種	8.1	0.1
	漁船	12.9	0.3
	一般船舶	6.2	0.1
	その他	4.7	0.1
陸上労働者	全産業	2.7	0.0
	林業	24.7	0.6
	鉱業	10.8	0.6
	陸上貨物運輸事業	9.3	0.1
	建設業	4.9	0.1

（注）船員は年度，陸上労働者は暦年。
（出所）国土交通省海事局船員政策課（2023）「船員災害疾病発生状況報告（船員法第111条）集計書　令和3年度」https://www.mlit.go.jp/maritime/content/001594989.pdf（2023年4月13日取得）をもとに筆者作成。

表4-8　職務上休業4日以上の災害発生率の推移

（単位：千人率）

	1965	1970	1975	1980	1985	1990	1995	2000	2005	2010	2015	2020	2021
一般船舶	27.1	26.2	19.7	20.2	18.7	16.2	12.9	10.0	8.4	7.5	7.0	6.4	6.2
全産業	16.2	11.9	9.6	9.1	6.4	4.6	3.5	2.8	2.5	2.1	2.2	2.3	2.7
鉱業	127.9	100.6	74.0	83.5	57.7	22.6	17.0	17.4	18.8	13.9	7.0	10.0	10.8
建設業	36.0	28.7	22.7	22.6	15.2	11.3	7.8	6.3	5.8	4.9	4.6	4.5	4.9
陸上貨物運輸事業系	53.1	32.9	25.3	23.5	19.0	14.1	9.9	9.8	8.4	7.0	8.2	8.9	9.3
港湾業系	103.8	97.1	62.4	48.7	31.6	18.4	10.0	8.0	7.2	4.7			
林業	57.1	59.7	55.4	57.8	42.5	30.2	30.3	28.9	27.0	28.6	27.0	25.5	24.7

（注1）船員は年度，陸上労働者は暦年。
（注2）陸上貨物運輸事業系とは，1965～1987年の「陸上貨物取扱事業」，1988～1989年の「陸上運送業」，1990～2011年の「陸上貨物取扱業」，2012～2021年の「陸上貨物運輸事業」を示す。
（注3）港湾業系とは，1965～1987年の「港湾貨物取扱事業」，1988～1997年の「港湾荷役事業」，1998～2011年の「港湾業」を示す。
（注4）1972年度以前の値は業務上休業8日以上であり，1973年度の値と連続しない。
（注5）1979年度以前，建設業は「建設事業」と表記されている。
（注6）2000年度以前，一般船舶は「汽船」と表記されている。
（出所）表4-5に同じ。

117

第Ⅱ部　内航海運の安全とその取り組み

3−2の2021年における内航船員の年齢構成と比較すると，20歳代及び40歳代は船員の割合がそれぞれ18.3％，19.1％であるのに対し，船員災害のそれは15.5％，16.7％と低いことから，これらの年代では比較的災害の発生は少ないといえる。一方で，60歳以上になると，船員の割合は22.9％であるのに対し，船員災害は29.3％を占めることから，比較的多く災害が発生している。このことから，高齢船員の方が他の年代と比べると災害の発生は多いといえる。

　図4−10は，船員災害を態様別に示したものである。多いものから順に転倒（41人），はさまれ（34人），転落・墜落（26人），動作の反動・無理な動作（21人）となっている。これは内航船員に限ったものであるが，それに外航船員を含めた一般船舶の船員において，作業別に示したものが図4−11である。これによれば，転倒が多い作業として，「出入港」「荷役」といった甲板上において行われる作業及び「調理」が挙げられる。はさまれが多い作業は「整備・管理」である。「運航・運転」の作業では，高温低温の物と接触，動作の反動・無理な動作などによって災害が発生している。

　次に2021年度の内航船員における疾病の特徴をみていく。図4−12は，休業日数別の疾病の発生状況を示したものである。「8〜29日」が全体の半数を占めており，これと「3日」及び「4〜7日」を含めると半数以上が1か月以内であることがわかる。図4−13は，船員疾病の年齢構成を示したものである。第3章で掲出した図3−2の2021年における内航船員の年齢構成と比較すると，20歳代及び60歳以上は船員の割合がそれぞれ18.3％，22.9％であるのに対し，船員疾病のそれは20.0％，28.1％と高いことから，これらの年代において疾病の割合は高いといえる。

　図4−14は，船員の疾病をその種類別に示したものである。感染症が106人で最も多く，全体（260人）の約4割を占めている。その内訳は，「その他の感染症」[27]が105人で，2019年度の17人[28]，2020年度の21人[29]と比べて多い。このことは，新型コロナウイルス感染症の流行により，一時的に当該罹患者が増加したことを示しているものと考えられる。その次に多いのは，消化器系（28人），循環器系（27人），筋骨格系（27人），新生物（21人），精神行動障害（18人）である。それぞれの項目の内訳で多いものとして，消化器系は「胃・腸炎」「胆石症」，循環器系は「虚血性心疾患」「その他心疾患」「脳内出血」「脳梗塞」，筋骨格系

第4章　内航海運の事故と船員災害の考察

図4-8　休業日数別船員の災害発生人数の割合（2021年度，合計174人）

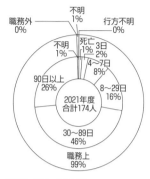

（出所）表4-7に同じ。

図4-9　年齢別船員の災害発生人数の割合（2021年度，合計174人）

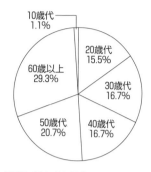

（出所）表4-7に同じ。

図4-10　態様別船員の災害発生人数（2021年度，合計174人）

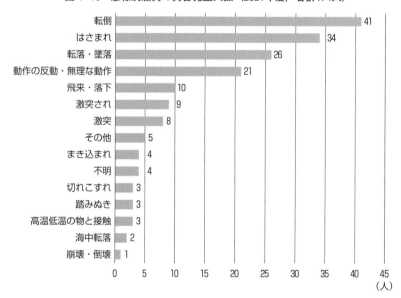

（出所）表4-7に同じ。

第Ⅱ部　内航海運の安全とその取り組み

図4-11　態様別作業別船員の災害発生人数とその割合（2021年度，一般船舶，合計179人）

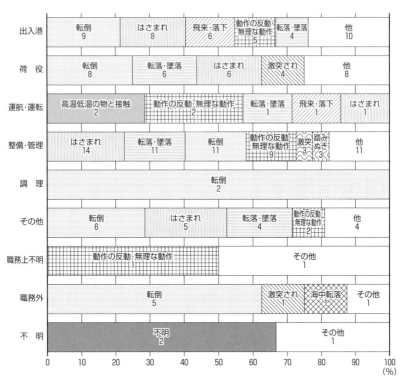

（出所）表4-7に同じ。

は「関節症」「脊椎障害」「椎間板障害」，新生物は胃や腸，気管，肺の悪性新生物，精神行動障害は「気分障害」「神経症」が挙げられる。

　図4-15は，主な疾病の種類ごとに年齢別で示したものである。ただし，図4-12から図4-14は内航船員のみの状況を示したものであるが，図4-15は，それに外航船員も含まれており，合計値が異なる。第3章図3-2の2021年における内航船員の年齢構成を踏まえると，感染症や精神行動障害の発生率は若年層の方が高い。特に精神行動障害に関しては20歳代が全体の半数以上を占める。一方で，新生物や循環器系は60歳以上が特に多く，消化器系や筋骨格系は40歳代以上に多い傾向がみられる。以上のことから，若年層は船内生活において心的ストレスを受けやすく，うつ病などの気分障害を発症する傾向にあり，

図4-12 休業日数別船員の疾病発生人数の割合（2021年度，合計260人）

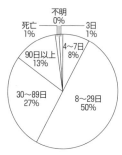

（出所）表4-7に同じ。

図4-13 年齢別船員の疾病発生人数の割合（2021年度，合計260人）

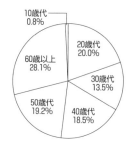

（出所）表4-7に同じ。

図4-14 種類別船員の疾病発生人数（2021年度，合計260人）

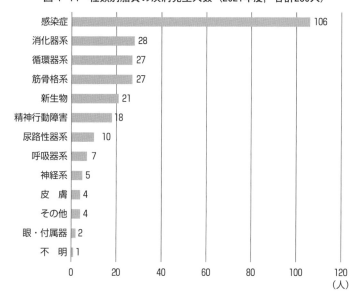

（出所）表4-7に同じ。

第Ⅱ部　内航海運の安全とその取り組み

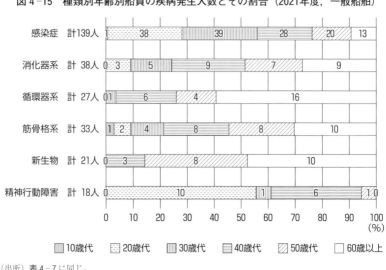

図4-15　種類別年齢別船員の疾病発生人数とその割合（2021年度，一般船舶）

（出所）表4-7に同じ。

　一方，中高年層は加齢とともに発症リスクが高くなる新生物や心疾患などの生活習慣病が多い傾向にあるといえる。また，船員の特殊な勤務形態による生活リズムの乱れ，偏った食生活，運動不足も疾病を誘発する要因であると考えられる。

　ところで，国土交通省の統計において，船員災害の原因は公表されていない。そこで，これまで日本の船員災害の原因分析を行った研究を確認すると，奥平（2021）及び小島・竹本（2015）がある。奥平（2021）は，運輸安全委員会の「死傷等事故（船内労働災害を含む）に関する報告書」をもとに，CPC分析及びなぜなぜ分析を用いて，漁船以外の船舶で発生した船員災害（2009年6月～2015年8月）の要因分析を行っている。その結果，直接要因は，機械装置や現場環境，被災者自身の不安全行動が多いことが指摘されている。そして，これらの背景にある根本要因として，「装置不良」や「床面環境」の他，作業計画や資源，ルール，作業者の能力といったソフト面や管理面の不備があるとしている。一方で，災害発生事例から教訓となる要素の抽出も行っており，それらは組織の取り組みや作業者のはたらきによるものが多いという[30]。一方で，小

島・竹本（2015）は，2003〜2012年度の船員災害疾病報告書のうち「転倒」「はさまれ」「動作の反動・無理な動作」の災害事例について，バリエーションツリー解析を用いた分析を行っている。事故防止のために排除すべき変動要因（ノード）を「作業者の行動」「作業者の認知・判断」「作業環境」の三つに分類した結果，「転倒」については三つのノードのうち二つが重なること，「はさまれ」は作業環境，「動作の反動・無理な動作」は作業者の認知・判断と作業者の行動によって災害が発生することを明らかにしている。[31] これらの二つの研究から，船員災害の防止には，機械装置や現場（作業）環境などのハード面の対策と作業計画や資源，ルール，作業者の能力といったソフト面の対策の両方を行うことが必要であることがわかる。また，災害が発生する状況下で被害を軽減するためには，組織の取り組みや作業者のはたらきが有効であると考えられる。

第4節　小　括

　本章では，内航海運の安全とリスクについて整理し，その中で船舶の事故と船員の労働災害に関係するものについて，統計資料からそれらの特徴を明らかにした。

　第1節では，向殿（2021）のいう企業が実現すべき三つの安全（「顧客の安全」「従業員の安全」「企業体の安全」）を内航海運事業者に当てはめて，内航海運の安全とは何かを論じた。内航海運では「航海の安全」「船員の安全」「事業者の安全」が事業者の実現すべき安全といえる。「航海の安全」は，顧客である荷主の貨物を時間までに安全に目的地まで輸送することである。「船員の安全」は，事故や労働災害から船員を守ることである。さらに「事業者の安全」は，経営の安全を維持することである。これらの安全を脅かすリスクは，「航海の安全」では事故，事件，自然災害，「船員の安全」では事故と労働災害，「事業者の安全」では財務や経営の健全性，コンプライアンスの遵守，情報セキュリティの確保，時代の変化への対応など多岐にわたる。これらの諸群の中から，本書では主として船舶事故を考察する。加えて本章では，労働災害についても内航海運の安全を確保する上で重要な論点であるため，この問題も付加的に論じた。

第Ⅱ部　内航海運の安全とその取り組み

　第2節では，船舶事故の現状と特徴を知るために統計の整理を行った。船舶
事故に関する公式統計を公開している組織は，国土交通省海事局，海難審判
所，運輸安全委員会，海上保安庁の四つであるが，本書では内航船舶の発生状
況を把握することが可能な海上保安庁のデータを用いた。

　考察の結果，内航船舶の事故発生隻数は2007年より減少傾向にあることが明
らかになった。一方で，内航船舶における事故は，貨物船・タンカー全体の半
数以上を占め，その割合は増加傾向にある。海難の種類では，衝突，単独衝
突，乗揚，運航不能が多い。事故の原因は，人為的要因が全体の80％を超え
る。また発生場所は，港内など陸から比較的近い距離，つまり入出港の前後で
発生することが多く，最も事故発生率が高いのは20〜500総トンの船舶であ
る。さらに操船者の年齢では，50歳以上において，事故発生の割合は高くな
る。

　第3節では，船員の労働安全衛生に関する法体系とそれを基に行われている
取り組みについて概観し，船員の災害と疾病の発生状況を整理した。船員の労
働安全衛生に関する法規制は，陸上労働に遅れて整備されてきた。船員の労働
災害防止のための取り組みは，1968年度から国土交通省の策定する「船員災害
防止基本計画」を基に行われている。これらの長年の取り組みにより，船員の
災害及び疾病の発生率は1970年ごろから減少傾向にあることが確認できた。一
方で2000年以降は減少幅は鈍化しており，陸上労働者と比較すると依然として
その発生割合は高いことから，災害と疾病の低減も解決しなければならない課
題といえる。

　船舶事故及び船員災害はこれまで，技術革新や法制度の整備などにより大幅
に減少してきたが，近年ではその減少幅も鈍化あるいは横ばいにある。これら
の発生防止や被害軽減のためには，船舶事故ではヒューマンエラーの防止，船
員災害ではハードとソフトの両面からの対策の推進が必要である。次章以降で
は，主に船舶事故を中心に，その発生防止のための課題について考察する。

注
1）　向殿政男・北條理恵子・清水尚憲（2021）『安全四学—安全・安心・ウェルビーイン
　　グな社会の実現に向けて—』日本規格協会，88-89頁。

第 4 章　内航海運の事故と船員災害の考察

2 ）　同上書，88-89頁。

3 ）　International Chamber of Commerce, International Maritime Bureau（2022）"Piracy and Armed Robbery against Ships, Report for the Period, 1 January - 31 December 2021," https://www.icc-ccs.org/piracy-reporting-centre/request-piracy-report（2022年 2 月10日取得）。

4 ）　向殿（2021），前掲書，90頁。

5 ）　国土交通省海事局「海上輸送の安全にかかわる情報（令和 4 年度）」https://www.mlit.go.jp/maritime/content/001626473.pdf（2023年11月 9 日取得）。

6 ）　海難審判所（2022）「令和 4 年版レポート　海難審判」https://www.mlit.go.jp/jmat/kankoubutsu/report2022/report2022.pdf（2023年11月29日取得） 3 - 4 頁。

7 ）　運輸安全委員会「船舶事故の統計」2023年 9 月30日更新，https://jtsb.mlit.go.jp/jtsb/ship/ship-accident-toukei.php（2023年11月29日取得）。

8 ）　『交通安全白書』における海難に関する統計は，海上保安庁の資料を基にしている。同白書の平成13年版と平成14年版では，海難船舶隻数が各年約1000隻異なるなど，統計の数値が連続していない。その理由として考えられるのは，2001年から海上保安庁が118番通報などによって認知したすべての事案を海難とし，対象が広がったためである。そこでここでは，平成14年版に記載されている最も古いデータである1975年を基準とした。内閣府編（2001）『交通安全白書（平成13年版）』財務省印刷局，252頁。内閣府編（2002）『交通安全白書（平成14年版）』財務省印刷局，105頁。

9 ）　内閣府編（2022）『交通安全白書（令和 4 年版）』勝美印刷，151頁。

10）　『交通安全白書（平成14年版）』において，全体の海難船舶隻数の記載はあるものの，船舶種類別の隻数はグラフのみで数値の記載がないため，1975年の値は不明である。したがって，平成16年版以降で公開されている最も古いデータの1976年を基準とする。内閣府編（2002）「近年の海難等の状況」平成14年版交通安全白書第 2 編第 1 章第 1 節，https://www 8 .cao.go.jp/koutu/taisaku/h14kou_haku/genkyou/genkai11.html（2023年12月 9 日取得）。内閣府編（2004）「海難船舶の用途別隻数の推移」平成16年版交通安全白書 CSV 形式ファイル，https://www 8 .cao.go.jp/koutu/taisaku/h16kou_haku/genkyou/02000100.html（2023年12月 9 日取得）。

11）　海上保安庁「令和 4 年海難の現況と対策」https://www 6 .kaiho.mlit.go.jp/info/keihatsu/20230609_state_measure01.pdf（2023年11月10日取得） 3 頁。

12）　国土交通省「令和 5 年度船員災害防止実施計画」2023年 3 月17日更新，https://www.mlit.go.jp/maritime/maritime_tk 4 _000006.html（2023年11月10日取得） 1 頁。

13）　国土交通省海事局船員政策課（2023）「船員災害疾病発生状況報告（船員法第111条）集計書　令和 3 年度」https://www.mlit.go.jp/maritime/content/001594989.pdf（2023年11月10日取得） 2 頁。

14）　水産庁（2022）「遊漁船業をめぐる現状と課題」https://www.jfa.maff.go.jp/j/enoki/yugyo/what/attach/attach/pdf/index-31.pdf（2023年12月 7 日取得） 1 頁。

15）　海上保安庁「船舶海難データ（令和 4 年海難の現況と対策）」https://www.kaiho.mlit.go.jp/doc/hakkou/toukei/toukei.html（2023年 5 月 4 日取得）より集計。

第Ⅱ部　内航海運の安全とその取り組み

16）　小松原明哲（2016）『安全人間工学の理論と技術─ヒューマンエラーの防止と現場力の向上─』丸善出版，21頁。

17）　日本内航海運組合総連合会（2022）『内航海運の活動・令和4年度版』日本内航海運組合総連合会，8頁。

18）　「船員法の定員規制について」（平成4年12月25日海基第252号）http://www.e-naiko.com/data/library/tutatu105.pdf（2023年12月20日取得）。

19）　笹谷敬二（2009）「海上労働における安全衛生に関わる法規制の特徴」『日本航海学会論文集』第121号，142-143頁。

20）　同上論文。

21）　運輸省50年史編纂室編（1999）『運輸省五十年史』運輸省50年史編纂室，180頁。

22）　笹谷（2009），前掲論文，142-143頁。

23）　運輸省50年史編纂室編（1999），前掲書，280-281頁。

24）　国土交通省「第12次船員災害防止基本計画」2023年1月24日更新，https://www.mlit.go.jp/maritime/maritime_tk4_000006.html（2023年5月6日取得）。

25）　国土交通省「令和4年度（第66回）船員労働安全衛生月間期間中の取組について」https://www.mlit.go.jp/report/press/content/001498291.pdf（2023年12月7日取得）。

26）　国土交通省海事局船員政策課（2023），前掲資料。

27）　感染症の内訳には，腸感染症，結核，性的感染症，皮膚ウイルス疾患，ウイルス肝炎，その他のウイルス，真菌症，感染症後遺症，その他の感染症がある。

28）　国土交通省海事局船員政策課（2021）「船員災害疾病発生状況報告（船員法第111条）集計書　令和元年度」https://www.mlit.go.jp/maritime/content/001393045.pdf（2023年4月18日取得）。

29）　国土交通省海事局船員政策課（2022）「船員災害疾病発生状況報告（船員法第111条）集計書　令和2年度」https://www.mlit.go.jp/maritime/content/001473699.pdf（2023年4月18日取得）。

30）　奥平啓太（2021）「船員災害の発生要因分析に関する研究」東京海洋大学大学院海洋科学技術研究科修士論文，73-79頁。

31）　小島智恵・竹本孝弘（2015）「船員災害の特徴と災害防止に関する研究─Ⅰ.─バリエーションツリー解析の適用─」『日本航海学会論文集』第132巻，117-120頁。

第5章　内航船舶の事故の分析

第1節　船舶事故の事例分析

1　内航海運の重大事故

　船舶事故の中で重大事故とされるものは，運輸安全委員会，海難審判所，海難審判・船舶事故調査協会の各ホームページにおいて公開されている。これらから1945年以降の重大事故及びその中で内航船舶が関わった事故について集計したものが**表5-1**である。全体の重大事故件数に対して内航船舶が占める割合は，運輸安全委員会が最も高くて18.8％であり，海難審判所は5.1％，海難審判・船舶事故調査協会は16.7％で，その他は旅客船や外航船の事故がほとんどである。旅客船は乗客の人身被害，外航船は大型で大規模な被害が生じる傾向があるため，これらの事故が発生したときの社会的な影響も大きく，重大事故として認定されやすいことがその理由として考えられる。

　さらに，その中で事故を受けて海事関連法の改正が行われたのは，1962年11月18日の機船第一宗像丸と機船タラルド・ブロビーグの衝突事故及び1970年1月17日の機船波島丸の遭難事故，2018年9月4日の油タンカー宝運丸の橋梁衝突事故である。宗像丸と宝運丸の事故の詳細は後述するが，波島丸の事故では，船長が船と運命を共にして殉職している。同時期に発生した「かりふおるにあ丸」の沈没においても船長が同様に殉職したことから，船長の最後退船義務の問題について世論が沸騰し，国会審議に反映された。その結果，同年5月15日に船員法の改正が公布され，船長の最後退船義務の条文が削除された。

　以上の運輸安全委員会，海難審判所及び海難審判・船舶事故調査協会が列挙している重大事故の中で，事故後に法令が改正されたものから機船第一宗像丸と機船タラルド・ブロビーグの衝突事故及び油タンカー宝運丸の橋梁衝突事故を選定する。また，2011年には500総トン未満の内航船を含む船舶に対して船舶航海当直警報装置の設置などが義務付けられた。これは，居眠りによる船舶

127

第Ⅱ部　内航海運の安全とその取り組み

表5-1　内航海運の重大事故

組　　織	重大事故件数		
	内航船舶	全船舶	内航船舶が占める割合
運輸安全委員会	52	277	18.8%
海難審判所	2	39	5.1%
海難審判・船舶事故調査協会	21	126	16.7%

(注1) 運輸安全委員会の重大な船舶事故の定義は，運輸安全委員会事務局組織規則第9条第2項によるものである。海難審判所及び海難審判・船舶事故調査協会のホームページで挙げられている重大海難等の定義は示されていない。
(注2) 海難審判・船舶事故調査協会が公表しているのは，2017年以前の事故である。
(出所) 運輸安全委員会「報告書検索」https://jtsb.mlit.go.jp/jtsb/ship/index.php。海難審判所「日本の重大海難」https://www.mlit.go.jp/jmat/monoshiri/judai/judai.htm。海難審判・船舶事故調査協会「過去の重大海難事故」https://www.maia.or.jp/media-page/%E9%81%8E%E5%8E%BB%E3%81%AE%E9%87%8D%E5%A4%A7%E6%B5%B7%E9%9B%A3%E4%BA%8B%E6%95%85/。以上より2022年10月16日に集計。

　事故の発生状況を踏まえ，運輸安全委員会が「意見」したものが改正に結び付いた事例である。この居眠り事故の状況は2004年1月から2010年3月までに公表された船舶事故調査報告書などをもとにしているが，これらは上記の重大事故には含まれていない。したがって，居眠りが原因で発生した重大事故として，油タンカー第三十二大洋丸と砂利運搬船第三十八勝丸の衝突事故も対象に加えることとする。以下，3件の事故について考察を行う。

2　機船第一宗像丸と機船タラルド・ブロビーグの衝突事故

(1) 事故の概要

　1962年11月18日，タンカーの第一宗像丸(以下，「宗像丸」という)とノルウェー船籍のタンカーのタラルド・ブロビーグ（以下，「ブロビーグ号」という）が京浜運河で衝突した。さらに，宗像丸のガソリンが付近の海面に流れ出して拡散したため，周辺を航行していた太平丸（89総トン，乗組員3名）の操舵室にその蒸気が侵入し，何らかの火源により引火爆発した。火勢は強く，これによって，宗像丸及びブロビーグ号，周辺を航行していた宝栄丸（62総トン，乗組員2名）も延焼した[1]（図5-1参照）。

　宗像丸は1972総トンのタンカーで，36名が乗り組んでいた。11月14日16時30

第5章 内航船舶の事故の分析

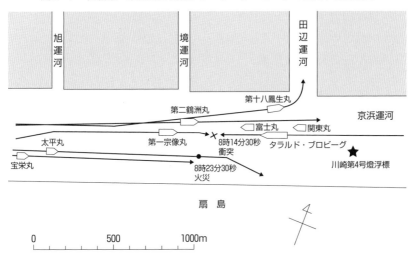

図5-1 機船第一宗像丸と機船タラルド・ブロビーグの衝突事故概略図

(出所) 海難審判協会編 (1989)「油送船第一宗像丸油送船タラルド・ブロビーグ衝突事件 (海難審判重大事件史その七)」『海難と審判』第95号, 17頁。海難審判研究会編 (1968)「機船第一宗像丸機船タラルド・ブロビーグ衝突事件」『海難審判庁裁決録 昭和41年4・5・6月分裁決録』第4・5・6合併号, 698-713頁。以上をもとに筆者作成。

分に山口県徳山港でガソリン3642kLを搭載して出航し, 川崎市水江町の油槽所に向かった。18日8時1分ごろ, 微速力前進で京浜運河に入り, 8時6分ごろ鶴見防波堤信号所から北東830mのところで, 京浜運河に沿って東北東に針路を定め, 航路筋のほぼ中央を航行していた。8時11分ごろ船首の少し右舷側900m先にブロビーグ号の船橋を見る態勢になったとき (宗像丸の船首と船橋間の距離は約62m, ブロビーグ号のそれは約77m), 船長は機関を停止した。8時12分ごろ機関を再び微速力前進にして, 同一針路のまま航行し, 8時13分ごろ船首の少し右舷側300m先にブロビーグ号の船橋を望む態勢になったとき, ブロビーグ号を左舷側にかわすために右舵一杯とした。同時に短音1回の針路信号を鳴らし, 8時13分30秒ごろ船首が右転し始めたときに, さらに短音1回を鳴らした。8時14分30秒ごろ航路筋のほぼ中央において, ブロビーグ号の船首が宗像丸の左舷中央部に衝突した。

ブロビーグ号は, 2万1634総トンのタンカーで, 47名が乗り組んでいた。川

崎市浮島町の桟橋に係留し，海水バラスト1万2500トンを搭載した後，サウジアラビアのラスタヌラに向け11月18日7時35分に出航した。当時，ブロビーグ号には水先人が乗船していた。出航後，辺りには煙霧がかかっていたため，船長は船首に一等航海士を配置して見張りに当たらせ，離岸の際にブロビーグ号を引いていた富士丸が右舷船首約150m，同じく関東丸が右舷船尾約100mのところで同航していた。水先人は，航路筋の左側を航行していた。それは，右側の枝運河から出航してくる他船を警戒していたこと，京浜運河の北岸から約100m以内の水域には，多数の艀や引き船列が航行していたこと，同北岸に係留している船舶の係船索を破断するおそれがあったこと，多くの船舶が航路筋の方へ錨を投じていたことなどにより，航路筋の右側を航行するのに危険を感じていたためである。8時9分30秒ごろ，川崎第4号燈浮標を左舷側100mで通過し，次第に幅が広まる航路筋の中央へ向けて同一針路のまま航行した。

8時10分ごろ，水先人は，ほぼ正船首の1250m先のところで煙霧の中から現れた宗像丸，そして，宗像丸と同航する第十八鳳正丸，第二鶴洲丸を認め，いずれも入航すると知っていたことから，各船の動向を見極めるために，最微速力前進に減速した。その後宗像丸と真向かいに行き会う態勢のまま近づいていたが，自船が大型船のため避航することは困難と考え，8時11分ごろ機関停止とした。

その後，水先人は，最微速力前進と機関停止を繰り返し，8時13分ごろ，船首よりも少し右舷側の340m先に宗像丸の船首部が見えたとき，初めて衝突の危険を感じた。そのため，機関を微速力後退，続いて全速力後退を令し，短音3回の針路信号を行った。8時13分30秒ごろ，前述したように宗像丸が短音1回を鳴らして右転し，自船の前路に向けて進出してきたのを認め，直ちに右舷の錨を投じ，錨鎖1節余りを延出して引いた。船長は，緊急全速力後退を令して，短音3回を鳴らしたが，宗像丸と衝突して機関を停止した。

衝突後，ブロビーグ号の水先人は，自船の船首が宗像丸の舷側に食い込み，破口からガソリンが流出していたため，ガソリンの流出及び火災発生の危険性を考慮し，両船を引き離さない方が良いと判断した。そして，富士丸の無線電話で東京湾水先人組合事務所に事故の発生を知らせた。その間船長は，船橋指揮に当たり，8時22分ごろ，両船を分離しようと試みるため，機関を微速力後

退にかけたが失敗し，流出するガソリンから火災が発生するのをおそれ，8時22分30秒ごろ機関を停止した。一方宗像丸では，船長が同時14分50秒に緊急通信を発し，以降SOSを16分に2回，21分に1回，発信し続けた。

宗像丸から流出したガソリンは風潮の影響により拡散し，そのガスが同船の後方を航行していた太平丸の操舵室に入りこみ，8時23分30秒ごろ同室内にあった何らかの火気から引火して爆発した。それによって同室の屋根及び窓ガラスが吹き飛び，海面に浮いているガソリンに燃え移って火災が発生した。この火災は海面一体に広がり，宗像丸と太平丸の後方を航行していた機附帆船の宝栄丸，さらにブロビーグ号にも延焼した。こうした事態が進行する中，8時24分，宗像丸の船長は，退船する旨の最後の遭難通信を発し，救命艇を降下する時間的余裕がなかったため，他の乗組員とガソリンの炎上する海に飛び込んだ。一方，ブロビーグ号の船長以下乗組員及び水先人は，救命艇を降下して，8時35分ごろ退船した。

宗像丸は，左舷中央部外板に破口を生じ，火災の結果，機関室油倉を除く他の区画がほとんど焼損した。また，乗組員36名が全員水死した。ブロビーグ号は，船首右舷側外板に破口を生じ，船首楼，船尾楼，船員室倉庫が焼損した。また，乗組員1名が死亡した。さらに爆発により損傷した太平丸では1名が死亡，1名が水死し，宝永丸も全焼して2名が死亡した。[2]この事故により，4隻合わせて41名が死亡した。

⑵ 事故の原因

この事故を記録したものとして，『海難審判庁裁決録』（第一審：1964年第5・6合併号，第二審：1966年第4・5・6合併号）や『海難審判庁裁決取消請求事件判決集』などがある。第二審の高等海難審判庁の裁決では，本件衝突は，「第一宗像丸船長およびタラルド・ブロビーグ水先人の運航に関する各職務上の過失」が原因とされた。すなわち，宗像丸の船長に関しては，海上衝突予防法第25条第1項に違反して狭い京浜運河のほぼ中央を航行し，ブロビーグ号に近づいてから針路を右転し，その前路に進出したこと，ブロビーグ号の水先人に関しては，同規定に違反して，川崎第4号燈浮標付近において航路筋の左側を航行し，その後幅の広まる航路筋のほぼ中央に向く針路で航行し続けたことが指

第Ⅱ部　内航海運の安全とその取り組み

摘された。要するに，衝突の原因は運航ミスとして片づけられたのである。

　確かに，海上衝突予防法（昭和28年8月1日法律第151号）第25条第1項には，「狭い水道をこれに沿つて進行する動力船は，それが安全であり，且つ実行に適する場合は，当該船舶の進行方向に対する航路筋の右側を進行しなければならない」と定められている。ところが，ブロビーグ号の航路筋の右側には，多数の艀や引き船列の航行，係留船舶の係船索及び錨があったことから，水先人は航路筋の右側を航行することが不可能であった。

　当時，京浜運河の付近は埋立地で，発電，製粉，造船等の各種工場やガソリンの油槽所，LPGの貯蔵所などがある国内でも屈指の臨海工業地帯の一角であった。同運河は長さ約7500m，幅500〜600mの水域であったが，その北側には，旭，境，田辺，池上，塩浜，大師の枝運河があり，それは工業地帯の奥部に通じ，水路で互いに連結されていた。京浜運河を経由して枝運河及び水路に行くため，同運河の特に北側には東行・西行問わず多数の船舶が航行し，行き会い関係となっていた。さらに各枝運河と京浜運河はほぼ直角に交わり，分岐点付近には高い建築物やタンクなどが建ち並んでおり，各枝運河と京浜運河をそれぞれ航行する船舶が互いに視認することが困難であった。加えて，付近は工場の煙突から排出する煤煙により煙霧が発生しており，視界は航行の妨げとなる状況にまで悪化していた。また，船舶の交通量に関しても，日本の経済発展に伴い，原油，ガソリン，LPGなどの需要が増え，危険物を搭載した船舶の通行量が増加していた。ところが，京浜運河の東口は水深が浅いために，軽喫水の小型船しか通航できず，川崎第10号燈浮標以東の運河の航路筋は，南側が浅瀬で航路幅を280mほどに狭めていた。さらに扇島北側の運河内に桟橋などを設置していたため，この付近の航路幅も400mほどしかなかった。

　このような状況にあったにもかかわらず，港湾管理はずさんであった。船舶交通量の増加に対して，それに対応する海上保安庁の巡視船艇や要員，信号所等の施設が不足していた。また，京浜運河は境運河を境にして，東側は川崎市，西側は横浜市の港湾管理者が直接管理をしていたが，特に川崎市は，川崎港が工業港として急速な発展をしたために，交通量の増加と船舶の大型化に港湾施設が追い付いていなかった。横浜第4区において，両市が直接運営する川崎市営埠頭以外はすべて民間会社の専用バースになっており，民間会社が各々

132

第5章 内航船舶の事故の分析

独断で着岸・離岸の指示をしていた。[5] このような港湾管理の下，京浜運河周辺の船舶交通は無秩序ともいえる状態にあった。

ブロビーグ号が左舷側100mで通過した川崎第4号燈浮標は，川崎第10号燈浮標以西にも南側に浅い海域があったことから，その北縁を示すために1954年12月10日に設置された。その後，同燈浮標は，扇島原料センター岸壁に大型船を着岸させるための掘下げ工事の妨げとなったため，1962年2月14日に一時的に移設された。しかし，工事は終わったものの，元の位置に戻すと同岸壁に着岸する船舶の操船の妨げとなることから，そのままで据え置かれていた。一方，第2港湾局は，1960〜1961年度に川崎第10号燈浮標以西の南側の浅い海域を水深12mまで掘り下げたため，川崎第4号燈浮標は不要となった。しかし，航路標識法に基づく航路標識の廃止告示を行っていなかったため，事故当時も有効な航路標識として存在していた。[6]

本件事故は，衝突事故であったが，その後の火災などで合計41名もの犠牲者が出た。このように被害が拡大してしまったことについて，第一宗像丸乗組員の退船が遅れたからであるとの見方がある。[7] しかし，衝突（8時14分30秒ごろに発生）から太平丸の爆発（8時23分30秒ごろ）までわずか9分間程度の短い時間であり，宗像丸の乗組員は爆発直後の8時24分に退船していることから，かかる見方は成り立たない。消防艇を派遣させたのが，第三管区海上保安本部通信所が宗像丸の最後の遭難通信（8時24分ごろ）を受信し，京浜港長が同時25分に鶴見防波堤信号所から火災発生の報告を受けた後である。しかし，宗像丸は最初の同時16分の通信において，「本船ガソリン満載につき発火のおそれあり」と発しており，[8] この時点で火災が発生する危険性は十分認識することができたはずである。むしろ，付近の消防艇が近寄ることができないために消火活動が[9] 遅れてしまったことに主たる要因があったと考えられる。

(3) 事故後の対策

海上保安庁は，鶴見航路の航行管制の強化等について公示し，1962年12月26日にそれに伴う港則法施行規則の改正を行った。さらに1963年7月12日の港則法一部改正により，港内の航法関係の整備，火気の取扱い制限，船舶交通の規制に関する港長の権限の強化を行った。[10] 具体的には，雑種船以外の小型船の航

133

第Ⅱ部　内航海運の安全とその取り組み

法に関する規定の新設，命令で特別の航法を定めることができる条件の拡大，喫煙等の禁止及び船舶交通の制限等の規定の新設，姫路・松山の特別港への指定及び口之津・住ノ江の特定港からの削除などである。[11]

　これを受けて，京浜港長は以下の対策を講じた。

① 鶴見航路の航行管制の強化
② 横浜第4区からの出航制限の措置
③ 遊漁船などの航行・停留禁止区域の設定
④ 港則法及び関係法令の周知徹底
⑤ 船舶交通安全思想を関係業者及び船員に普及するための説明会の開催
⑥ 船舶保安対策委員会の結成と港内の船舶交通安全対策の樹立及び研究
⑦ 港湾管理者及び石油会社などに対する消防体制の強化と火気取締りの徹底の要望
⑧ 巡視艇による京浜運河内の航法の指導及び法令違反の取締り

　また，1962年12月25日に川崎第4号燈浮標を廃止した旨が告示され，翌1963年4月1日には京浜運河東口に川崎航路が新たに設けられ，大型船の通航が可能となった。このように，この事故は，航行管制の強化及び火気取扱い厳重化のきっかけとなった。

3　油タンカー第三十二大洋丸と砂利運搬船第三十八勝丸の衝突事故

(1) 事故の概要

　2010年4月29日，油タンカーの第三十二大洋丸（以下，「大洋丸」という）と砂利運搬船の第三十八勝丸（以下，「勝丸」という）が，伊良湖水道航路（以下，「本件航路」という）において衝突した。[12]

　大洋丸は，749総トンの油タンカーで，船長ほか6名が乗り組んでいた。大阪府堺市阪神港堺区においてC重油1939kLを積載後，事故前日の4月28日8時00分ごろ出航し，愛知県名古屋港へ向かった。船長は，本件航路の入航に備えて，29日2時45分ごろ船橋に上がって操船指揮に当たり，航海士を手動操舵

に就かせた。3時3分ごろ右舷方に勝丸をレーダーと双眼鏡で認めた。3時14分ごろ、大洋丸が本件航路に向かう針路を定めたとき、レーダー画面上では勝丸の真速度ベクトルの方位が伊良湖水道航路第2号灯浮標（以下、「2番ブイ」という）に向いていた。そのため、船長は、勝丸が2番ブイを右舷に見て通過した後右転して、本件航路の右側の端を航路に沿って航行するものと思ったという。そこで大洋丸は、勝丸の動静に注意しながら、本件航路の右側の中央寄りを航行することとした。船長は、本件航路南口を通過したとき、勝丸が2番ブイを通過した後も進路及び対水速力を変える様子がなかったため、不審に思い、長音1回の汽笛を鳴らした。しかし、全く進路を変える様子がなかったため、船長は短音5回以上鳴らしながら左舵一杯を指示したが、3時21分ごろ大洋丸の右舷後部と勝丸の船首部が衝突した。

　勝丸は、499総トンの砂利運搬船で、船長ほか4名が乗り組んでいた。4月28日13時00分ごろ、空倉の状態で神奈川県京浜港横浜区を出航し、大洋丸と同様に名古屋港へ向かった。一等機関士は、29日2時00分ごろ、本件航路まで約1時間の地点において船橋に上がり、一等航海士から当直を引き継いだ。その後、神島灯台に向けて自動操舵で航行を始めた。本件航路まであと約30分のところで、眠気を感じたが、居眠りをすることはないだろうと思い、座った状態で航行を続けた。本件航路の手前約3海里の地点で2番ブイに向かう針路とし、本件航路まであと約15分の地点に達した後、いつしか居眠りに陥った。一等機関士は衝撃で目が覚め、大洋丸と衝突したことに気づいた。[13]

　大洋丸は、右舷後部外板及び右舷船橋甲板に凹損を生じ、勝丸は、左舷船首部の外板及びハンドレールに曲損が生じた。両船とも死傷者は出なかった。

(2) 事故の原因

　衝突の原因は大洋丸と勝丸の双方にあった。

　まず大洋丸側の要因として、船長が勝丸との衝突のおそれ及び横切り船の航法に関する判断を行わずに航行したことである。海上衝突予防法第15条において、「二隻の動力船が互いに進路を横切る場合において衝突するおそれがあるときは、他の動力船を右げん側に見る動力船は、当該他の動力船の進路を避けなければならない」と定められている。本件事故の場合、大洋丸が進路を避け

なければならない立場の避航船となる。しかし，船長は，過去の経験や習慣から勝丸がいずれ本件航路に沿って航行するものと思い込み，避航動作を取らなかった。その後，勝丸と進路を交差する状況で接近している時間が約5分間あり，その間も針路・速力を変更せずに航行し続けていたことから，衝突の危険性への意識が欠けていたといえる。

　次に勝丸側の要因としては，一等機関士の船舶当直中の居眠りが挙げられる。同機関士は，睡眠不足の状態で船橋当直に就き，眠気を催してもそれを覚ます行動をとらず，椅子に座った状態で当直をし続けた。

　直前の当該機関士の作業及び休息状況は，以下のとおりである。事故の前々日の27日に京浜港横浜港に着岸し，22時から翌日の5時30分まで約7時間30分休息した。その後，6時40分から12時まで揚げ荷役が行われたが，荷役中は特に作業もせず，荷役後に船倉に入って後片付けを行っただけであった。12時5分に離岸して燃料搭載作業を行い，13時過ぎに航行を開始した後，約1時間昼寝をした。16時から18時30分まで船橋当直に就き，次の当直に就くまでの7時間30分の間は何も行っていなかったが，横になっても寝つきが悪かったため，その間の睡眠時間は約2時間であった。なお，本人の証言によれば，疲労は感じておらず，心配事も特になかったという。[14]睡眠不足の原因に関しては，習慣的に寝つきが悪かったのかなどについて事故報告書に記載がないため，不明である。機関士の労働状況については，荷役の後片付け，1時間弱の燃料搭載作業，2時間30分の航海当直以外は特に作業を行っておらず，直前に7時間30分の十分な休息時間はあったことから，長時間労働の問題とは考えられない。

　眠気を催した際の対策について，同一等機関士は，居眠りをすることはないと思い込み，椅子に座って当直を続けたこと，外気に当たるなどの対策を取らなかったことが，結果的に居眠りに陥った要因と考えられる。事故当時は居眠り防止装置の搭載義務がなかったことから，勝丸には同装置は設置されていなかった。また，ガードリング付レーダーが作動していたが警報機能は停止しており，VHF無線電話のスイッチは切られた状態になっていた。[15]なぜこのような状態となっていたのかの理由は不明である。これらが機能していれば，居眠り防止装置が搭載されていなくても，大洋丸が接近したときに警報が鳴るなどして，同機関士が覚醒できた可能性もある。さらに，勝丸の運航管理規程に基

づく運航基準第5条に、「船長は、出入港配置、通常航海当直配置、狭視界航海当直配置、荒天航海当直配置及び狭水道航行配置を定めておくもの」と規定されていた。しかし、船長は、これらの配置を定めておらず、狭水道である本件航路において、一等機関士が1人で当直を行っていた。[16] この当直配置の問題も、事故の背景要因の一つであると考えられる。

(3) 事故後の対策

2010年5月28日、居眠りによる船舶事故の発生を防止するため、運輸安全委員会は国土交通大臣に対して、運輸安全委員会設置法第28条の規定に基づき、以下のとおり「意見」を述べた。

居眠りによる船舶事故（以下、「居眠り船舶事故」という。）の発生状況を踏まえ、以下の事項に総トン数500トン未満の内航船等を含め、居眠り防止装置の義務化等の居眠り防止のための施策を検討すべきである。
① 居眠り船舶事故は、船舶事故の約10％を占め、乗揚においては約23％を占めている。
② 居眠り船舶事故は、総トン数500トン未満の船舶が約96％を占めている。
③ 居眠り船舶事故は、漁船が最も多く、次いで貨物船となっており、これらの船種が約86％を占めている。
④ 居眠り船舶事故は、単独当直にて、自動操舵装置を使用し、いすに座った状況で多く発生している。
⑤ 居眠り船舶事故では、その発生要因として、疲労、寝不足、気の緩みや、わずかではあるが薬の服用、睡眠時無呼吸症候群等の疾患等が確認された。
⑥ 居眠り船舶事故の船舶には、居眠り防止装置を設置したものは少なく、設置されていた船舶でも電源を切っているものもあった。
なお、居眠り船舶事故の発生状況は、平成16年1月から平成22年3月までに公表された船舶事故調査報告書等による。[17]

この意見を踏まえ、国土交通省は2011年5月31日、「船舶設備規程等の一部を改正する省令」（平成23年5月31日国土交通省令第45号）を公布・施行し、500総トン未満の内航船を含む船舶に対して船橋航海当直警報装置（Bridge Navigational Watch Alarm System, BNWAS）の設置などを義務付けた。

なお、この改正は国際条約の改正に対応するためのものでもあった。2009年

第Ⅱ部　内航海運の安全とその取り組み

6月に開催された「国際海事機関」(International Maritime Organization, 以下, 「IMO」という)の第86回海上安全委員会(MSC86)において, BNWAS の搭載義務付けに関する SOLAS 条約附属書改正案が採択され, 同年7月1日に SOLAS 条約第Ⅴ章第19規則が改正された。これによって, 決議 MSC.128 (75) で定める性能基準を満たす BNWAS の搭載が対象船舶において義務付けられた。対象船舶は, 国際航海に従事する場合, 旅客船及び150総トン以上の旅客船以外の船舶, 国際航海に従事しない場合, 20総トン以上の旅客船及び150総トン以上の旅客船以外の船舶である。ただし, 一部, 搭載の適用の程度が各国の主管庁の裁量に委ねられている[18]。

　日本では, 決議 MSC.128 (75) の性能基準を満たすものを第一種 BNWAS, これよりも性能要件を緩和し, 第1次警報, 第2次警報, 航海当直者による休止期間の設定等操作制限の機能のみを有するものを第二種 BNWAS と設定した。そして, 2011年7月1日以降に搭載する場合, 国際航海に従事する150総トン以上の船舶及び国際航海に従事しない500総トン以上に第一種 BNWAS の搭載を義務付け, それ以外の各国の裁量に委ねられている船舶については第二種 BNWAS の搭載となった[19]。

4　油タンカー宝運丸の橋梁衝突事故

⑴ 事故の概要

　2018年9月4日, 台風が通過する最中, 宝運丸が関西国際空港連絡橋に衝突した。宝運丸は, 2591総トンの油タンカーで, 船長ほか10名が乗り組んでいた。船舶所有者は日之出海運株式会社(以下, 「A 社」という), 運航者は鶴見サンマリン株式会社(以下, 「B 社」という)である[20]。

　宝運丸は, 台風第21号の接近に備えて錨泊し避難するために, 2018年9月3日13時10分ごろ大阪府泉州港南西側にあるオイルタンカーバース(以下, 「本件バース」という)を離桟し, 同日13時30分ごろ本件バースの東方(以下, 「本件錨地」という)に錨泊した。翌9月4日の13時すぎ, 大阪湾を含む瀬戸内海に海上台風警報が発令され, 風向が東から南東に変化して風速が30m/s を超えた。その直後船長は, レーダーで本件錨地から風下側の関西国際空港1期空港島の方

138

向に流されていることに気づき，走錨していることを認識した。船長は，主機を港内全速力前進とし，ジョイスティックを操作して船首を風上に向けるように操船していたところ，レーダーに表示されたGPSの対地速力が0になったので，主機を半速力前進とし，ジョイスティックをホバーの位置に戻した。同日13時30分ごろ，風向が南から南西に変化して風速が50m/sを超え，船長はレーダーで風下側の関西国際空港連絡橋に向かって再び圧流されていることに気づいた。船長は，主機の出力を航海全速力前進とし，ジョイスティックを操作して圧流を止めようとしたが，圧流は止まらず，同日13時40分ごろ本件連絡橋に衝突した。

宝運丸は，右舷船首部甲板及び右舷居住区の圧壊等と右舷1番貨物油タンクの破口等を生じた。一方，連絡橋側は，道路桁の橋梁部に曲損，破口，擦過傷等，鉄道桁に架線柱の倒壊，レールのゆがみ，ガス管の破口などをそれぞれ生じた。宝運丸の乗組員に死傷者は出なかった。

(2) 事故の原因

運輸安全委員会の事故調査報告書は，この事故の原因を時系列で整理している[21]。それによれば，この事故は第一に本件錨地に錨泊したこと，第二に走錨するまで単錨泊を継続したこと，第三に再び圧流されたことによるものとされる。以下，これらの原因に沿って背景要因を整理する。

第一の本件錨地に錨泊したことについては，船長，A社及びB社，海上保安庁が関与したと考えられる。まず船長が本件錨地に錨泊するに至った要因としては，①過去の錨泊の経験，②台風進路・速度の誤認識，③良好な錨地と他船の存在，④次の積み荷役の予定，⑤関空島付近の錨地に関する情報の不知が挙げられる。

①過去の錨泊の経験については，船長が過去の台風避難時に本件錨地付近で錨泊した経験があったことにより，今回も錨地として選択した可能性が考えられる。

②台風進路・速度の誤認識については，船長は，台風第21号が本件錨地の東側を通過し，進行軸の左半円に入ると思っており，また，台風の進行速度が速く，長時間にわたって強い風が吹くことはないと思っていた。このように船長

第Ⅱ部　内航海運の安全とその取り組み

が思い込んでいたのは，本件バースを離桟する前の９月３日12時ごろの気象情報を参考にしており，台風第21号の予想進路図では本件錨地が進行軸の右半円に入っているものの，天気図をみて同台風が本件錨地の東側を通過するものと判断したからである。このとき高松地方気象台は９月３日11時30分の時点で，大阪湾を含む瀬戸内海に海上台風警報を発表しており，当時非常に強い勢力の台風が近畿地方に接近すると報道されていたことを考慮すると，本件錨地が左半円に入るから大丈夫であろう，という船長の判断には問題があった。また，錨泊後も気象情報は定期的に確認して，早めに対策をとる必要があった。

③良好な錨地と他船の存在については，本件錨地は周囲を陸岸に囲まれており，それが気象海象の防壁の役割を果たし，波浪やうねりが入りにくく海面が平穏に保たれやすい海域であった。また，底質は泥で宝運丸にとって錨かきが良い場所であった。そして，台風避難時も周辺には他の船舶も錨泊していた。このような要因によって，船長は本件錨地が錨泊するのに危険な海域ではなく，むしろ錨泊に適した環境であると認識していた可能性が考えられる。

④次の積み荷役の予定について，その場所が阪神港堺泉北区であったため，船長はそれに間に合うように，近い場所を選定したものと考えられる。

⑤関空島付近の錨地に関する情報の不知について，関空島から３海里以内の海域を避けて錨泊することを船長が認識していなかったことが挙げられる。第五管区海上保安本部関西空港海上保安航空基地のホームページに掲載されている2011年版リーフレット「走錨海難を防止しよう」（以下，「本件リーフレット」という）には，「関空島の陸岸から原則として３マイル離した場所に錨泊してください」と記載されており，海上保安庁は，海難防止強調推進連絡会議の際に本件リーフレットの周知を行っていたが，船長はこの存在を知らなかった。また，後述するが，Ａ社の管理責任者，Ｂ社の運航管理者及び代理店担当者についても同様であった。[22]

Ａ社及びＢ社に関しては，①台風・錨地に関する情報の提供，②荒天錨泊の確認，③次の積み荷役変更などの措置を行わなかったことが事故に関与した可能性がある。

①台風・錨地に関する情報の提供について，Ａ社は，宝運丸に気象情報を十分に入手し得るパソコンなどの器材を備えており，現場に近い宝運丸で情報

140

を入手した方が確実であると考えていた。B社も，船長が独自に台風情報を入手していると思っていた。

②荒天錨泊の確認について，A社は，船長から特段の連絡がない限り，台風避難などを行う際に避難場所を指示し，報告を求めることは普段から行っていなかった。そしてA社がこのような体制でいたのは，船長の判断を尊重していたためである。B社も，本件錨地に投錨し，台風避難する旨の連絡を受けていたが，錨泊方法については船長の判断を尊重していた。本来船長を支援する立場であるA社及びB社は，基本的に船長の判断を尊重するという建前のもと，船長への支援を何もしていなかったといえる。一方で船長も，A社及びB社に対して支援を求めることもしなかった。

③次の積み荷役変更などの措置について，そのような措置がとられることはなかった。このことが，船長が次の積み荷役のことを考えて本件錨地に錨泊したことにも関与した可能性がある。B社が定める安全管理規程の第21条には，B社が運航計画及び配船計画の作成と改定を行う場合，運航管理者は，船舶，港，航路，自然的性質などのさまざまな事項について，安全性を検討して指導を行う，と定められている。また，同規程第23条第1項は，運航計画などの臨時変更をする必要がある場合，運航管理者はその安全性を確認するものとし，第2項は，船舶の安全運航に支障があると認められるとき，船長，運航管理者及び船主は協議の上，臨時変更の措置をとるものとすると定めている。臨時変更の措置を行う上で必要な協議について，B社の運航管理者は，船主であるA社とは協議を行っていなかったが，船長とは普段から行っていたという。しかし事故当時，臨時変更のための協議が行われたとは事故報告書に記載されていない。つまり，積み荷役が変更されなかったのは，そのための話し合いが実施されなかったためと考えられる。また，B社は宝運丸に対して輸送に関する指示及び運航支援を行っていたが，運航計画などの具体的な実務に関与していなかった。[23] B社は宝運丸の運航管理をする立場にありながら，運航計画などの実務に関与せず，現場任せであったことが常態化していたと考えられる。

本件事故の場合，運航計画に臨時の変更を加えることが必要な状況にあり，B社の運航管理者が宝運丸を安全な海域で避難できるように計画変更の手配を行うべきであったと考えられる。このような措置がとられなかったのは，安全

第Ⅱ部　内航海運の安全とその取り組み

管理規程自体にも問題があった。臨時変更は，緊急で変更する必要がある場合に行われるものであり，時間の猶予がない場合が多い。このような場合に，三者で協議することが前提となっていると措置が遅れてしまう。したがって，三者を運航管理者と船長の協議のみにとどめるなど，安全上臨時変更の必要がある場合に速やかに措置がとれるよう，安全管理規程は事業者の体制や船舶の運航に即した内容に見直す必要がある。

　海上保安庁については，同庁による周知が不十分であったことが事故に関与した可能性がある。本件事故発生前，関空島から３海里以内の海域を避けて錨泊することは，ホームページへの掲載や海難防止強調推進連絡会議で周知がされている本件に関するリーフレットにより知ることができた。しかし，宝運丸の船長及びその関係会社がこのリーフレットの存在を知らなかったという事実から，他の事業者の中にもこれを知らなかった者がいたと考えられる。このことは，海上保安庁による本件リーフレットの周知が徹底されていなかったことを示している。当時，関空島から３海里以内の海域を避けて錨泊することは行政指導のレベルであったため，パンフレットの周知には限界があったと考えられる。

　第二の走錨するまで単錨泊を継続したことについて，船長は双錨泊のリスク及び過去の経験から判断したものと考えられる。船長は，双錨泊をすると風向が変わった際に錨及び錨鎖が絡み係駐力が減少すると考えていた。このような考えであったのは，船長が航海士の頃，双錨泊をした際，錨及び錨鎖が絡んだ経験があったためである。また，これまで単錨泊で台風避難を行った際，主機を使用して台風の風に対応できていた経験もあった。[24)]

　第三の再び圧流されたことについては，船体への風圧力及び波漂流力が増大し，宝運丸の前進推力がなくなっていたことで発生したと考えられる。風圧力及び波漂流力の増大は，錨鎖が海底を離れて係駐力が減少したためであり，高潮による水深の増加によるものである。宝運丸の推力については，プロペラ推力が分散されたためであり，ジョイスティックをホバーの位置とした船長の操作によるものである。船長がそのような操作をしたのは，ジョイスティックを前進の位置にすると宝運丸が前進すると思ったからであり，その理由はレーダーに表示された GPS の対地速力が０となって走錨が止まったと思ったため

142

である。[25]

　上記の第二の原因に関して，運輸安全委員会の検証の結果，今回の事故の場合は双錨泊の方が適切であった可能性は高いが，双錨泊をすれば衝突を防げたとまでは言い難い。また，双錨泊も錨及び錨鎖が絡むリスクもあり，そのときの状況によっては単錨泊の方が適している場合もあるだろう。第三の原因に関しては，再び圧流された要因の一つに船長によるジョイスティックの操作が挙げられているが，船長にとってこれまで経験がない風速40m/sを超える状況下の操船であったため，走錨してからは不可抗力に近いものであったと推測する。したがって，第二及び第三の原因に船長の判断や行動に重大なエラーがあったとは考えられず，第一の錨泊の選定自体に問題があったものと考えられる。

⑶ 事故後の対策

　本件事故後，海上保安庁は，「荒天時の走錨等に起因する事故の再発防止に係る有識者検討会」を開催した。2018年12月28日に公表された同検討会の中間報告では，「関空周辺海域における荒天時の走錨等による事故について，〔中略〕法的規制を行うべきである」との方向性が示された。これを受けて，同庁は，海上交通安全法第26条第1項の規定に基づき，2019年1月31日に，「台風の接近等に伴う航行の制限に関する告示」を発出した。これによって，関空島から3海里以内の海域を避けて錨泊することは，法的に規制され強制力のあるものとなった。

　さらに，2019年3月13日には同検討会の第5回会合が開催され，報告書が取りまとめられた。すべての海域における走錨などに起因する事故の再発防止対策では，海上空港及びその連絡橋周辺とそれ以外の重要施設周辺を検討対象海域として優先的に選定し，Ⅰ監視・指導強化海域，Ⅱ重点指導海域，Ⅲ規制海域の三つに分けて対応策を検討すべきであることが示された。[26]これにより，同年4月26日，海上空港や連絡橋など優先的に対応策を検討する施設のある海域が40か所選定され，[27]翌年6月1日には新たに重要施設が3か所追加された。[28]さらに7月1日にはこれらの重要施設周辺海域の対応策を決定し，順次運用開始するとともに，さらに1か所の重要施設が追加された。[29]

第Ⅱ部　内航海運の安全とその取り組み

　一方で，更なる対策の強化のため，新たな法制度について検討が進められた。2021年1月28日に「頻発・激甚化する自然災害等新たな交通環境に対応した海上交通安全基盤の拡充・強化について」が交通政策審議会から答申され，同年3月2日に「海上交通安全法等の一部を改正する法律案」が閣議決定された。そして7月1日海上交通安全法及び港則法，航路標識法が改正されることとなった。これにより，台風等の異常気象などが予想される場合，東京湾・伊勢湾・瀬戸内海（大阪湾を含む）において，湾外避難・湾内錨泊制限等の勧告・命令制度などが創設された。

5　事例分析のまとめ

　以上で分析した事例の主な事故原因は，1件目が京浜運河の船舶交通の混雑，2件目が船員の睡眠不足及び当直体制の問題，3件目が台風に対する認識の甘さであった。そしていずれの事故も船員のヒューマンファクターが関係して発生していた。

　1件目の宗像丸の事故について，海難審判では衝突の原因が操船者の海上衝突予防法違反とされたが，船舶交通の混雑によって操船者がそのように航行せざるを得ない状況があり，これが主要原因であったと考えられる。

　2件目の内航船同士の事故は，勝丸の船員の居眠りによって引き起こされた。船員の居眠りが重大事故に発展してしまったのは，狭水道航行時に1人当直であったこと，及び機器の警報などを切った状態にしていたことが考えられる。また，大洋丸も過去の経験と習慣のみによって判断したことも，衝突の危険を回避する動作が遅れる要因となった。

　3件目の宝運丸の事故は，台風避泊の場所を選定する際に，船長の経験等に基づいて判断したこと，事業者の情報提供や荷役の変更を行わなかったことなど，船長の判断エラーや事業者の安全管理に関する問題が原因であったと考えられる。

　ところで，同種の事故が繰り返して発生しており，既発事故の教訓が生かされていないという現状もある。例えば，2件目の居眠りの事故では，事故対策として，新たに150総トン以上500総トン未満の内航船に対して船橋航海当直警報装置の設置が義務付けられた。しかし，警報装置の不作動，長期間の乗船に

よる疲労の蓄積などによって，この事故以降も居眠りに起因する事故は多数発生している。このように事故対策としては法令改正のみでは不十分な場合がある。むしろ，法規制によって事業者や船員の負担が増加しているという現実もある。例えば，２件目では警報装置の設置によるコストの増加，３件目では錨泊の制限などによる錨泊地等の再選定などが新たに負担となった。一方で，法令で定める安全基準は最低限のものにすぎない。事業者や船員がその基準を満たした上で，さらに日々の業務で法令に定められていないようなものに対しても安全な行動を取らなければ事故は防げない。法令改正によって基準を見直していくことも必要な施策の一つである。しかし，それだけでは不十分であり，船員の安全な行動を促すためのバックアップとして，例えば運輸安全マネジメント制度のような事業者の安全管理に対する施策や船員の労働問題などの業界全体に共通する問題に対しても，事故の教訓を踏まえて地道に改善に取り組んでいく必要がある。

　既述の３件の事故はすべてヒューマンファクターが関係していたが，実はヒューマンファクターが関与した事故はこれらに止まるものではない。例えば，2022年をみてみると，内航船舶149隻の事故のうち人為的要因によるものは81.9％を占めている。[30]要するに，事故の対策を考える上でヒューマンファクター問題は極めて重要であることがわかる。次節では，ヒューマンファクターの視点から，運輸安全委員会の事故調査報告書で取り扱われた船舶事故について考察を加える。この作業を通じて，内航船舶の事故防止にどのような課題があるのかを明らかにする。

第２節　*m*-SHEL モデルに基づく事故の分析

1　分析対象と方法

(1)分析対象

　運輸安全委員会は，１年間に700〜900件の船舶事故[31]と100〜200件の船舶インシデント[32]を調査している。本研究における分析対象は，運輸安全委員会が挙げる重大事故で内航船舶が関わったものとする。また，「事故等種類」の分類に

第Ⅱ部　内航海運の安全とその取り組み

表 5 - 2　本研究が分析対象とする重大事故（死傷等除く）件数
（2008年〜2022年 8 月 4 日）

	重大事故	
		内航船
貨物船	89	31
タンカー	25	17
計	107（重複 7 件）	46（重複 2 件）

（出所）運輸安全委員会「報告書検索」https://jtsb.mlit.go.jp/jtsb/ship/index.php
より2022年 8 月 4 日に集計。

おいて「死傷等」は船内労働災害を含み，船舶事故の要因の特徴とは異なるため除外した。ここでいう重大事故とは，運輸安全委員会事務局組織規則第 9 条第 2 項で規定される「五人以上の死亡者又は行方不明者が発生したもの」「油等の流出により環境に重大な影響を及ぼしたもの」「船舶事故等又は船舶事故に伴い発生した被害について先例がないもの」などのいずれかに該当するものである。運輸安全委員会が調査を開始した2008年発生の事故から2022年 8 月 4 日時点で報告書が公表されたものを集計した結果，**表 5 - 2** のとおり46件となり，これらのすべての事故において，原因に人的要因が含まれていた。また，事故種類別では，衝突が34件，単独衝突が 6 件，乗揚が 3 件，施設等損傷，爆発，沈没がそれぞれ 1 件ずつであった。

⑵ 分析方法

　所与の事故についての分析手法はいくつか存在する。小松原（2016）によれば，事故分析の手法として，関係する要素を整理していく手法の「特性要因図（フィッシュボーンといわれる）」，事実を整理していく手法の「時系列図」「バリエーションツリー分析（VTA）」「FRAM」，原因・要因を中心に整理する「 4 M 4 E 分析」「m-SHEL 分析」「連関図（なぜなぜ分析といわれる）」，管理・組織要因との関係を分析する手法の「HFACS」「AcciMap」などがある[33]。本研究では，ヒューマンファクターの観点を重視し，事故を起こした船員とその他の要因との関係を整理することが可能な「m-SHEL 分析」を用いて分析を行う。これによって，船員が事故を起こす際のメカニズムや本人のエラーを引き起こ

し得る要因を明らかにすることができる。

m-SHEL 分析とは，m-SHEL モデルを用いた分析のことで，特にヒューマンファクターの関わる事故について，そのモデルの要素に事故の要因を当てはめていく方法である。1975年，F. H. Hawkins が，E. Edwards のモデルをもとに，「航空機の運航乗務員のヒューマンエラーを理解するためのモデル」として SHEL モデルを提案した。その後，東京電力ヒューマンファクター研究グループによって，SHEL モデルに management（管理要因）となる m をつけた m-SHEL モデルが提案され，普及した[34]。

m-SHEL モデルは，Software（ソフトウェア），Hardware（ハードウェア），Environment（環境），Liveware（人間），management（管理要因）の各要素で構成されている。一つひとつの要素をみていくと，Liveware は，二つの要素に分かれており，モデルの中央に位置するものがタスク（task）を行う当事者を示し，下段に位置するのがその支援要員である。さらに中央の L の辺と接するように Software，Hardware，Environment が位置している。Software は手順やマニュアルなど，Hardware は道具や設備など，Environment は明るさや騒音などが例として挙げられる。最後に management は，それらの要素全体を周回するように位置し，Liveware，Software，Hardware，Environment の管理要因を表す。例えば，教育訓練，健康管理，監督配置，休憩配分などである。また，management 以外の要素は，波打った枠に囲まれており，これはその状態が固定的ではなく常に変動していることを表現している。それらの変動により中央の L との間に隙間が生じるとエラーが発生することを，このモデルでは説明している[35]。

それでは，吉田（2016）の手法[36]を参考に分析を行っていこう。運輸安全委員会の事故報告書46件には，冒頭又は末尾に「原因」及び「その他判明した安全等に関する事項」が分析の総括として記載されている。まず，それらの箇所から，背景要因と思われるものを挙げた。次に，これらを m-SHEL モデルの六つの要素に当てはめ，さらに特徴毎に細分化した（表 5-3 参照）。報告書によっては，同箇所に記載されている内容が分類できないものや背景要因まで書かれていないものがあった。その場合は，報告書の事実・分析の内容を確認した上で判別した。

第Ⅱ部　内航海運の安全とその取り組み

表5-3　背景要因とその具体例

背景要因			代表的な事例
m	m1	事業者の責務不履行	教育不足，情報不提供
	m2	安全文化の欠如	手抜き，安全意識不十分
	m3	体制の不備	当直体制及び作業体制の不備，船内規律の乱れ
	m4	無理な計画	次の積み荷役の予定
L-S		規程の問題	作業内容や手順の取り決めがない
L-H	H1	設計の問題	見張りの死角
	H2	機器不良	タンクの空気管からの浸水
	H3	取付不良	警報装置の取付位置
L-E	E1	視界不良	霧，もや
	E2	気象海象	台風，高潮
	E3	周辺船舶	他の船舶の航行
	E4	本来良好な環境	視界が良い，周辺船舶がいない，避泊場所として良い
L	L1	錯誤	相手船避航への期待，気象予測，情報の誤認識
	L2	不注意	気づかない，他への意識，行為の間違い
	L3	失念	し忘れ，確認不足
	L4	理解経験不足	航法や行政指導の無知，操船技術不足
	L5	心理的な問題	焦り，不安
	L6	体の不調	睡眠不足，疲労
L-L	LL1	コミュニケーションの問題 （他船）	互いの操船意図を確認していない
	LL2	コミュニケーションの問題 （船内）	報告不足，情報の共有不足，指示不足

（出所）筆者作成。

2　分析結果

(1)各要因の発生割合

　分析の結果，各要因の発生割合は**表5-4**のとおりである。「L（当事者）に関する要因」の発生割合として最も多かったのがL1（錯誤）で全体の65.2%を占めた。その次に多かったのは，L2（不注意）で26.1%である。一方，「L以外の要因」の発生割合で多かったのは，m2（安全文化の欠如）で全体の

第5章　内航船舶の事故の分析

表5-4　要因の発生割合

	順位		背景要因	発生割合（%）
L要因	1	L1	錯誤	65.2
	2	L2	不注意	26.1
	3	L3	失念	8.7
	4	L4	理解経験不足	6.5
		L5	心理的な問題	6.5
		L6	体の不調	6.5
L以外の要因	1	m2	安全文化の欠如	21.7
	2	m3	体制の不備	15.2
		LL2	コミュニケーションの問題（船内）	15.2
	4	E1	視界不良	10.9
	5	L-S	規程の問題	6.5
		E4	本来良好な環境	6.5
		LL1	コミュニケーションの問題（他船）	6.5
	8	m1	事業者の責務不履行	4.3
		E2	気象海象	4.3
	10	H2	機器不良	2.2
		m4	無理な計画	2.2
		H1	設計の問題	2.2
		H3	取付不良	2.2
		E3	周辺船舶	2.2

（注）塗りつぶしは，発生割合が20%以上のもの。
（出所）筆者作成。

21.7%を占めた。また，m3（体制の不備）やLL2（コミュニケーションの問題（船内）），E1（視界不良）も10%以上を占めた。事業者や船内のマネジメントに関わる要因が上位を占めており，事故発生の環境としては，霧による視界不良時が多いことがわかる。なお，事故要因について事故種類別による傾向はみられなかった。

　この結果を吉田（2016）のものと比較すると，「L（当事者）に関する要因」では「錯誤」が最も多く，全体の半数以上が錯誤によって発生していることは共通している。一方で，「理解経験不足」は吉田（2016）では20%以上を占め

て多いものの，本分析ではわずか6.5％である。「L以外の要因」についてみてみると，「安全文化の欠如」や「コミュニケーションの問題」が多いことは共通である。しかし，吉田（2016）における「滅多にない事象に遭遇」「要注意箇所」「ダイヤ乱れ」のE（環境）や「設計の問題」のH（ハードウェア）に関しては，本分析における発生割合は少なかった。この要因として考えられるのは，分析対象とする事故の発生時期に大きく違いがあるためである。吉田（2016）は明治から1987年の国鉄の分割・民営化前に発生した事故を対象としているのに対し，本研究では比較的最近の2008年から2020年までの事故を対象としている。特にこの半世紀において港湾の整備や船舶通航支援の充実，船舶設備の安全性向上などの対策が進められてきたことにより，2008年からの事故を対象とした本分析では，環境やハード面の要因が比較的少なかったと考えられる。

　吉田（2016）と比較したときに，内航船舶の事故に固有の問題として挙げられるのは，「コミュニケーションの問題」の中でも他船とのコミュニケーションである。鉄道を運行する上では，同じ会社の社員同士や系列会社の人とのみに限定され，比較的連携は取りやすく，対策も講じやすいと考えられる。一方で内航船舶の場合は，同業他社だけでなく，外国籍の船舶や漁船のような他業種の船舶ともコミュニケーションをとらなければならない。この問題を内航海運のみで解決するのは難しく，海上交通全体の問題としてとらえなければならない。

(2) 事故の発生パターンの抽出

　分析を行った事故46件のうち33件において，一件の事故で複数の要因が存在した。各要因の発生割合が20％以上であった要因L1，L2及びm2について，その他の要因の出現頻度をそれぞれ求めた結果，頻度の高いもの（出現頻度がそれらの平均値と標準偏差の合計値を上回るもの）として**表5-5**のとおりの結果が得られた。L1の発生にはL2・m2・LL2，L2の発生にはL1・LL2・m3，m2にはL1が関与する事故が多いと考えられる。

　実際に二つの要因が関連しているかをみるために事故の内容を一件ずつ確認すると，具体的には四つのパターンに整理することができた。それらを以下に

第5章 内航船舶の事故の分析

表5-5 出現頻度の高い要因

背景要因			出現頻度の高い要因
L要因	L1	錯　誤	L2 （不注意）【26.7%】 m2 （安全文化の欠如）【16.7%】 LL2 （コミュニケーションの問題（船内））【16.7%】
	L2	不注意	L1 （錯誤）【66.7%】 LL2 （コミュニケーションの問題（船内））【33.3%】 m3 （体制の不備）【25.0%】
L以外の要因	m2	安全文化の欠如	L1 （錯誤）【50.0%】

（出所）筆者作成。

挙げる。なお，L1とLL2に関しては，船内のコミュニケーション不足が原因で錯誤が発生した関連性のある事例はみられなかった。

　一つ目のパターンは，相手船との衝突のおそれがないと思い込んだ状態で（L1），別の船舶や通信，事務作業などに注意が向いていた（L2）場合である。衝突のおそれがないと思い込む場合で多いのは，相手船が避けることを期待していたことである。当直中に相手船の動静を把握したところまでは良いが，その後に別の船舶を注意していたことやVHFの応答に意識がいっていたこと，当直中に別の作業をしていたことによって，相手船の動静に対する注意が逸れ，事故に至ってしまったといえる。特に単独で当直をしていると，別の船舶やVHFの応答への注意が向いたとき，見張りがおろそかになってしまう。当直中に行っていた別の作業に関して，具体的には船舶動静報告書の作成と航海日誌の記入であった。

　二つ目は，適切な当直を意図して行わず（m2），衝突のおそれがないと思い込んだ（L1）場合である。適切な当直を意図して行わないというのは，椅子に腰かけた状態あるいは死角がある場所で行う，自動操舵で航行する，レーダー等を使用せず目視のみの見張りを行うなど，操船者による不安全な行動と考えられるものである。衝突の危険がないとの思い込みでそのような行為をする場合と，適切な当直をしない結果衝突の危険がないと思い込んだ場合があり，どちらも一方の要因が他方の要因の発生に対して作用している。

　三つ目は，船長とその他の船員間で，船長への報告や部下への指示が適切に行われていないという状態で（LL2），他の対象や作業に注意が向いていた

151

第Ⅱ部　内航海運の安全とその取り組み

（L2）場合である。これは主に2人以上で当直をする場合，船橋内でコミュニケーションが取れていないと，他の船舶に注意が向くなどして事故に発展してしまう。

　四つ目は，狭水道航行時に船長が昇橋しない等により，船員1人で見張りや操舵，通信などを行っていたことで（m3），注意すべきところに注意を向けられなかった（L2）場合である。船員法第10条の規定において，出入港時や狭い水路を航行するときなどは，船長に対して甲板上で船舶の指揮をとることを課している。それを根拠として，安全管理規程などに，狭水道を航行する際に船長が操船指揮をとることを定めている事業者もいる。

　一方，「航海当直基準」（平成8年12月24日運輸省告示第704号）Ⅱ1（2）一（三）には，「見張りを行う者の任務と操舵員の任務とは区別されるもの」と規定されている。「船員法の定員規制について」（平成4年12月25日海基第252号）における同規定の解釈として，「自動操舵装置を設備している船舶において自動操舵装置が作動している間は，操舵中ではないものとしている」とあるが，狭水道航行時などの手動操舵で航行する場合は，見張りと操舵の役割を分けて各要員を配置した体制が必要であるといえる。

　なお，航海当直基準のただし書きにおいて「操舵位置において十分に周囲の見張りを行うことができる小型の船舶において，夜間における灯火等による視界の制限その他の見張りに対する障害のない場合は，この限りでない」と定められている。また「船員法の定員規制について」では，700総トン未満の自動操舵装置を設備する船舶について「狭水道・船舶ふくそう海域の航行に際しては，自動操舵装置が常時作動できないことに留意すること」とし，留意事項にとどめていることから，小型の船舶では必ずしも見張りと操舵を区別する必要はないと考えられる。しかしながら，事故が発生した船舶では，前述の船員法第10条で定めるように船長が昇橋しておらず，700総トン以上の船舶でも船員1人で見張りや操舵，通信などを行っていたというケースがみられた。

第3節　分析に基づいた示唆

　第1節の事例分析では，3件ともヒューマンファクターが事故発生の要因と

して共通しており，事故を教訓として船内設備や航行規制をかけることで，船舶の安全性を向上させてきた。しかし，法令改正のみが重点的に行われており，事故対策としては不十分であった。第2節のヒューマンファクターの分析では，事故の発生パターンとして四つがみられた。船員の錯誤や不注意を起こす要因として，主に他の作業への従事，船員自身の不安全な行動，コミュニケーションや当直人員の不足である。二つの分析を踏まえ，船員の錯誤や不注意を防止する手段として法制度とそれ以外の観点から総合的に考察する。

第一に，安全文化の醸成である。組織内に安全を最優先とするマインドが醸成されていけば[37]，船員一人ひとりの安全意識向上につながると考えられる。安全文化の醸成は簡単に実現できるものではない。これには，事業者のトップの意識が大きく作用する。トップが事故や安全と真摯に向き合い，安全管理体制を確立していくことで，これらが維持又は向上すると考えられる。しかし，内航海運業界は中小零細規模事業者が多く，自助努力に限界がある。さらに，内航海運事業者の中には家族経営の事業者もあり，そのような事業者では「管理」や「体制」といった概念で安全対策を進めることは難しい。したがって，これらを業界全体の問題として捉え，元請オペレーターが中心となりその系列会社を含めた全体で安全対策を推進することが必要であると考えられる。そのためには，荷主や行政，日本内航海運組合総連合会などの関係機関によるサポートも不可欠である。国が事業者に継続的な安全対策の取り組みを促す「運輸安全マネジメント制度」も関係機関がサポートする施策の一つである。このような施策の実効性が高まっていけば，事業者の安全文化の醸成や船員の安全意識の向上につながるであろう。

第二に，船員の業務量の適正化である。船員が当直時に複数の作業を同時に行う状況として，当直業務とは別に船舶動静報告書の作成や航海日誌の記入作業を行う場合がある。これらは当直交替時などの船橋に複数人数がいるときに行うべきである。航海日誌は船員法第18条にその備え付けが定められており，海難が発生したときなどに航海日誌の記載内容が重要な資料となり得るものである。一方，船舶動静報告書は，各事業者の運航基準によって定めるものであり，現在地や気象海象などは航海日誌と記載内容が重複する。また，実際の事故が発生した船舶では運航者を含む3～4社に1日1回ファックスで送信して

第Ⅱ部　内航海運の安全とその取り組み

おり，少なからず手間がかかる。事業者にとって必要な情報のみの報告にとどめ，提出方法もより簡易的なものに改めるべきである。これらだけでなく，近年の安全・環境規制により船員の書類作成などの負担が増加している。船員の業務量を適正化するために，不必要又は重複する作業は，廃止や簡素化を検討する必要がある。

　第三に，船員間のコミュニケーションの活性化である。その対策の一つに，BRM（Bridge Resource Management）研修[38]がある。研修をとおして，船橋内で他の船舶の情報などを共有し，役割分担を明確にしておくことが重要である。時間や費用の問題により研修の時間が取れない場合にも，陸上職員が訪船活動を行い船員と対話する，船長が普段の日常的な会話などから報告しやすい環境づくりを行うなども有効策であると考えられる。

　なお，教育に関連して付言しておくと，本研究の分析では船員の技術不足に起因する重大事故の事例はほとんど見つからなかった。この点を踏まえると，必要なのは操船技術を向上させる教育というよりは，日頃の操船時における潜在的な危険個所を認識させる危険予知訓練のような教育訓練であろう。

　第四に，狭水道航行時などにおける当直人員の確保である。狭水道や船舶の輻輳する海域を航行する場合は，舵の操作に加えて，見張りやVHFの応答にも注意しなければならず，1人でこれをすべて行うことは不可能に近い。また，本章第1節3の2件目の事故では，居眠りが原因であったものの，狭水道航行時に1人で当直を行っていたことが事故発生の要因であった。これらを考慮すると，狭水道や船舶輻輳海域などにおいて必要な場合は，船長が昇橋し，小型の船舶を除いて見張り要員と操舵員を分けた当直体制にする必要があるだろう。

　本来は船員法や航海当直基準に定められているが，事故を起こした船舶では実際にそれが守られていない。その理由として，基本的に内航船舶は「安全最少定員[39]」の人員で運航するために，自分の当直時間以外に昇橋する余裕がないことが考えられる。それを解決するためには，乗組員の増員も考えられるが，船員不足が問題として挙げられる中，事業者単独ではその実現が難しいであろう。それが可能であるとしても，増員にはコストがかかることから，船員を十分に確保できるような運賃や用船料の収受も必要である。

図5-2 事故防止の課題と事業者に必要な安全対策

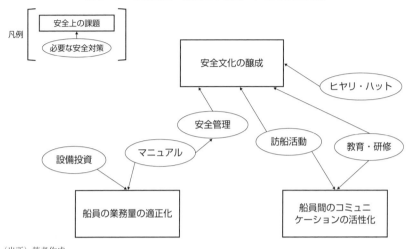

(出所) 筆者作成。

　狭水道航行時などにおける当直人員の確保は，人数の問題だけでなく，操船の難易度が高いために船員の技量も必要となってくる。技量のある船長・船員を必要なときに昇橋させるためには，第三で述べたことにもつながるが，乗組員間の連携も重要である。すなわち，同海域航行時に必要な人員は，海域の状況，船舶の大きさ，乗組員のスキルなどによって異なるため，船長はそれらを加味した上で当直体制を決め，あらかじめ乗組員に指示をしておく必要がある。

　このように第四の課題は，船員不足の解消や運賃・用船料の引き上げを必要とし，個々の事業者で解決するのは難しい。したがって，第四を除いた上記の三つの課題とそれらを改善するために必要と考えられる事業者の安全対策との関連を整理する（図5-2参照）。まず，第一の安全文化を醸成するために，会社が安全管理体制を構築し（安全管理，以下括弧内は図5-2の必要な安全対策に該当する項目を示す），陸上社員が訪船活動をして船員の体調や人間関係の様子，船内や作業状況を把握すること（訪船活動）が必要である。また，船員への教育や研修を通して個人の安全意識向上につなげること（教育・研修）も重要である。その一つの手段として，ヒヤリ・ハットを共有して危険な行為を認識さ

第Ⅱ部　内航海運の安全とその取り組み

せること（ヒヤリ・ハット）も有効である。

　次に，第二の船員の業務量の適正化に関しては，船員の作業を自動化する，手書きのものを電子化するなどのために機器を導入すること（設備投資），マニュアルなどの書類を適切な量に見直すこと（マニュアル）が挙げられる。なお，マニュアルの作成は，第一で述べた安全管理の一部で，状況に応じて定期的に見直すことが必要である。最後に第三の船員間のコミュニケーションを活性化するために，第一とも共通する対策であるが，教育や研修を通じて日頃からコミュニケーションをとること（教育・研修），訪船活動を行った際には陸上職員と船員間のコミュニケーションをとり，また船員間の関係性もよく観察しておくこと（訪船活動）が考えられる。

　船舶事故は，数だけをみれば趨勢的に減少し続けており，船舶運航の安全性は向上してきているといえる。しかし，それはハード面のレベルが向上してきたことが大きな要因であり，ヒューマンエラーの問題に関しては，なお改善すべき余地が大きい。また，件数は少ないものの，他船とのコミュニケーションは，外国籍の船舶や漁船のような他業種の船舶ととらなければならず，他の輸送モードにはあまりみられない固有の問題であると考えられる。吉田（2016）が分析対象とする鉄道では，社内や同業他者との連携が主であり対策も講じやすい。航空の場合も然りである。自動車では，道路上に自家用車と事業用車が混在しているが，ウインカーなどで意思表示をすることはあっても直接コミュニケーションをとることは少ない。この問題は内航船舶のみが安全に運航していても解決できないため，海事関係者全体で対処しなければならない。全船種の船舶事故を調査対象とする運輸安全委員会も，その解決に重要な役割を果たすと考えられる。

　運輸安全委員会が多角的で高度な分析手法を用いて船舶事故を調査しているが，そこで得られる教訓は，日々船上で仕事に勤しむ船員に生かされているだろうか。運輸安全委員会による調査は，同種の事故を発生させないための本質的な事故原因を究明するものでなければならない。さらに同委員会の情報発信に対して，行政等の関係機関が制度の改善や事業者などへの周知に努め，それを受けた事業者も船員へ伝えるだけでなく，船員が安全に業務できる体制や環境づくりを進めることこそが，事故防止のために必要不可欠であろう。

第 5 章　内航船舶の事故の分析

注

1)　海難審判研究会編（1968）「機船第一宗像丸機船タラルド・プロビーグ衝突事件」『海
　　　難審判庁裁決録　昭和41年 4 ・ 5 ・ 6 月分裁決録』第 4 ・ 5 ・ 6 合併号，708-709頁。

2)　同上資料，699頁。

3)　同上資料，711頁。

4)　同上資料，699-700頁。

5)　同上資料，701頁。

6)　同上資料，701-702頁。

7)　今井金矢（1963）「第一宗像丸事件と事故防止対策」『海員』第15巻第 2 号， 3 頁。斉
　　　藤吉平（1971）「船の大型化と火災」『海員』第23巻第 8 号，63頁。以上で言及されている。

8)　海難審判研究会編（1968），前掲資料，708頁。

9)　鈴木順一（1970）「海上も危険がいっぱい」『運輸と経済』第30巻第 4 号，71頁。

10)　海上保安庁総務部政務課編（1979）『海上保安庁30年史』海上保安協会，72-73頁。

11)　同上書，223頁。

12)　運輸安全委員会（2011）「船舶事故調査報告書　油タンカー第三十二大洋丸砂利運搬
　　　船 第 三 十 八 勝 丸 衝 突」https://www.mlit.go.jp/jtsb/ship/rep-acci/2011/MA2011-10-
　　　5_2011tk0027.pdf（2022年 9 月15日取得）。

13)　同上資料， 3 - 4 頁。

14)　同上資料， 6 - 7 頁。

15)　同上資料， 8 頁。

16)　同上資料， 8 - 9 頁。

17)　運輸安全委員会（2011）「運輸安全委員会年報　2011」https://www.mlit.go.jp/jtsb/
　　　bunseki-kankoubutu/jtsbannualreport/annualreport_2011/annualreport2011_pdf/
　　　annual2011-all.pdf（2023年12月17日取得）68頁。

18)　国土交通省海事局安全基準課（2011）「船橋航海当直警報装置（BNWAS）搭載義務化
　　　に係る適用方針について」『むせんこうじ』第531号，42-44頁。

19)　同上資料，42-44頁。

20)　運輸安全委員会（2019）「船舶事故調査報告書　油タンカー宝運丸衝突（橋梁）」
　　　https://www.mlit.go.jp/jtsb/ship/rep-acci/2019/MA2019- 4 - 2_2018tk0013.pdf（2022年
　　　 9 月15日取得）。

21)　同上資料。

22)　同上資料，24頁。

23)　同上資料，29-30頁。

24)　同上資料，25頁。

25)　同上資料， 7 頁。

26)　海上保安庁（2019）「荒天時の走錨等に起因する事故の再発防止に係る有識者検討会
　　　報告書」https://www.kaiho.mlit.go.jp/info/kouhou/h31/k20190319/k190319.pdf（2022年
　　　 9 月21日取得）。

27)　海上保安庁（2019）「荒天時の走錨等に起因する事故の再発防止に向けて海上空港な

157

第Ⅱ部　内航海運の安全とその取り組み

ど重要施設の周辺海域を優先的検討対象として選定」https://www.kaiho.mlit.go.jp/info/kouhou/h31/k20190426/k190426.pdf（2022年11月7日取得）。

28）　海上保安庁（2020）「荒天時の走錨等に起因する事故の再発防止に向けて～重要施設の追加について～」https://www.kaiho.mlit.go.jp/info/kouhou/r2/k200601/k200601.pdf（2022年11月7日取得）。

29）　海上保安庁（2020）「荒天時の走錨等に起因する事故の再発防止に向けて～今年度も重要施設周辺海域における対応策を決定！順次運用開始！！～」https://www.kaiho.mlit.go.jp/info/kouhou/r2/k200701/k200701_2.pdf（2022年11月7日取得）。

30）　海上保安庁「船舶海難データ（令和4年海難の現況と対策）」https://www.kaiho.mlit.go.jp/doc/hakkou/toukei/toukei.html（2023年5月4日取得）より集計。

31）　運輸安全委員会「船舶事故の統計」2023年9月30日更新，https://jtsb.mlit.go.jp/jtsb/ship/ship-accident-toukei.php（2023年11月29日取得）。

32）　運輸安全委員会「船舶インシデントの統計」2023年9月30日更新，https://jtsb.mlit.go.jp/jtsb/ship/ship-incident-toukei.php（2023年11月29日取得）。

33）　小松原明哲（2016）『安全人間工学の理論と技術―ヒューマンエラーの防止と現場力の向上―』丸善出版，240-241頁。

34）　同上書，18-19頁。

35）　同上書，18-19頁。

36）　吉田裕（2016）「国有鉄道時代における鉄道事故の研究―ヒューマンファクターの視点から―」関西大学大学院社会安全研究科博士論文。

37）　木下典男（2019）『運輸安全マネジメント制度の解説―基本的な考え方とポイントがわかる本―』成山堂書店，29頁。

38）　深見ら（2005）によれば，日本ではBRMの定義や解釈には相違がみられるが，通常，座学及び操船シミュレーションを使用した安全運航対策の訓練プログラムをいう。なお，深見ら（2005）が定義するBRMは，STCW95（1995年に大幅改正された新体制STCW）の船橋チームワーク手続きを遵守し，CRMプログラム（航空業界を中心に導入された，作業集団内の相互作用を重視し，チームワークスキルを学習させることでパフォーマンスの安全性と効率性を向上させる戦略的教育訓練）を船舶に応用したものである。詳しくは，深見真希・久本憲夫・田尾雅夫（2005）「ブリッジリソースマネジメント―国際条約順守の人的資源管理―」京都大学大学院経済学研究科 Working Paper J-47，http://hdl.handle.net/2433/26475（2023年11月28日取得）を参照のこと。

39）　「船員法の定員規制について」（平成4年12月25日海基第252号）http://www.e-naiko.com/data/library/tutatu105.pdf（2023年12月20日取得）。

第6章　内航海運の安全に関係する諸制度

第1節　内航海運の安全に関係する法体系とその変遷

　内航海運は，国土交通省海事局をはじめとする行政機関が関与して，その産業政策や事業規制などを展開している。行政機関のそれらの行為は，いうまでもなく法令に基づくものである。内航海運の法体系は明治以降に形作られてきたが，ここでは，主としてアジア・太平洋戦争後の法体系について述べる。この場合，内航海運に関する法律は多岐にわたって整備されているが，そのうち本章では安全に関する法律を取り上げ，考察する。

1　運輸の安全に関する法体系

　日本国内の貨物や旅客の輸送には，主に鉄道，自動車，船舶，航空機が利用されている。これらの輸送の安全を確保し，人々の生命や財産を保護するため，現在さまざまな安全対策が実施されている。法律は，それら対策の根拠となるものである。まず運輸の安全に関する法律の全体像について，各輸送モードで比較を行う。その後，特に内航海運の安全に関する法律について，その変遷と現在の規定内容を確認する。

　表6-1は，運輸の安全に関する法体系を整理したものである。内航海運をはじめ，鉄道，航空，自動車の各モードにおいて対応する法律を列挙している。まず，交通安全対策の基本となる法律が「交通安全対策基本法」である。同法第1条の目的では，「交通の安全に関し，国及び地方公共団体，車両，船舶及び航空機の使用者，車両の運転者，船員及び航空機乗組員等の責務を明らかにする」とされており，第1章の総則においてそれぞれの責務が規定されている。この法律はまた，国や地方公共団体が行う交通安全対策会議や交通安全計画，その他の政策の基本について定めている。

　その他に各輸送モードで共通するものとして，労働関係法と「運輸安全委員

表6−1 運輸の安全に関する法体系

	内航海運	鉄道	航空	事業用自動車		
				バス	タクシー	トラック
基本	交通安全対策基本法					
事業	内航海運業法	鉄道事業法 軌道法	航空法	道路運送法	道路運送法	貨物自動車運送事業法
船舶・車両設備・機体	船舶法 船舶安全法	鉄道に関する技術上の基準を定める省令	航空法	道路運送車両法		
免許	船舶職員及び小型船舶操縦者法 海難審判法	動力車操縦者運転免許に関する省令	航空法	道路交通法		
労働関係	船員法	労働基準法	労働基準法	労働基準法 自動車運転者の労働時間等の改善のための基準		
交通ルール	海上衝突予防法 海上交通安全法 港則法	鉄道に関する技術上の基準を定める省令	航空法	道路交通法		
その他	海洋汚染及び海上災害の防止に関する法律	踏切道改良促進法 新幹線鉄道における列車運行の安全を妨げる行為の処罰に関する特例法	航空機の強取等の処罰に関する法律 航空の危険を生じさせる行為等の処罰に関する法律			
	運輸安全委員会設置法					

（注）鉄道に関する技術上の基準を定める省令は鉄道営業法の省令、動力車操縦者運転免許に関する省令は、鉄道営業法及び軌道法の省令である。
（出所）国土交通省海事局監修（2021）『海事六法（2021年版）』海文堂出版。国土交通省鉄道局監修（2021）『鉄道六法 令和3年版』第一法規。国土交通省自動車局監修（2021）『自動車六法 令和3年版』第一法規。航空局監修（2020）『航空六法 令和2年版』鳳文書林出版販売。国土交通省自動車局監修（2021）『自動車六法 令和3年版』第一法規。以上をもとに筆者作成。

会設置法」がある。労働関係法において，一般的な労働者に適用されるのが「労働基準法」であり，鉄道の運転士，航空機のパイロット及び事業用自動車の運転者はこの適用を受ける。ただし，事業用自動車の運転者の労働に関しては，それらの労働条件の改善を図る目的で，労働基準法では規制が難しい拘束時間，休息時間，運転時間などの基準を業務の特性を踏まえて定めた「自動車運転者の労働時間等の改善のための基準」（改善基準告示）が施行されている。一方，船員はその労働の特殊性から労働基準法の多くが適用除外とされ，「船員法」が適用される。船員において労働基準法が適用されるのは，第1条から第11条まで，第116条2項，第117条から第119条まで及び第121条のみである（労働基準法第116条及び船員法第6条）。労働基準法は厚生労働省，船員法は国土交通省が所管しており，船員の労務に関する政策についても国土交通省が所掌している。

　運輸安全委員会設置法は，鉄道，航空，船舶の事故の調査を行う運輸安全委員会の組織や業務について定めている。運輸安全委員会は，「国家行政組織法」上の3条機関で，2008年，航空・鉄道事故調査委員会と海難審判庁の原因究明部門が統合され発足した組織である。運輸安全委員会設置法第4条において，各事故と重大インシデントの原因及びそれらの被害の原因究明のための調査を行うこと，その調査結果に基づいて必要な施策や措置の実施を求めることが任務として定められている。一方で，バス，タクシー，トラックの事故調査を行うのは，事業用自動車事故調査委員会である。同委員会は2014年に設置され，事業用自動車の重大事故について事故要因の調査・分析を行っているが，法的根拠は有さない。

　ところで，『海事六法（2023年版）』に収録されている法律は全部で39本ある。そのうち，内航海運の安全に関わるものは，内航海運業法，船舶法，船舶安全法，船舶職員及び小型船舶操縦者法，海難審判法，船員法，海上衝突予防法，海上交通安全法，港則法，海洋汚染等及び海上災害の防止に関する法律の10本である[1]。以下，これらの法律を中心に，その変遷及び内容を述べる。

第Ⅱ部　内航海運の安全とその取り組み

2　内航海運の安全に関する法律

(1) 事業に関する法律

　1949年，日本で初めて海運業の事業経営に関する法律が制定された。それが，海運関係法の基本となる「海上運送法」である。当時，日本海運の民営復帰を控え，新しい行政理念に基づく海運の統一的な基本法の制定が望まれた。また，戦争・敗戦によって中断されていた外航海運を再開するためには海運同盟[2]に加入する必要があったが，海運同盟は「私的独占の禁止及び公正取引の確保に関する法律」及び「事業者団体法」に抵触するという問題があり，それらの調整が必要となった。以上の背景より海上運送法が制定されることとなった[3]。

　海上運送法は第1条において，この法律の目的を「海上運送事業の運営を適正かつ合理的なものとすることにより，輸送の安全を確保し，海上運送の利用者の利益を保護するとともに，海上運送事業の健全な発達を図り，もつて公共の福祉を増進すること」と定めている。さらに，輸送の安全の確保に関係するものとして，第10条の3には安全管理規程についての規定があり，運輸安全マネジメント制度の法的根拠となっている。

　海上運送法の特別法として，内航海運業に適用される「内航海運業法」がある。内航海運業法のもととなるのは，1952年5月に公布された「木船運送法」である。大正末期に登場した機帆船と呼ばれる木船は，1946年に民営化されていたが，1949年9月に運賃の統制が解除され自由運賃となると，過当競争が激しくなり，運賃が旧統制運賃の50%まで低下した。木船運送事業者は零細企業が多いために荷主業者と対等な立場をとることができず，適正な運賃で輸送することが困難であり，経営状況は非常に悪かった。このため，事業の登録制度，標準運賃制度などを取り入れた木船運送法が制定されることとなった[4]。

　1960年代以降の高度成長期において，零細事業者の乱立により過当競争の状況に陥っていたこと，船腹投入に規制がなく常に船腹過剰であったこと，旧国鉄の貨物運賃との競合があったことなどにより，運賃が1957年をピークに長期低迷を続けていた。この状況を受けて，政府や業界により内航海運業の安定化のための施策が講じられ，1957年6月に「小型船海運組合法」，そして1962年

第6章　内航海運の安全に関係する諸制度

5月に「小型船海運業法」が公布された。小型船海運組合法では，小型船海運業者による海運組合の設立に関すること，運賃，運送条件，船腹量等の調整に関することなどが定められた。小型船海運業法は，木船運送法の一部を改正した法律である。木船運送法の施行により木船は登録制となったが船腹過剰状態が続いていたため，さらに競合関係にある500総トン未満の鋼船も対象に加え，資格要件として事業遂行能力及び資力信用が追加された。[5]

小型船海運業法公布後にも，依然として小型船海運業法の対象とならない大型船を中心に船腹過剰が続いたため，内航海運をすべて法規制の対象とすることで内航海運の再建を図ろうとした。それが，小型船海運業法と小型船海運組合法の改正により1964年7月に公布された「内航海運業法」と「内航海運組合法」である。これら二つの法律を「内航二法」という。内航海運業法において全事業が許可制となり，内航海運組合法においては海運組合の結成が定められた。さらに，内航海運業法では第2条の2に適正船腹量，第2条の3に最高限度量が定められ，内航海運組合法では第8条に基づき日本内航海運組合総連合会による調整事業が実施されることとなり，船腹量の適正化が図られた。[6]　2005年4月1日に改正された内航海運業法が施行され，事業は許可制から登録制へと規制緩和された。それに加え，内航運送業及び内航船舶貸渡業の事業区分も廃止された。

現在の内航海運業法の条文をみていくと，海上運送法と同様に安全管理規程に関する規定がある（第11条）。その他の輸送の安全に関する条文としては，船員の過労の防止（第12条），輸送の安全の確保を阻害する行為の禁止（第19条），輸送の安全の確保に関する命令等（第20条），国土交通大臣による輸送の安全に関わる情報の公表（第21条），内航海運事業者による輸送の安全に関わる情報の公表（第22条）などがある。

(2) 船舶に関する法律

船舶に関する法律には，大きく分けて「船舶法」と「船舶安全法」がある。船舶法には日本船舶の範囲や登録に関すること，船舶安全法は船舶の設備基準や検査に関することが定められている。

船舶法は，日本船舶の海事行政上の保護や取締りのため，1899年に制定され

第Ⅱ部　内航海運の安全とその取り組み

た。海運の発展に伴い，1870年に公布された「商船規則」等では，日本船舶の管理や保護，取締りなどが十分に行うことができなかった。そこで，船舶法では，船舶の登記・登録等の義務，国旗掲揚の権利及び船舶国籍証書の交付などが規定された。なお，20総トン未満の船舶（漁船を除く。以下，「小型船舶」という）の登録及び総トン数の測度については，「小型船舶の登録等に関する法律」が適用される（船舶法第21条）。

　船舶法が適用される20総トン以上の日本船舶は，相当の財産価値を有するものとみなされ，物権変動の第三者に対する対抗要件として，登録と登記の両方を採用している。一方，小型船舶では，登録のみが所有権の第三者対抗要件となっている。さらに，船舶の識別方法にも違いがある。20総トン以上の船舶の場合，船名や船籍港，総トン数，その他詳細なスペックによって船舶の個性を示している。しかし，小型船舶はその多くが量産されており，船型も類似しているため，製造業者や指定輸入業者が船体に打刻した「船体識別番号」（HIN）を用いて船舶が識別されている。なお，海事法令などで用いられる総トン数や船舶の寸法（長さ・幅・深さ）は，小型船舶であっても計測・測定される。また，小型船舶では，国際航海に従事するものを除き，船名を表示する義務はない。[8]

　船舶安全法は，1934年に施行された。それ以前の日本における船舶の安全に関する法規は，大正末期までには整備されていたが，その数が多いために複雑で運用上不便であった。[9]一方海外では，1912年発生のタイタニック号事件を契機として，「1914年の海上における人命の安全のための国際条約」（International Convention on Safety of Life at Sea, 1914, 1914年のSOLAS条約）が1933年に発効された。さらに，当時の沈没原因の一つとして多かった過積載を防止する国際的基準を作成するために，同年，「1930年の国際満載吃水線条約」（International Convention on Load Lines, 1930, 1930年のLL条約）も発効された。[10]

　船舶安全法は，これまでの国内法規を統合させ，さらに二つの条約の内容を加えたものである。同法は，第1条において，「日本船舶ハ本法ニ依リ其ノ堪航性ヲ保持シ且人命ノ安全ヲ保持スルニ必要ナル施設ヲ為スニ非ザレバ之ヲ航行ノ用ニ供スルコトヲ得ズ」と規定している。これは，航行する日本船舶に堪航性と人命の安全を保持するために必要な施設を施すことを義務付けている。堪航性とは，航海中に通常生じる危険に対しても，安全に航行することができ

164

第6章　内航海運の安全に関係する諸制度

る能力を意味する。堪航性が十分に保持されていても，気象海象の状況や人為
的な要因などによって事故が発生する場合がある。その際に人命の安全を保持
するための施設が必要となる。これが，「堪航性と人命の安全の保持」の意味
するところである。[11]

　同法は，第4章の雑則を除くと第1章から第3章までの三つの章で構成され
ており，第1章の「船舶ノ施設」が主に船舶の安全に関する規定である。第1
章では，船舶に搭載しなければならない設備，航行区域や最大搭載人員等の航
行上の条件，船舶の検査などについて定められている。

(3) 船員に関する法律

　船員に関する法律は，「船員法」と「船舶職員及び小型船舶操縦者法」の二
つがある。前者は船長の職務及び権限や船員の労働に関すること，後者は船舶
の航行の安全を図ることを目的とし，船舶職員として船舶に乗り組ませるべき
者の資格並びに小型船舶操縦者として小型船舶に乗船させるべき者の資格及び
遵守事項などが定められている。また，後者に関連して，海難が発生したと
き，海技士若しくは小型船舶操縦士又は水先人による職務上の故意又は過失に
ついて海難審判が実施される。「海難審判法」は，それを行う国家機関の海難
審判所について，その組織や手続を定めた法律である。同法の制定経緯に関し
ては，本章第5節で述べる。

　「船員法」という呼称で初めて法律が施行されたのは，1899年のことである。
船員法制定の理由は主に三つある。一つ目に，私法である商法の中に船員の取
締りの規定があり，これは公法にあたるため別の法律で独立すべきとされたこ
とである。このとき，同様の理由で船舶法も制定された。二つ目に，すでに規
定されていた西洋形商船海員雇入雇止規則が不完全であったことである。そし
て三つ目に，海外への航海も増加したため，外国の信用を獲得しなければなら
なかったことである。これらの理由から，船員の取締りに関して罰則を十分に
加えた一つの完全な法律にする必要があった。[12]　そのため，制定当初の船員法
は，船員の保護を規定するものではなく，船員に対する監督取締りのための規
定であったといえる。

　法律制定からこれまでに主な改正は3回あった。1937年の改正により，船員

165

第Ⅱ部　内航海運の安全とその取り組み

の保護規定を商法から移し，さらに国際労働機関（ILO）の条約（以下，「ILO条約」という）の船員最低年齢に関する趣旨を取り入れて，以前の監督取締り規定と保護規定を混在させたものとなったが，保護水準は非常に低かった。アジア・太平洋戦争後の1947年，近代的な労働保護法として全面改正された。この改正には，戦後の日本国憲法や，その影響を受けた労働基準法，1936年のILO条約などが取り入れられ，現在の船員法の骨格が形成された。しかし，今までの法律に修正を加えたものに過ぎず，船員労働に対する新しい理念や体系が生まれたものではなかった。その後，国際的には「1978年の船員の訓練及び資格証明ならびに当直の基準に関する国際条約」(International Convention on Standards of Training, Certification and Watchkeeping for Seafarers, 1978, STCW条約）が締結され，日本では1982年にその内容を取り入れ改正された。

　船員法は，第1章の総則に用語の定義等，第2章及び第3章に船長の職務と権限及び船内規律，第4章に雇入契約等，第5章以下に船員の労働条件を定めている。つまり第2章及び第3章が船員法制定当時からある監督取締りのための規定であり，第4章以下が一般労働者でいう労働基準法の規定に当たる部分である。

　船舶職員及び小型船舶操縦者法は，2002年に小型船舶操縦者の免許を別としたために名称が変更された法律であり，以前は「船舶職員法」であった。船舶職員法が成立する前にも海技資格制度は存在した。それが1876年に制定された「西洋形商船船長運轉手及ヒ機關手試驗免狀規則」である。さらに西洋形船舶だけではなく日本形船の船舶職員も加える必要があり，1896年，船舶職員法が制定された。アジア・太平洋戦争後の1951年には全面的に改正され，5年毎の免許更新制の採用，20総トン未満の小型船舶に対する免状制度の新設などが実施された。

　その後，1982年，STCW条約の国内実施の対応に加え，外航海運による外国用船への依存傾向や船舶の技術革新を背景とした船員制度の近代化への対応を目的に，船員法と同様にSTCW条約の内容が船舶職員法にも取り入れられた。これによって，適用対象船舶，免許制度，外国船舶の監督などについて新設又は一部改正が行われた。さらには，1992年，STCW条約に「海上における遭難及び安全に関する世界的な制度」(Global Maritime Distress and Safety

System, GMDSS）が新たに導入され，翌年の1993年，船舶職員法ではGMDSS
に対応した新資格として「海技士（電子通信）」が設けられた。[18]

⑷ 海上交通ルールに関する法律

海上交通に関する法律には，海上交通三法と呼ばれる「海上衝突予防法」「海上交通安全法」「港則法」の三つがある。海上衝突予防法は一般法であり，海上における船舶の衝突を予防し，船舶交通の安全を図ることを目的とし，表示すべき灯火及び形象物並びに行うべき信号に関し必要な事項が定められている。一方で，海上交通安全法や港則法は特別法であるため，これらの適用を受ける海域では，特別法優先により海上交通安全法や港則法が適用される。海上交通安全法の適用海域は，港則法などの適用を受ける海域を除いた東京湾，伊勢湾，瀬戸内海の三つの海域である。そして港則法は，港内における船舶交通の安全及び港内の整とんを図ることを目的とし，2023年8月現在，適用港は500港（港則法施行令第1条別表第一）ある。

船舶航行に関する法として初めて成文化されたものは，鎌倉時代の1223年に定められたとされる「廻船式目（廻船大法）」である。[19]近代では，明治に入り外国船舶が日本の港を出入りするようになり，世界的にも船籍の異なる船舶が海上を航行し始めたことによる衝突事故が問題となった。そこでイギリスの規則を参考にして，灯火や霧中信号に関して定めた「海上衝突予防規則」が1874年に制定された。[20]さらに1889年，ワシントンで開催された国際会議において，海上における船舶衝突予防のための国際規則が作成された。これに準拠した形で，1892年に「海上衝突予防法」が国内法として制定された。その後も，時代に即すように国際規則が改正され，それに合わせて海上衝突予防法も改正されてきた。しかし20世紀に入ると，海上交通の輻輳化や船舶の大型化・高速化など，海上交通の様態が急速に変化し，それに対応した新たな国際規則を作成する必要があった。それを受けて，1977年，「1972年の海上における衝突の予防のための国際規則に関する条約」（Convention on the International Regulations for Preventing Collisions at Sea, 1972, COLREG 条約）が発効し，これに合わせて国内法も同年全面改正された。[21]

海上交通安全法が施行されたのは，1973年7月である。当時，経済成長によ

第Ⅱ部 内航海運の安全とその取り組み

り船舶輸送量が増え，特に東京湾，伊勢湾及び瀬戸内海の3海域において，海上交通は著しく輻輳していた。また，技術革新による船舶の大型化・高速化，海上施設やレジャーなどの海域利用の多様化は，同海域における海上交通の安全を確保する上で問題となっていた。ところが，当時の海上交通ルールの法制度は，上記の海上衝突予防法と次で述べる港則法のみであり，3海域においては，港内を除き有効で適切な交通ルールは存在しなかった。このような状況を受けて，1964年に同海域の交通ルールを確立する作業が開始された。しかし，当初の法案では，漁船が航路において多くの通航船舶を避航する義務を負わされているなどの理由から，主に漁業関係者の反対が強く，了解が得られなかった。そして，3度の制定作業を経て，海上交通安全法は1972年6月16日に参議院本会議で可決成立し，同年7月3日に公布された。それから，政省令の制定，関係者への周知，航路標識・海図の整備などが行われ，約1年後の1973年7月1日に同法は施行されるに至った。[22]

港則法が施行されたのは，1948年7月であり，1898年に公布された「開港港則」に代わるものである。開港港則では，適用される港が「外国通商ヲ許シタル諸港」のみに限定されており，現在の港則法と同様の規定以外にも，伝染病予防のための衛生官吏の臨検や港務局による係船浮標の設置などについても定められていたために複雑・錯綜していた。しかし，港則法の制定により適用範囲が港一般に拡張され，内容を船舶交通に限定することでそうした問題点は解消された。[23]

(5) その他の法律

「海洋汚染等及び海上災害の防止に関する法律」第1条によれば，この法律の目的は，「海洋環境の保全等」「人の生命及び身体」「財産の保護」の三つである。これらの達成のためには「海洋汚染等」と「海上災害」を防止する必要があり，各種規制が設けられている。「海洋汚染等」の防止として，この法律では「船舶から海洋に有害水バラストを排出すること」「海底の下に油，有害液体物質等及び廃棄物を廃棄すること」「船舶から大気中に排出ガスを放出すること」「船舶及び海洋施設において油，有害液体物質等及び廃棄物を焼却すること」を規制している。また，「海上災害」の防止のために，「排出された油，

168

第6章 内航海運の安全に関係する諸制度

有害液体物質等，廃棄物その他の物の防除」「海上火災の発生及び拡大の防止」「海上火災等に伴う船舶交通の危険の防止のための措置」が規定されている。

　ところで，日本で海洋汚染行為の規制を定めた初めての法律は，1958年に制定された「公共用水域の水質の保全に関する法律」及び「工場排水等の規制に関する法律」である。これらは，陸上の工場などから排出される油性汚水を規制したものであり，この当時，船舶からの排出に関して規制したものはなかった。国際的には，1954年に開催された国際会議において，「1954年の油による海水の汚染の防止のための国際条約」（International Convention for the Prevention of Pollution of the Sea by Oil, 1954, OILPOL 条約）が採択され，船舶による油汚染の問題について取り組むこととなった。日本においても1967年にこの条約を批准し，「船舶の油による海水の汚濁の防止に関する法律」（以下，「海水油濁防止法」という）が制定された。しかし，対象の海域，船舶，油の種類が限定されており，海洋汚染防止には不十分であった。[24]

　1967年にイギリス沿岸においてトリー・キャニオン号が座礁し，大規模な油流出事故が発生した。この事故を受けて，現状の体制では十分な海洋汚染の防止が不可能であると判断され，1969年条約の改正が実施された。また新たに「油による汚染を伴う事故の場合における公海上の措置に関する国際条約」が採択されることとなった。これらを受けて，日本では「海水油濁防止法」に代わる「海洋汚染防止法」が1970年に制定された。これによって，船舶からの油の排出規制が強化され，その対象も拡大した。また，排出してしまった場合の防除のための措置についての規定も追加された。さらに，1974年に第拾雄洋丸とパシフィックアレス号の衝突炎上事故，三菱水島製油所からの大量流出油事故が相次いで発生した。これを契機として，「海洋汚染防止法」に海上災害の防止に関わる規定が追加され，「海洋汚染及び海上災害の防止に関する法律」となった。その後も国際条約に批准する形で，1980年に国内法が改正され，廃棄物の海洋投棄に関する規制が強化された。[25]

　一方で，国際的には，タンカーの大型化や油以外の有害な物質の輸送増加を受け，1973年に政府間海事協議機構（IMCO）[26]において「1973年の船舶による汚染の防止のための国際条約」が採択された。その後，アメリカにおいてアルゴ・マーチャント号の大規模油流出事故をはじめとする事故が多発したため

169

第Ⅱ部　内航海運の安全とその取り組み

に，条約が一部修正・追加され，「1973年の船舶による汚染の防止のための国際条約に関する1978年の議定書」(International Convention for the Prevention of Pollution from Ships, 1973, as modified by the Protocol of 1978 relating thereto, MARPOL 73/78, 以下，「マルポール条約」という）が1978年に採択された。日本でも1983年にマルポール条約を批准し，「海洋汚染及び海上災害の防止に関する法律」が全面改正された。これによって，規制対象となる油が重質油からすべての油へと範囲が拡大し，その他排出，船舶の構造設備の基準，検査などの規制が強化された[27]。2004年には，船舶から大気中への排出ガスの放出を規制する改正が行われたため，法律名の「海洋汚染」が「海洋汚染等」に改められた[28]。

第2節　1990年代までに確立された内航海運の安全に関する制度

1　船舶検査制度

船舶検査制度は，1885年に施行された「西洋形船舶検査規則」がその始まりとされる。ここでは，主にアジア・太平洋戦争後の船舶検査制度について述べる。

戦後，国内制度の環境整備と国際社会への復帰のために船舶検査制度の整備が進められた。まず前者に関わるものとして，船用品はこれまで免許制をとっていたが，経済民主化に適合しないことから当該制度は1947年に廃止された。これに代わるものとして「船用品型式承認規則」を1948年に制定して，船用品の製造者の申請により型式承認が受けられるようにし，型式承認品についての検定制度を導入した。1947年の船舶安全法改正では，船舶検査手帳交付制度，船舶所有者等からの船舶の堪航性及び人命の安全に関する事項についての届出徴収制度などが開始された。戦後は小型旅客船の海難が多発したために，1953年の船舶安全法改正により，5総トン未満の汽船などで旅客の運送の用に供するものについても検査対象となった。これらの基準や方法について定めたものとして，「小型船舶安全規則」が制定された[29]。

後者の国際社会復帰のために，外航船は，1948年に連合軍総司令部が発行する運航証明書が必要となり，それを受けるためには外国の船級を保有することが条件とされた。それにより，同船は日本海事協会と外国の二重船級を受有す

170

ることとなった。そして，1951年の日本の国際社会への復帰に伴い，国際満載
吃水線証書の発給権限が日本政府に返還され，日本海事協会も国際海上保険業
界に認められたため，1953年に戦後発の単一船級船が誕生した。また，1952年
に受託書を寄託して「1948年のSOLAS条約」に加盟した。これにより同年船
舶安全法が改正され，無線設備の強制範囲の拡大，旅客船にあっては船舶防火
構造規程の制定や船舶区画規程の全面改正が行われた。[30]

　高度成長期になると，輸送量の増大により，船舶の高速化，専用化，自動
化，大型化が進んだ。またこの時期，宇高連絡船紫雲丸の衝突沈没事故，旅客
船第五北川丸の沈没事故や南海丸の遭難事故などの重大海難が多発した。この
ような情勢に対応するべく，船舶運航の安全規制が強化されるとともに，船舶
検査制度も整備・強化された。まず，「1930年のLL条約」に基づく国際満載
吃水線証書の発給権限を日本海事協会に付与し，満載吃水線標識も日本海事協
会を示す記号NKを標示することが承認された。その他，被えい客船に対す
る検査の実施や検査方法の近代化などが講じられた。さらに，「1960年の
SOLAS条約」批准に伴い船舶安全法が1963年に改正され，新たに300総トン
以上500総トン未満の非旅客船に対して無線施設の義務付け，認定事業場制度
の新設，予備検査対象物件の範囲の拡大などを実施した。また，戦時標準船は
終戦後も補強改造して使用されていたが，1960年の弥彦丸事件を契機として
「戦時標準船の補修について」の通達が出され，定期検査又は中間検査におい
て厳しい基準が設けられた。[31]

　日本の経済成長は，国民の所得水準の向上をもたらした。これにより海上レ
ジャーの利用機会が増え，それに伴ってモーターボートやヨットなどの小型船
舶が普及し，これら船舶の安全性確保が強く要請された。従来，5総トン未満
の船舶及び20総トン未満の漁船等小型の船舶は，旅客船を除き船舶安全法によ
る検査規定の適用が除外されていた。しかし，1973年の船舶安全法改正によ
り，特に安全対策が必要とされたプレジャーボート，遊漁船などについて安全
基準を定めて検査を実施することとなり，それに関わる制度の整備が行われ
た。ただし，この改正により検査すべき対象船舶が激増した。長さ12メートル
未満の小型船舶は，画一的に生産され構造が比較的簡単であり，国の十分な監
督下にある検査でも安全性は確保できると判断されたため，新設された日本小

第Ⅱ部　内航海運の安全とその取り組み

型船舶検査機構（Japan Craft Inspection Organization, JCI）によって小型船舶の検査を行うこととなった[32]。なお，後の1983年の改正により，小型船舶の定義が長さ12メートル未満から20総トン未満の船舶へと変更になったことから，同機構の検査対象も20総トン未満の船舶となっている[33]。

　船舶検査合理化推進の一環として，1983年に外国で製造される舶用品などの型式承認及び外国の製造等事業場の認定が可能となった。これは，1980年に日本が「技術的貿易障害に関する協定」を受諾したことをきっかけとして，外国の事業者から型式承認等取得の要請が強くなったためである[34]。一方で，前述した海洋汚染及び海上災害の防止に関する法律の1983年の全面改正により，海洋汚染防止設備などの検査が義務付けられた。150総トン以上のタンカー及びタンカー以外の船舶のうち400総トン以上のものに対して定期検査や中間検査，臨時検査などを行い，定期検査の結果，海洋汚染防止設備等が一定の技術基準に適合すると認められた船舶に海洋汚染防止証書が公布されることとなった[35]。

　1960年のSOLAS条約改正以降，船舶検査の基本的な枠組みについて大きな変更は無かったが，船舶技術の進歩，海難の減少，保守整備方法の変化，船舶の構造・設備に関する国際規制の動向などの状況は大きく変化した。このような背景により，定期検査の間隔の見直しが運輸技術審議会において行われた。1997年，船舶検査証書及び海洋汚染防止証書の有効期間が4年から5年へと延長され，検査受験時期の起算日の取扱いが変更された[36]。また，日本の船級協会である日本海事協会では，保険上の格付けのための検査を行っている。その中で国の基準と同等と認められるものについては，受験者の負担を軽減するため，同協会が行う検査に合格すれば，国のそれにも合格したものとみなす制度が導入されている。このみなし範囲の拡大として，1985年には，消防設備及び復元性等に関する検査，1998年には救命，消防，居住設備等の検査が認められた[37]。

　現在の船舶検査は，船舶安全法に基づくものと海洋汚染等及び海上災害の防止に関する法律に基づくものに分類される。前者の検査は，一部を除きすべての船舶が受検するものであり，法定義務に基づいて行う検査の種類としては，製造検査，定期検査，中間検査，臨時検査，臨時航行検査，特別検査がある。中でも定期検査は，船舶を初めて航行させるとき又は船舶検査証書の有効期間

が満了したときに受ける精密な検査であり，船舶を航行するために必要な船舶検査証書を受有するための重要な検査となる。船舶検査証書の有効期間は船舶毎に異なるが，原則5年で，平水区域のみを航行する船舶又は20総トン未満の船舶であって，旅客船及び危険物ばら積船等の同法施行規則第35条で定めるもの以外の船舶については，6年と定められている。

後者の法律に基づく検査は，海洋汚染防止設備などの設置を義務付けられた特定の船舶が受検しなければならないものである。対象船舶の代表的なものは，150総トン以上のタンカー及び400総トン以上のタンカー以外の船舶である。検査の種類としては，定期検査，中間検査，臨時検査，臨時航行検査があり，定期検査の結果，各種設備などが規定する技術上の基準に適合すると認められるときには，海洋汚染等防止証書が交付される。

次に，船舶検査を実施する機関は，船舶の種類及び総トン数毎に異なる。20総トン以上の船舶は管海官庁で，具体的には船舶の所在地を管轄している地方運輸局，運輸支局又は海事事務所によって行われる。なお，旅客船以外の船舶にあっては，国土交通省の登録を受けた船級協会の検査を受けて，船級の登録を受けた場合，船舶の施設，満載喫水線及び無線電信などに関して管海官庁の検査に合格したものとみなされる。現在登録されている船級協会は，一般財団法人日本海事協会，Lloyd's Register Group Limited（LR）（2010年登録），Det Norske Veritas（DNV）（2012年登録），American Bureau of Shipping（ABS）（2012年登録）である。20総トン未満の小型船舶は，日本小型船舶検査機構が管海官庁に代わって実施している。

2　船員養成制度

本書第1章では船員に関する政策の概観，第3章では船員教育機関の歴史について考察した。本章では主に船員の教育内容やそのカリキュラムについてみていく。

内航船員養成のための教育が本格的に始まったのは，1968年4月，現在の波方海上技術短期大学校にあたる粟島海員学校波方分校の設立である。その背景には，高度経済成長期で陸上産業の雇用が拡大したこと，船腹整備5か年計画などにより船舶が大量に建造され船員需要が増大したこと，これまでの船員養

第Ⅱ部　内航海運の安全とその取り組み

成が外航海運の需要に応じて行われていたことなどにより，内航船員，特に若年船員の部員の不足が深刻であったことがある。同校において，内航船員養成のために中学校卒業後3か月間の補導科教育が開始された。後に期間を1年間に改めて教育内容を充実させ，1974年5月，波方海員学校に昇格した。さらにより一層の教育の充実を図るため，高等学校卒業を入学資格とする専科制に改め，航海訓練所における1か月の練習船実習を加えた。[38]

　1973年の石油危機以降，技術分野においては船舶の自動化が進み，1970年代ごろからMゼロ船が普及した。このような情勢下において，船員中央労働委員会は運輸大臣の諮問に応じて1977年に「船員雇用対策の基本方針」を答申した。この中で船員制度の近代化，教育訓練の充実が提言された。船員教育もこれに対応するべく，海技大学校ではMゼロ船船員養成などの課程新設，航海訓練所ではMゼロ相当の装備を搭載したタービン練習船の建造を行った。[39]

　1980年代後半から急速に円高が進み，外航船舶は海外の子会社に譲渡されて外国籍船となり，外国人船員を配乗させて人件費を削減するなどの措置が講じられた。その結果，日本人船員が急激に減少した。内航海運ではこれまで計画的な船員採用を行っていなかったため，船員の高齢化が進み，若年船員の確保が急務となった。これにより各教育機関において教育内容の見直しなどが行われた。例えば，海技大学校では，1987年に上級海技資格取得課程の新設，1992年に海員学校卒業者を対象とした課程，シミュレータ課程，GMDSSに対応した課程，国際協力課程の新設を行った。海員学校では，養成の主目的を外航船舶部員から内航船舶職員へと転換し，卒業時に資格が取得できるカリキュラムへと移行した。[40]

　1995年のSTCW条約改正により，基本訓練について規定されたのをきっかけに，船員法上の訓練として基本訓練が実施されることとなった。1997年1月に，船員労働安全衛生規則第11条「安全衛生に関する教育訓練」に基づく訓練として，船舶所有者が船員に対して基本訓練を実施しなければならない旨を当時の運輸省（現在の国土交通省）の通達で規定された。その後，2010年の条約改正（マニラ改正）が2017年1月に完全施行されたため，外航船から順次，生存訓練，消火訓練の実地訓練について外部訓練機関における訓練実施が可能となり，[41] 内航船においても2020年4月より段階的に適用されている。[42] 基本訓練の内

容は，①個々の生存技術（生存訓練），②防火及び消火（消火訓練），③初歩的な応急手当（応急訓練），④個々の安全及び社会的責任（安全社会訓練）からなる。①及び②は，5年に一度，国土交通省の確認を受けた実地訓練機関（2023年3月現在，全国6か所）で受講しなければならない。

　2000年代になると，海技士資格を短期で取得できる六級海技士短期養成制度が確立した。そのきっかけとなったのが，2005年4月の船員法改正である。この改正により，航海当直は六級（航海）以上の免許保有が義務付けられたことで，海技士資格を有する船員の不足が懸念された。2007年4月，国土交通省は日本内航海運組合総連合会の要請を受け，船舶職員及び小型船舶操縦者法施行規則を改正して，六級海技士（航海）短期養成課程を認定した。これは，海技大学校が実施する座学1.5か月と航海訓練所（現在の海技教育機構）の練習船における乗船実習2か月の計3.5か月からなる。課程修了後，事業者の船舶において6か月乗船履歴をつけると，海技試験の受験資格が得られる。ただし，受講の対象者は，内航海運事業者に雇用・内定している者に限られていた。[43]

　その後も，船員の有効求人倍率の上昇は続き，これを危惧した中国地方海運組合連合会の若手オーナーを中心として勉強会が発足した。他方，交通政策審議会海事分科会ヒューマンインフラ部会の提言を受けて，2008年に海事都市尾道推進協議会が設立された。同年10月から同協議会に若手オーナーの勉強会のメンバーが参画し，民間の船員養成施設を利用した六級海技士（航海）養成課程について検討を始め，2009年2月，国土交通省に同課程設立に関する要望を提出した。そして，同年7月に船舶職員及び小型船舶操縦者法施行規則を改正し，民間の船員養成施設（一般社団法人尾道海技学院及び株式会社日本海洋資格センターJML九州海技学院）及び民間社船を練習船とした六級海技士（航海）短期養成課程が認定された。前述の海技大学校及び航海訓練所の練習船で実施されるものとは異なり，座学は2.5か月である。また，社船を提供する事業者と受講生との間に雇用関係は必要ない。その後，若手オーナー勉強会のメンバーを中心とした内航海運事業者が集まり，2013年に海洋共育センターが設立された。同センターが作成した報告書をもとに，六級海技士（機関）の課程も認定を受けるなど，内航船員を共同で育成するための活動を展開している。[44]

第Ⅱ部　内航海運の安全とその取り組み

3　運航管理制度

　運航管理制度は1970年に制定された制度である。同制度の制定前，高度経済成長期に伴うモータリゼーションの発展によって，日本の旅客輸送事業が変化した。すなわち，これまで離島航路や瀬戸内海などの観光航路が代表的であったが，人と貨物を輸送する自動車を搭載するフェリーによる旅客定期航路事業が大きく成長したのである。そのような中，1969年5月，フェリーにおいて車両の積み下ろし時に乗用車が海中転落する死亡事故が発生したことで，フェリー輸送の安全に関して世間の関心が高まった。これを受けて，当時の運輸省は，旅客輸送を行う事業者の責任体制を明確にすることとした。そして，1970年6月，海上運送法が改正され，運航管理制度が内航旅客航路事業に導入された[45]。この時点において対象となったのは旅客輸送事業者のみであり，貨物輸送の事業者，つまり内航海運事業者に導入されたのは2005年からである。2005年の法改正によって内航海運業への参入規制が許可制から登録制へと緩和された。これに伴い，参入後の輸送の安全確保を担保するためのものとして，旅客輸送と同様の運航管理制度が内航海運でも導入され，登録事業者のうちオペレーターがその対象となった。

　運航管理制度は，運航管理規程の作成・届出及び運航管理者の選任・届出を義務付けるものである。運航管理規程は，組織内における運航管理業務の実施基準・手続を標準化したものであり，運航管理者は，輸送の安全確保に関する統括責任者として，運航管理規程の内容の確実な実施をしなければならない。

　2006年になって，この制度は運輸安全マネジメント制度へと移行した。運輸安全マネジメント制度の詳細については次節で述べるが，主な変更点として，従来の運航管理規程に「安全基本方針」「運航管理業務の実施に係る文書記録・管理」「内部監査」「継続的改善」などの安全マネジメント業務の内容が加わった。また，安全マネジメントの実施は，経営管理部門の「安全統括管理者」が担当し，運航管理者は運航管理業務に責任を持つという体制となった[46]。

176

第6章　内航海運の安全に関係する諸制度

第3節　運輸安全マネジメント制度

1　運輸マネジメント制度の概要と現状

2006年，前年に続発した運輸事故や重大インシデントを背景に，内航海運業法を含め運輸関係の事業法が大きく改正され，同法第1条の目的に「輸送の安全の確保」が追加されるとともに，第8条の2（現在は，第10条）において「内航運送をする内航海運業者〔中略〕は，輸送の安全の確保が最も重要であることを自覚し，絶えず輸送の安全性の向上に努めなければならない」と明記され，事業者による安全の確保が義務化された。運輸安全マネジメント制度は，そうした運輸関係事業法の大幅改正に併せて導入された仕組みで，2006年10月に始まった[47]。

運輸安全マネジメント制度は，ISO9001（品質マネジメントシステム）などの考え方を基本としており，運輸事業者による安全管理体制の構築と，国による事業者の安全管理体制の評価からなる仕組みである。各事業法の改正で，事業者が取り組む事項として義務付けられたものは主に3点ある。1点目は安全管理規程の作成及び国土交通大臣への届出，2点目は安全統括管理者の選任及び届出，3点目は安全に関する情報の公表である。

事業者が取り組む具体的な事項に関しては「運輸事業者における安全管理の進め方に関するガイドライン〜輸送の安全性の更なる向上に向けて〜」（以下，「ガイドライン」という）で示されており，期待される安全管理の取り組みとして14項目[48]が定められている。各事業者がそれらの項目に取り組むことで，安全に関する計画（Plan）を策定し，それを基に実行（Do）に移し，その結果を評価（Check）して改善（Act）へとつなげ，さらに次の計画に生かすというPDCAサイクルの一連の流れを実行することが可能となる。これらを繰り返すことで安全管理体制が段階的に向上し，その結果，事業者の安全風土や安全文化が構築・定着すると見込まれている[49]。

一方，国は事業者の安全管理体制の評価を「運輸安全マネジメント評価」として行う。この評価は，従来から実施されている監査・検査とは異なり，事業者の安全の確保に対する取り組みを支援するというスタンスで，[50]「事業改善命

177

第Ⅱ部　内航海運の安全とその取り組み

令」「業務改善勧告」などの拘束力があるものではない。ただし法律上は，事業法の立入権限により実施されている（内航海運業法第25条及び第26条第1項）[51]。具体的にはガイドラインで定められた14項目に沿って行われる。

　運輸安全マネジメント制度の対象事業者数及び全事業者数を比較すると，鉄道，航空，事業用自動車のうち貸切バス事業，海運のうち海上運送事業の全事業者が制度の対象となっている。一方，乗合バス，タクシー，トラック事業では保有車両200両以上の事業者，内航海運業では内航運送をする登録事業者のみが対象となっている（表6-2参照）。

　このように，自動車運送事業者の大多数は運輸安全マネジメント制度の適用を受けない。この状況を踏まえ，後に制度非適用事業者にも自主的な取り組みを促すためのインセンティブが設けられた。すなわち，自動車運送事業者向けに2009年10月から第三者認定機関による評価制度，また2013年7月から運輸安全マネジメント認定セミナー制度が新設された。これにより，第三者認定機関から評価を受けた事業者は，マネジメント評価の内容に応じて，長期の未実施を理由とする監査が免除されることになった。また，民間機関などが実施する認定セミナーを受講すると，任意保険の保険料が3％割引される。なお，このセミナーは，運輸安全マネジメント制度が義務付けられている事業者か否かを問わず参加することができる[52]。

　ところで，表6-2の評価実績をみると，モード毎にばらつきがみられる。特に鉄軌道や航空機の事業者にあっては対象事業者数を大きく上回り，平均すると鉄軌道事業者ではこれまでに3.9回，航空事業者は3.7回評価を受けていることになる。これは，制度設立当初の2006年における運輸審議会の答申において，「当面，特に大規模な事故が発生し，トラブルが多発している大量高速輸送機関である鉄道および航空分野を重点[53]」とすることが方針とされたことから，重点的に評価が実施されてきたためである。その他の事業者にあっては，事業規模などによって評価回数に差はあるものの，これまで少なくとも1回は評価を受けていることが同表から推定される。

2　内航海運における運輸安全マネジメント制度の現状

　内航海運で運輸安全マネジメント制度の対象となるのは，登録を受けた内航

第6章　内航海運の安全に関係する諸制度

表6-2　運輸安全マネジメント制度の対象事業者と評価実績（モード別）

輸送モード		全事業者数	対象事業者数	評価実績
鉄　道	鉄軌道	184	184	722
	索　道	532	532	736
事業用自動車	トラック	62,844	384	539
	貸切バス	3,789	3,789	3,983
	乗合バス	2,337	83	
	タクシー	16,736	87	148
海　運	旅客船	4,835	4,835	4,245
	貨物船	2,849	597	1,271
航　空	航空機	70	70	256

（注1）全事業者数及び対象事業者数は，鉄道は2019年度，事業用自動車は2020年度，海運は2021年4月1日，航空は2020年度。
（注2）評価実績は2006年10月から2022年3月までの累計値。
（出所）国土交通省（2021）「令和2年度政策レビュー結果（評価書）運輸安全マネジメント制度」https://www.mlit.go.jp/common/001397304.pdf（2023年11月1日取得）。国土交通省「数字で見る自動車2023」https://www.mlit.go.jp/jidosha/jidosha_fr1_000084.html（2023年11月24日取得）。国土交通省大臣官房運輸安全監理官提供資料（2022年3月8日取得）。国土交通省海事局安全政策課からの回答（2022年7月27日取得）。以上をもとに筆者作成。

海運事業者で，船舶の貸渡しをする事業のみを行う者を除くすべての事業者である。換言すれば，オペレーターの登録事業者のみが同制度の対象であり，届出事業者及びオーナーの登録事業者には義務付けられていない。2021年4月1日時点における対象事業者数は597者であり，内航海運業を営む実事業者数2849者の約21％に当たる（表6-2参照）。なお，国土交通省の提供資料によれば，2021年度における本省対象事業者は29者で，地方運輸局対象事業者は568者である。[54][55]

　海運モードにおける運輸安全マネジメントの評価方法について，大手・中堅海運事業者の場合，通常の評価方法によって行われるが，小規模海運事業者にあっては2019年4月から新たな評価制度が導入された。[56]この制度導入の背景には，小規模海運事業者においては事業人員の少なさから経営トップが安全統括管理者や船長を兼務する場合があり，組織的な安全管理体制の構築が困難であるという実情がある。通常の評価は，3名の評価者で2日間かけて実施される。それに対し，小規模事業者の評価は半日程度で行われ，評価者も2名と少

179

第Ⅱ部　内航海運の安全とその取り組み

ない。また，通常はすべての評価者がゼロベースから報告書を記載するのに対し，小規模事業者の評価では，事業者が事前に「安全管理の取組状況に関する自己チェックシート」を提出し，それに基づいて評価者からのインタビューが行われ，報告書も短時間で作成される。さらに，ガイドラインも小規模海運事業者向けのものが作成され，通常評価の14項目で構成されるガイドラインを①代表者（経営者）の役割，②安全管理の実施，③安全管理の取組状況の点検と改善，の三つに集約し，分量が少なくわかりやすいものとなっている[57]。さらに，中小規模の事業者にとって実現が難しいとされる内部監査の実施も，小規模海運事業者向けのガイドラインでは，自己チェックリストの点検に置き換わっていることも特徴といえる。この仕組みが導入されたことによって，小規模海運事業者及び国土交通省の評価者双方の１回の評価にかかる負担が軽減でき，評価頻度の向上が期待できるようになった。

　国土交通省の本省が取り扱っている対象事業者29者のうち17者が2021年度より本省対象事業者に追加された事業者又は新規事業者である。新たに対象となった事業者のほとんどは，地方運輸局から３～５回の評価を受けている。一方で以前より本省対象であった事業者は６～７回の評価を受けており，地方運輸局の実施回数よりも平均的に多い[58]。また，木下（2017）によれば，海事モードは2012年度で全事業者（当時約4500者）の評価が一巡し，その後，旅客・貨物の輸送量が多い事業者を重点的に実施しているという[59]。内航海運でいえば，表６-２で示したように貨物船の対象事業者597者に対し，評価実績は累計で1271者である。これらを含めて考えると，これまで１回しか評価を受けていない事業者も多いことがわかる。このように評価頻度が事業者によって異なるのは，この業務を所管する同省運輸安全監理官室によれば，①評価は基本的に社長任期中に少なくとも１回は実施して安全の重要性を再認識してもらうことを期待していること，②大きな事故・処分，社会的に関心を集める事案が生じた場合は，緊急に評価を実施するという考えが2017年に運輸審議会から答申されていること，の二つの理由があるという[60]。

　次に，運輸安全マネジメント評価の結果をみてみる。評価結果は，14項目毎の充足率[61]で整理されている。2019年度の評価結果から全分野を概観すると，「事故，ヒヤリ・ハット情報等の収集・活用」（脚注48の⑦）及び「内部監査」（脚

注48の⑪）は，大手，中小事業者共に充足率の平均は80％を下回っており，改善の余地があるとされている。海運モードでは，「安全重点施策」（脚注48の③）及び「事故，ヒヤリ・ハット情報等の収集・活用」（脚注48の⑦）の充足率が低い。前者は，具体的には「輸送の安全に関する目標」及び「目標達成に向けた取組計画」であり，これらの立案には，前回施策の達成状況，自社のリスク（脆弱性），活動推進上の課題などを考慮することが重要とされている。[63]

　このように，施策立案には取り組み状況の把握が必要となる。しかしながら，船舶は，陸上から離れた海上を航行しており，また輸送の効率を上げるために，多くの船舶は帰港しても滞在時間は数時間から1泊程度と短い。さらに，船員法に明記されているとおり，船長は指揮命令権をはじめとして船内において絶大な権限を有し，船舶運航のあらゆる場面において船長の判断で方針が決定される。このため，船長をトップとした船内秩序が形成されており，他モードと比べても航行中の船舶は独立性が高いという特徴がある。特に現場と経営トップの間に距離がある大手海運事業者において，取り組みの実行は各船舶に委ねられていることから，陸上側の経営管理部門が船内の取り組み状況を把握しにくいことが上記の充足率の低さの原因とされる。[64] また，後者は，「道路を高速，高密度で走行する自動車と比較すると，船舶は海域を低速，低密度で運航し，衝突又は衝突のおそれがある事象に遭遇する機会が比較的少ない等の特徴」[65]から，他のモードに比べて元々事故やヒヤリ・ハットの発生が少なく，収集が進んでいないことが原因という。[66]

3　運輸安全マネジメント制度の課題

　ここでは，これまでの運輸安全マネジメント制度の実績や現状をもとに，同制度の課題を考察する。

　第一に，国土交通省が政策レビュー評価書において公表している課題について検討する。同省は，そこにおいて制度上の課題を，①中小事業者に対するきめ細やかな対策や事業者の事情を踏まえた汎用性の高い方策の検討，②取り組み事例の普及啓発のあり方の工夫の二つを挙げている。①については，評価が比較的低い項目であった「事故，ヒヤリ・ハット情報等の収集・活用」（脚注48の⑦）及び「内部監査」（脚注48の⑪），「マネジメントレビューと継続的改善」

第Ⅱ部　内航海運の安全とその取り組み

（脚注48の⑫）に関して，モード毎及び事業規模別の対策が検討されている。さらにこれらの検討結果を普及啓発するための手段として，評価時の助言やセミナーの開催，ガイドラインの策定などが示されている。さらに②の対策には，普及啓発の方法としてセミナーのオンライン化やホームページ上の取り組み事例の充実・強化が挙げられている。これらのうち，事業者の事情に合わせた対策の検討，並びに普及啓発方法をオンライン化するという点については同意できる。しかし，事業者によるホームページの利用を促すためにはさらなる工夫が必要である。現在，国土交通省の運輸安全マネジメント制度のウェブサイトには，制度の基本的な内容と事業者向けの情報，過去に作成したものと現在も更新を続けているものが混在し，ページによってリンク名が異なるなど，非常にわかりにくいものとなっている。一般的な内容と事業者向けの情報は区分し，事業者に必要な情報がまとまったページで探せるようなわかりやすいものにすべきであろう。

　第二に，評価方法は各モードの特色にあったものにすべきである。現在，小規模事業者のためのガイドラインは設けられているものの，基本的には全モードで同じガイドラインを用いて評価を行っている。しかし，運輸安全マネジメント評価の結果として，海運モードでは，「安全重点施策」（脚注48の③）及び「事故，ヒヤリ・ハット情報等の収集・活用」（脚注48の⑦）の充足率が低いとされているが，その理由は船内組織の独立性と事故等発生率の低さに由来するもので，海運事業者が取り組みを怠っているわけではない。したがって，評価のガイドラインを各モードで分けて，海運モードでは船舶の運航形態や海運の特色を考慮したものを用い，それに対して適切に評価し改善の提案をした方が，事業者にとってより取り組みやすい制度になると考えられる。

　第三に，金銭的なインセンティブの導入である。小原ら（2010）でもこの点が運輸安全マネジメント制度の課題として挙げられているが，現在，インセンティブが導入されているのは自動車モードのみである。事業者自らの自主的かつ積極的な取り組みを理念とする運輸安全マネジメント制度の特質から，[67]事業者の取り組みに温度差が生じるのは不可避である。また，鉄道・航空事業者は比較的評価を受ける頻度は高いが，自動車・海運事業者の頻度は低い傾向にあり，内航海運事業者では実際に評価頻度にばらつきがみられる。そのため，対

第6章　内航海運の安全に関係する諸制度

象内航海運事業者の多くは評価の間隔が開いてしまい，その期間に安全管理体制が形骸化してしまう恐れがある。これを防止するため，その期間に民間認定機関による評価やセミナーの受講を行った事業者に対しては，保険料割引や公租公課減免などの金銭的な恩恵を受けられるようにすることで，事業者の継続的な取り組みにつながることが期待できる。

第4節　任意 ISM コード認証制度

1　制度の背景と概要

　任意 ISM コード認証制度とは，内航船舶などを対象とし，申請者が構築した安全管理システムを認証する任意の制度である[68]。これは，外航船舶で強制されている ISM コードを基にしたものである。以下，ISM コード制定の経緯から同制度設立の背景についてみていく。

　ISM コードは，1987年3月に発生した RORO 船フェリー「HERALD OF FREE ENTERPRISE」号の転覆事故を契機として，イギリスが中心となって制定されたものである。その後，IMO は，海難事故の原因の約80％がヒューマンエラーであることから，それを防止するためには，「船舶の安全運航を確保する体制を構築することが最も重要であり，このためには船舶だけでなく陸上の管理部門も含めた全社的な取組み[69]」が必要であると判断した。このことにより，1993年11月4日，IMO の総会において，決議 A.741（18）として採択され，SOLAS 条約に取り入れられた[70]。

　1994年5月の SOLAS 条約締結国会議において，ISM コードを強制化し，国際航海に従事する船舶に順次適用するという旨の条約改正が採択された。1998年7月1日より適用されたのは，国際航海に従事するすべての旅客船及び高速旅客船，500総トン以上の油タンカー，ケミカルタンカー，ガス運搬船，バルクキャリア，高速貨物船で，2002年7月1日からは，これらに加えて，国際航海に従事する500総トン以上の前述以外の貨物船，移動式改定資源掘削ユニット（MODU）に適用された[71]。

　このコードは，三つのスキームからなる。一つ目は，会社の検査である。管理会社は，ISM コードの要件に満たす「安全管理システム」（SMS）を構築し，

旗国の検査に合格すれば,「適合書類」(DOC) の発給を受ける。二つ目は,船舶の検査である。船舶も SMS を確立し,旗国の検査に合格すれば,「安全管理証書」(SMC) の発給を受ける。そして三つ目は,外国船舶の場合,寄港国の監督(PSC)を受けることである[72]。

ISM コードの制定経緯やスキーム,規程要求事項に大きく影響を与えたのが,ISO9002:1994 (現在の ISO9001:2015) である。これは「製造,据付け及び付帯サービスにおける品質保証モデル[73]」で,製造業者への要求事項の規格であるが,サービス業にも適用できるようになっている。ISM コードはこれを船舶管理用に修正したものである[74]。

ISM コードは,前述のとおり国際航海に従事する船舶に強制されるもので,内航船舶には適用されていない。しかし,このような外航海運の動向により,内航海運業界においても,石油業界の荷主が,安全運航管理体制の確立を内航海運事業者に対して求めるようになった。このことを踏まえ,2000年7月,運輸省(現在の国土交通省)は,「船舶安全管理認定書等交付規則」(運輸省告示第274号)を施行し,任意 ISM コード認証制度が開始された[75]。同制度は,条約適用外の国際航海に従事しない船舶又は500総トン未満の貨物船・タンカーと当該船舶の運航に責任がある船舶管理会社を対象としている[76]。運航管理要員が少ない内航海運事業者に対応するため,ISM コードよりも緩やかな審査基準を定めている。また,任意 ISM コードの認証機関には,日本政府(Japanese Government, JG)と一般財団法人日本海事協会がある[77]。同機関の審査で適合が認められると,ISM コードのスキームと同様に,会社には適合認定書等,船舶には船舶安全管理認定書等が発行される(船舶安全管理認定書等交付規則第3条)。

ISM コードと運輸安全マネジメント制度のガイドラインは,同じ ISO9000 シリーズを参考に策定されており,その内容は近似している。運輸安全マネジメント制度で作成が義務付けられている安全管理規程は,既存の ISM コードで要求する「安全管理マニュアル」(SMM) に法令要求事項を織り込んだ文書であっても良く,事業者にその判断が委ねられている[78]。

一方で,長谷(2014)によれば,運輸安全マネジメント制度との違いは次の点にあるという。第一に,対象者の違いがある。任意 ISM コード認証制度で

は船舶及び船舶管理会社ごとに SMS を審査するが，運輸安全マネジメント制度では，オペレーターに義務付けていることから，その事業者の所有船と用船を含めた支配船全体の安全管理体制を評価している。第二に，ISM コードでは，安全管理の文書化を要求し，その周知と実行に重きを置いているが，運輸安全マネジメント制度では，ヒヤリ・ハット情報の収集などの予防的安全管理を中心に，安全管理体制の構築とその継続的改善を重視している。第三に，ISM コードでは，権限を持つ上位者（経営トップ）が下位者（管理責任者）に対して責任と権限を委譲することを認めている。他方，運輸安全マネジメント制度は，経営トップに安全管理体制の責任を求めている。[79]

2　任意 ISM コード認証制度の課題

2023年 8 月 7 日現在，任意 ISM コードの認証を受けている会社は約200社（JG：約60社，NK：141社），船舶は約470隻（JG：約120隻，NK：347隻）である。[80]畑本（2015）が行った調査によると，2014年で任意 ISM コードの認証を受けた会社が210社（JG：60社，NK：147社），船舶は油タンカーを中心に463隻（JG：97隻，NK：366隻）で，[81]2014年と2023年を比較すると，ほとんど変化していない。これは2022年 3 月31日現在における内航海運全体の事業者数2822者，船舶数5136隻[82]と比べると，任意 ISM コードを取得している事業者は7.1％，船舶は9.2％である。

小規模内航海運事業者が任意 ISM コードの認証を取得しない理由を，オーナー及び船舶管理会社 4 社にインタビューしたところ，下記の三つの意見が挙げられた。まず一つ目に，船員が守るべきマニュアルが複数になってしまい，作業負担が増加し混乱を招くことである。オペレーターから要求事項としてまとめられたマニュアルがあり，さらにオーナーや船舶管理会社が任意 ISM コード認証を取得するために SMM を作成すると，船員が同じ作業をするときにでもマニュアル毎に記録をつくらなければならない。タンカーの場合，メジャー検船のマニュアルもあるため，さらに煩雑になってしまう。二つ目は，顧客からの要求がなく，オーナーが自主的にそれを取得しても，用船料引き上げなどの優遇があるといったインセンティブがないことである。三つ目に，取得にかかる労力や費用に対して効果が少ないことである。安全を守ることが目

的であれば，取得せずとも会社独自の方法で十分達成でき得るという。現在，ISM コードの認証を取得しているのは，オペレーターが荷主へのアピールの一環として自社船用に取るケースや油タンカーのオーナーがオペレーターの要請により取得する場合が多いと説明している[83]。

　オペレーターは，ISM コードの SMM を安全管理規程に転用することも可能であり，特に元請オペレーターは荷主に対して，自社の安全管理体制をアピールすることができるため，任意 ISM コード認証を取得するメリットがある。一方で，オーナーや船舶管理会社が，任意 ISM コード認証を取得した場合，オペレーターの作成するマニュアルがすでに存在するため，事業者がどちらも適合したマニュアルを新しく作成しなければ，同じ作業に対して二つのマニュアルが存在することになり，船員の負担が増加するだけでなく，混乱を招いてエラーを誘発してしまう。それを取得しても，用船料が上がるなどのインセンティブはなく，労力・費用に対して効果が少ないことから，現状では取得するメリットがない状況にある。このマニュアルが重複するという点に関して，畑本（2017）は，「オペレーターは，用船している船舶に対し自社の運航基準を適用し，用船されている船舶及び管理を行う会社は，その運航基準を任意 ISM コードにおける SMS や管理ガイドラインにおける船舶管理基準に転用することで，実際に船舶を管理する事業者が，新たな運航基準を作成しないようにすることができる[84]」と提案している。

　安全運航を維持していくためには，船員・船舶を直接管理しているオーナーや船舶管理会社，その船内組織においても安全管理システムを導入する必要があると考えられる。それを保証するためのものが，任意 ISM コード認証制度である。ただし，現在はそれと類似する運輸安全マネジメント制度によって安全管理体制を構築することで，ISM コードが要求している事項は満たしているものと考えられる。その安全管理はオペレーターに課されていることから，それが用船している船舶も管理の対象になっている。このことから，任意 ISM コード認証制度は必要ではないと考えられる。

　ただし，オペレーターがオーナーの所有する船舶を管理する場合，船員の教育・研修や労務管理，船舶の保守管理などが間接的になってしまう。その意味では，任意 ISM コード認証制度のような制度が必要である。同制度を活用す

第6章　内航海運の安全に関係する諸制度

るのであれば，取得が任意であるのにもかかわらず，そのインセンティブがないこと，オーナーの事業規模はさまざまであるが，その認証方法が一元化されていることの二つが課題として挙げられる。これらの課題を解決しない限りは，この制度が広く普及することはないであろう。

第5節　事故調査制度

1　制度導入の経緯と運輸安全委員会の発足

運輸安全委員会が発足する前は，日本における船舶の事故調査は海難審判の一環として行われていた。海難審判制度の起源となったのは，1876年公布の「西洋形商船船長運轉手及ヒ機關手試驗免狀規則」に設けられた海員審問に関する規定である。同規則は規程の不備があったため，それに代わって，「西洋形船船長運轉手機關手免狀規則」が1881年に公布され，翌年施行された。しかし，これらに基づく制度は明治政府が近代化政策を推し進める中で応急に整備されたものであったため，制度の見直しと充実化を図る必要があった。その結果，当時の海運先進国であるドイツなどの法制度を参考にして，同規則の免状に関する部分と懲戒に関する部分を分けることとなった。そこで，前者を船舶職員法，後者を1897年に海員懲戒法として施行し，遞信省に高等海員審判所，東京，大阪，長崎及び函館に地方海員審判所を設置した。このように，海難審判制度以前は，海員の懲戒を目的とした海員懲戒法による「海員審判制度」が存在した。海難審判制度について詳細な分析を行った大須賀（2023）によれば，海員審判制度は，「船員に対する規制が全くなかった状況の下で，〔中略〕重大な過失や意図的な違反を防止するために一定の役割を担ったことは否定できない」としつつも，船舶事故調査としては不十分であり，船舶事故防止の効果も極めて限定的な制度と評価している。

アジア・太平洋戦争の終結後，残存した船舶はそのほとんどが戦時標準船や老朽船であった。それに加えて，日本を占領統治したGHQの海運や造船に対する厳しい制限により，船舶資材の粗悪，航路標識の破損，船員の質の低下などが生じていた。そのため，トラブルが多発し，海難は増加傾向にあった。一方で，新憲法の制定により，行政機関は終審の裁判を行うことができなくなっ

第Ⅱ部　内航海運の安全とその取り組み

た。そして，以前の海員懲戒法は刑事訴訟法の規定を準用することが認められていたことから，行政措置でありながら司法措置の性質を有していた。以上のことなどを背景として，1947年にこれまでの海員懲戒法を廃止し，海難審判法が制定された。従来の海員懲戒法は，海員の懲戒を通じて海難防止に寄与するという考え方の「海員懲戒主義」であったが，新しく制定された海難審判法では，海難の原因究明を通じて海難防止に寄与するという考え方の「海難原因探求主義」が採用された。同法施行に伴い，各地の海員審判所は海難審判所として発足した。その後，1949年の運輸省設置法施行により，海難審判所は運輸省外局の海難審判庁に改められた。[89)]

　当時の海難審判庁は，「船舶事故の原因究明機能」と「船員等の懲戒機能」を併せ持っていた。ところが，2008年に運輸事故調査制度が大きく改編されたことで海難審判庁は廃止され，原因究明機能は航空・鉄道事故調査委員会に統合され，運輸安全委員会が誕生することとなった。一方，懲戒機能は新設された「海難審判所」に移管された。海難審判庁の廃止は，「船舶事故の調査は懲戒から分離した再発防止のための原因究明型にすべき」と定めた IMO の条約への対応のためであった。[90)]

　2008年から原因究明が運輸安全委員会という事故調査の専門機関で行われることになったことにより，船舶事故調査は質的にレベルアップし，また調査も幅広い視点で行われるようになった。旧海難審判庁の審判官は，ほぼ全員が航海又は機関の船員経験者で構成されていたが，[91)]運輸安全委員会では，海難審判所との人材共有に加え，海事局技官の出向者を職員として受け入れた。また委員には，ヒューマンファクターや船舶工学分野の専門家が任命された。[92)]さらに手法として，IMO のヒューマンファクターの指針に基づいた分析及び実験やシミュレーションによる工学的な分析も行っている。[93)]

　手続き上も，以前の事故調査は海難審判の一環として行われていたために，そのほとんどは，刑事訴訟法上の原則に基づくものであった。そのため，一事不再理，不告不理，公開主義，口頭弁論主義，証拠審判主義，自由心証主義といった原則は現代の事故調査のそれに抵触するものであった。[94)]しかし，2008年の組織改変によって，事故調査は海難審判とは分離した手続きをとることができるようになり，この点は大きな改善をみた。

2 事故調査の流れ

　船舶で事故が発生すると，船長は下記の関係機関に報告しなければならない。その根拠となる法律は，船員法，海上交通安全法及び港則法である。まず，船員法適用船舶の船長は，同法第19条の規定により「船舶の衝突，乗揚，沈没，滅失，火災，機関の損傷その他の海難が発生したとき」日本国内であれば地方運輸局長又は国土交通大臣の事務を行う市町村長（船員法施行規則第14条第1項），外国であれば日本の領事館（同施行規則第71条第3号）に報告する義務がある。また，海上交通安全法及び港則法の適用海域で海難が発生した場合には，海上交通安全法では海上保安庁長官に通報（海上交通安全法第43条），港則法では特定港の場合は港長，特定港以外の港の場合は最寄りの管区海上保安本部の事務所の長又は港長に報告（港則法第24条）しなければならない。船員法の適用外の外航船や5総トン未満の船舶などが，海上交通安全法及び港則法の適用海域外で発生させた事故に関しては，報告の義務はない。[95]

　海上保安庁も海難が発生すれば調査を行うが，救難業務に引き続く「海難調査」と事案によっては「犯罪捜査」が並行して行われる。前者は，「海上の安全」の確保を図ることを目的として，交通規制の見直しや航行援助施設の整備といった政策，現場の海上保安官が海事従事者に対して海難防止指導をする上での施策の立案につなげるために行われるものである。一方，後者は犯罪事実を明らかにするため，司法権の行使により行われるものである。[96]

　旅客船や貨物船の事業を行う船舶については，運航事業者の運航管理者が安全管理規程に基づいて管轄の地方運輸局などに報告を行う。その根拠となっているのは海上運送法及び内航海運業法であり，旅客船の事業者は海上運送法，内航貨物船の事業者は内航海運業法の適用を受ける。海上運送法第10条の3及び内航海運業法第11条は，対象事業者に安全管理規程の届出を義務付けている。その安全管理規程に定めるべき内容の中で「事故，災害等が発生した場合の対応に関する事項」がある（海上運送法施行規則第7条の2第3号ニ及び内航海運業法施行規則第13条第3号のニ）。これに基づき，各運航事業者が事故発生時に関係運輸局及び海上保安官署へ報告をするように安全管理規程で定められている。

　このように報告されたものを含め事故等に対しては，再発防止を目的とした

第Ⅱ部　内航海運の安全とその取り組み

調査が行われる。現在，その役割を担っているのが運輸安全委員会である。その流れは次のとおりである。すなわち，地方運輸局や海上保安庁などが上記の報告や通報によって認知した事故は同委員会へ通報される。運輸安全委員会設置法第2条の事故等に該当するものが調査の対象となり，毎年数件はそれに該当しない。[97]同委員会は，すでに述べたとおり，航空・鉄道事故調査委員会と海難審判庁の原因究明部門が統合され発足した国土交通省傘下の組織であり，航空，鉄道及び船舶[98]の事故調査を行っている。[99]事実調査後に審議を行うのは，重大なものは海事部会，それ以外が海事専門部会，そして被害や社会的影響が大きい事故が総合部会あるいは委員会である（このほか同委員会には航空事故等を扱う航空部会並びに鉄道事故等を扱う鉄道部会がある）。運輸安全委員会設置法第4条は，各事故と重大インシデントの原因及びそれらの被害の原因究明のための調査を行うこと，その調査結果に基づいて必要な施策や措置の実施を求めることを委員会の任務として定めている。

　運輸安全委員会の調査の流れは，まず船舶事故が発生すると，事実調査として，乗組員等の口述，気象・海象情報等の関係情報の入手，関係記録の収集や船舶損傷状況の調査などが行われる。そして委員会又は海事部会における審議及び原因関係者からの意見聴取を経て，最終的に委員会又は部会で調査報告書案が議決されると，報告書は国土交通大臣へ提出され，公表される。調査の期間は，軽微な事故で数か月，重大な事故になると2年以上を要する場合もある。また同委員会は，国土交通大臣，原因関係者などに勧告や意見を述べて事故の再発防止に資する業務の改善を促している。勧告等を受けた者は改善施策などを実施し同委員会に通報又は報告を行う。このようにフォローアップがなされることで，安全性の向上が図られている。[100]

3　事故調査制度の課題

　運輸安全委員会の発足によって日本の運輸事故調査の質は確実に向上したといえるが，問題点や課題も残っている。第一に，勧告等の提言の数が年によって大きく異なることである。大須賀（2023）は，これらの変動は「運輸安全委員会のその時々の提言に対する姿勢と力量をも反映すると考えざるを得ない。このことは，運輸安全委員会の船舶事故調査の業務運営がいまだ安定していな

いことを示している[101]」と指摘する。第二に，海難審判庁と同様に，個々の船員向けの教材を作成して注意喚起を行っていることである。大須賀（2023）は，これは他の機関でもできることで重複しており，同委員会のみに与えられた権限である勧告等の提言を適切に行うことに注力すべきであると主張する[102]。

　ところで，発足から2022年までの間に，運輸安全委員会が発出した二つの「意見」が制度の改正に結び付いたという実績がある。一つが居眠り防止装置の義務化などの施策を検討するべきとの2010年の「意見」により，船舶設備規程等が改正され，500総トン未満の内航船を含む船舶に対して居眠り防止装置の設置などを義務付ける措置が講じられたことである。もう一つが船舶自動識別装置の普及等に関する2013年の「意見」により，水産庁において同装置を搭載する漁船への支援制度などが設けられたことである[103]。

　一方，提言先の選択には課題がみられる。提言は，勧告や意見，そして法的根拠のない「所見」によって行われる。提言先が国土交通省や水産庁などの所管官庁の場合は，それに対する改善策が講じられるが，「船舶所有者」や「船長」など行政機関以外の者に対して行われるものは，事故防止策を実行すべき者の対象があいまいで，事故の教訓が十分に生かされないままで終わっている[104]。また，原因関係者という特定の者に対して行われたものは，同種の船舶に対する周知が不足しており，再発防止という点で弱点がある。

　第5章において取り扱った3件の事例のうち，1件目の事故では海難審判庁の裁決，2件目及び3件目の事故では運輸安全委員会の事故調査報告書を参照したが，いうまでもなくこれらの裁決や報告書には，背景要因まで含めたすべての事故原因が書かれているわけではない。換言すれば，それらで明らかにされたのは事実のみで，事故の再発防止のためのすべての教訓を得られるわけではない。例えば2件目の事故では，一等機関士の居眠りが原因とされており，直前の睡眠時間が短かったことまでの記載はあるが，その睡眠不足の原因に関しては，習慣的に寝つきが悪かったのかなどについて事故報告書に記載がないため不明である。また，ガードリング付レーダーの警報機能の停止及びVHF無線電話のスイッチ切の状態になっていた理由も不明である。これらの原因が明らかにされない限りは同種の事故は再び発生してしまう可能性がある。

第Ⅱ部　内航海運の安全とその取り組み

第6節　小　括

　内航海運では，国土交通省海事局をはじめとする行政機関が関与して，その政策や事業規制，安全確保などを進めている。第1節では，内航海運の安全に関する法律を主に取り上げて，その法律の変遷及び規定する内容を整理した。第2節では，内航海運の安全に関する制度として，まず，1990年代までに確立された船舶検査制度，船員養成制度，運航管理制度について概観した。

　船舶検査制度は，明治時代から行われている歴史ある制度である。戦後，高度経済成長による輸送拡大や国際的規制への対応により制度の整備が行われ，安全性の向上に貢献した。また，国民のレジャー機会の増加により，小型船舶の検査も導入された。そして，経済成長が安定期に入ると，船舶検査証書等の有効期間の延長や日本海事協会による検査のみなし範囲の拡大など，船舶検査の合理化が進められた。

　内航船員の養成制度は1968年以降に始まった。それまでは外航船員の養成を主眼としたものであった。その後も，船舶技術の発展に伴い，船員教育の内容の見直しが繰り返されてきた。また，STCW条約改正への対応として，現役の船員にも基本訓練を受講させることが1997年に船舶所有者に対して義務付けられた。2000年以降は，船員不足への懸念から，民間の船員養成施設と社船を利用した短期養成制度が創設された。この制度では，最短9.5か月で六級海技士（航海・機関）が取得可能となる。

　運航管理制度は1970年に設立された制度で，その後，しばらくは内航旅客航路事業のみがその対象であった。内航海運で導入されたのは2005年からであり，それから約1年後の2006年には，運輸安全マネジメント制度へと移行した。

　そして2000年代に新しく導入された，運輸安全マネジメント制度，任意ISMコード認証制度，事故調査制度について，その制度創設の背景と現状，課題について考察した。運輸安全マネジメント制度は，運輸業全体に導入された事業者の安全管理体制を構築・運用するための仕組みで，内航海運においてはオペレーターの登録事業者のみに適用されるものである。同制度の実績や現

状をもとに，①事業者への普及啓発のためのホームページの改善，②海運の特色を考慮した評価方法の見直し，③事業者が積極的に取り組むための金銭的なインセンティブの導入の三つを提案した。

　任意ISMコード認証制度は，本来外航海運で強制されているものを内航海運に転用した制度であり，2000年に導入された。ISMコードは，前述の運輸安全マネジメント制度のガイドラインと同じくISO9000シリーズを参考に策定されており，その内容も類似している。現在の内航海運のオーナーは小規模のところが多いため，同制度を活用して安全管理体制を構築することは難しい。その代わりとして，運輸安全マネジメントをオペレーターに課すことで，その用船する船舶も含めた安全管理体制を構築させている。しかし，実際に船員や船舶の管理はオーナーや船舶管理会社が行うために間接的な管理となってしまう。2022年4月の内航海運業法改正により，船舶管理業の登録が義務化されたが，今後船舶管理会社の活用が進めば，任意ISMコード認証制度を見直すなどして会社の管理体制を確立させるシステムも検討する必要があると考えられる。

　最後に現在の事故調査は，海難審判所，海上保安庁，運輸安全委員会で行われているが，事故の再発防止のための原因究明を目的とした事故調査は，2008年に発足した運輸安全委員会において実施されている。同委員会の発足によって事故調査の精度は確実に向上し，同委員会が発出した「意見」が制度の改正に結び付いたという実績もある。しかし，大須賀（2023）が指摘するように，勧告等の提言の数にばらつきがある，同委員会のみに与えられた勧告等の権限が生かしきれていない，提言先が一般的な船舶所有者や船長の場合に事故の教訓が生かされていないという課題がある。[105]また，運輸安全委員会の報告書は背景要因まで含めたすべての事故原因が書かれておらず，根本的な解決につながっていない。

　上記の安全に関する制度にはまだ課題もあり，内航海運の事故低減のための万能薬ではない。また，労働安全衛生に直接的に関わる施策でもない。とはいえ，その充実は内航海運の安全向上に資するものである。内航海運の安全性の向上のためには，内航海運事業者や国，その他関係者が現行の制度を十分に活用し，関係者が連携して安全管理体制を構築していくことが重要である。

第Ⅱ部　内航海運の安全とその取り組み

注

1) 国土交通省海事局監修（2023）『海事六法（2023年版）』海文堂出版。
2) 海運同盟とは，定期船輸送秩序の安定維持のための国際カルテルである。
3) 運輸省50年史編纂室編（1999）『運輸省五十年史』運輸省50年史編纂室，85頁。
4) 同上書，88頁。
5) 同上書，169頁。
6) 李志明（2014）「内航海運暫定措置事業」森隆行編『内航海運』晃洋書房，所収，116-118頁。
7) 運輸省50年史編纂室編（1999），前掲書，15頁。
8) 藤本厚（2001）「小型船舶の登録等に関する法律　平成13年7月4日法律第102号」『法令解説資料総覧』第239号，42-43頁。
9) 有馬光孝・上村宰・工藤博正（2007）『船舶安全法の解説（増補四訂版）―法と船舶検査の制度―』成山堂書店，2-3頁。
10) 山崎祐介（2019）『海事一般がわかる本（改訂版）』成山堂書店，173頁。
11) 神戸大学海事科学研究科海事法規研究会編著（2015）『概説　海事法規（改訂版）』成山堂書店，13頁。
12) 内閣官報局「第12回帝国議会貴族院本会議第5号　明治31年5月25日」https://teikokugikai-i.ndl.go.jp/#/detailPDF?minId=001203242X00518980525&page=1&current=1（2022年6月13日取得）6頁。
13) 笹木弘（1975）『技術革新と船員労働』成山堂書店，276-286頁。
14) 山崎（2019），前掲書，161頁。
15) 運輸省50年史編纂室編（1999），前掲書，20頁。
16) 同上書，102頁。
17) 運輸省海技資格制度研究会編（1985）『改正船舶職員法の解説』成山堂書店，2-30頁。
18) 運輸省50年史編纂室編（1999），前掲書，553頁。
19) 同上書，79-86頁。
20) 吉永豊實（1985）『日本海事法制史』山海堂，197頁。
21) 海上交通法令研究会編（2022）『海上衝突予防法の解説　改訂10版』海文堂出版，1-7頁。
22) 海上交通法令研究会編（2023）『海上交通安全法の解説　改訂15版』海文堂出版，1-19頁。
23) 海上交通法令研究会編（2014）『港則法の解説　第15版』海文堂出版，1-12頁。
24) 神戸大学海事科学研究科海事法規研究会編著（2015），前掲書，240頁。
25) 同上書，240-241頁。
26) 現在のIMO。
27) 神戸大学海事科学研究科海事法規研究会編著（2015），前掲書，241-242頁。
28) 海事法研究会編（2023）『海事法　第12版』海文堂出版，183頁。
29) 運輸省50年史編纂室編（1999），前掲書，96-97頁。
30) 同上書，96-97頁。

第 6 章　内航海運の安全に関係する諸制度

31）　同上書，176-177頁。

32）　同上書，274頁。

33）　同上書，546頁。

34）　同上書，382頁。

35）　運輸省海上技術安全局検査測度課・運輸省海上技術安全局安全基準管理官編（1985）『船舶検査百年史』船舶検査実施100周年記念行事実行委員会，51頁。

36）　運輸技術審議会（1996）「船舶の定期的検査の今後のあり方について（答申）」諮問第20号答申，https://www.mlit.go.jp/singikai/unyusingikai/ungisin/ungisin20-1.html（2022年6月29日取得）。

37）　運輸省50年史編纂室編（1999），前掲書，547頁。

38）　同上書，278-279頁。

39）　同上書，383-390頁。

40）　同上書，555頁。

41）　近海区域及び沿海区域（限定沿海区域を除く）を航行区域とする20総トン以上の船舶。

42）　国土交通省「STCW基本訓練について」2023年11月27日更新，https://www.mlit.go.jp/maritime/maritime_fr4_000027.html（2023年12月5日取得）。

43）　海技大学校と海技教育機構練習船による六級海技士（航海）短期養成制度は，定員不足により2016年に休止した。

44）　畑本郁彦・古荘雅生（2021）『内航海運概論』成山堂書店，99-105頁。

45）　運輸省50年史編纂室編（1999），前掲書，263頁。

46）　国土交通省「船舶運航事業における運輸安全マネジメントの導入に関する法令整備事項の概要」https://www.mlit.go.jp/common/001012576.pdf（2022年7月7日取得）。

47）　制度創設までの詳しい経緯は，木下（2019）による。木下典男（2019）『運輸安全マネジメント制度の解説―基本的な考え方とポイントがわかる本―』成山堂書店，14-17頁。

48）　14項目の詳細は，①経営トップの責務，②安全方針，③安全重点施策，④安全統括管理者の責務，⑤要員の責任・権限，⑥情報伝達及びコミュニケーションの確保，⑦事故，ヒヤリ・ハット情報等の収集・活用，⑧重大な事故等への対応，⑨関係法令等の遵守の確保，⑩安全管理体制の構築・改善に必要な教育・訓練等，⑪内部監査，⑫マネジメントレビューと継続的改善，⑬文書の作成及び管理，⑭記録の作成及び維持である。

49）　木下（2019），前掲書，27-29頁。

50）　同上書，110-112頁。

51）　調裕次（2010）「大臣官房運輸安全監理官室の業務紹介（運輸安全マネジメント評価業務）」『航空無線』第66号，47頁。

52）　2022年3月8日に国土交通省大臣官房運輸安全監理官に実施したインタビューによる。

53）　運輸審議会（2006）「答申書　鉄道事業法第五十六条の二（軌道法第二十六条において準用する場合を含む．），道路運送法第九十四条の二，貨物自動車運送事業法第六十条の二，海上運送法第二十五条の二，内航海運業法第二十六条の二第一項及び航空法第

第Ⅱ部　内航海運の安全とその取り組み

百三十四条の二の規定に基づく安全管理規程に係る報告徴収又は立入検査の実施に係る基本的な方針の策定に関する諮問について」国運審第9号，https://www.mlit.go.jp/singikai/unyu/tousinh06/060803-9.pdf（2022年7月26日取得）。

54）　国土交通省大臣官房運輸安全監理官提供資料（2022年3月8日取得）。

55）　本省対象事業者は，本省の運輸安全調査官，地方運輸局対象事業者は，地方運輸局の運航労務監理官が評価を実施する事業者のことを示す。本省対象事業者は地方運輸局対象事業者と比べて事業規模が大きい。

56）　小規模海運事業者とは，内航運送事業者の場合，海運事業に関係する陸員（常勤役員を含む）の人数が常時10名未満の事業者をいう。

57）　国土交通省大臣官房運輸安全監理官提供資料（2022年3月8日取得）。

58）　同上資料。

59）　木下典男（2017）「運輸安全マネジメント制度の現状と今後の方向性」『海事の窓』第75号，9頁。

60）　2022年3月8日に国土交通省大臣官房運輸安全監理官に実施したインタビューによる。

61）　充足率とは，14項目の評価視点をさらに小項目に細分化し，小項目ごとに記載された記載された内容について運輸事業者が実施できているか否かを国がチェックし，実施できている割合を14項目ごとにまとめたものである。

62）　国土交通省（2021）「令和2年度政策レビュー結果（評価書）　運輸安全マネジメント制度」https://www.mlit.go.jp/common/001397304.pdf（2022年3月23日取得）

63）　木下（2019），前掲書，42-44頁。

64）　国土交通省（2021），前掲資料。

65）　同上資料。

66）　同上資料。

67）　国土交通省大臣官房運輸安全監理官（2023）「運輸事業者における安全管理の進め方に関するガイドライン～輸送の安全性の更なる向上に向けて～」https://www.mlit.go.jp/unyuanzen/content/001599104.pdf（2023年12月5日取得）3頁。

68）　畑本・古荘（2021），前掲書，94頁。

69）　国土交通省ISMコード研究会編（2008）『ISMコードの解説と検査の実際―国際安全管理規則がよくわかる本―（三訂版）』成山堂書店，2頁。

70）　同上書，1-2頁。

71）　同上書，2頁。

72）　同上書，3-4頁。

73）　同上書，5頁。

74）　同上書，5-13頁。

75）　畑本・古荘（2021），前掲書，94頁。

76）　日本海事協会「任意ISM審査の案内」2022年2月25日第10版，https://www.classnk.or.jp/hp/pdf/activities/statutory/ism/Hnd-BK/Sec1n_j.pdf（2023年8月6日取得）。

77）　畑本・古荘（2021），前掲書，94頁。

第 6 章　内航海運の安全に関係する諸制度

78)　国土交通省「運輸安全マネジメント導入に係るよくある質問事項（海事版）」2006年
　　9月26日　第1版，https://www.mlit.go.jp/common/001012578.pdf（2023年8月6日　取
　　得）。

79)　長谷知治（2014）「国内海運に係る輸送の安全確保について─組織的安全マネジメン
　　ト手法の活用」『日本海洋政策学会誌』第4号，92頁。

80)　JGの値は，2023年8月7日に国土交通省海事局検査測度課に問い合わせたものであ
　　る。NKの値は，日本海事協会「ClassNK 任意ISM登録簿」https://www.classnk.or.jp/
　　register/regism/ism_voluntary.aspx より2023年8月7日に集計。

81)　畑本郁彦・古荘雅生（2015）「内航船員育成のための安全管理に関する研究」『日本海
　　洋政策学会誌』第5号，84頁。

82)　日本内航海運組合総連合会（2022）『内航海運の活動・令和4年度版』日本内航海運
　　組合総連合会，7，11頁。

83)　2023年8月4日，9月25日，9月26日に内航海運のオーナーと船舶管理会社4社に実
　　施したインタビューによる。

84)　畑本郁彦（2017）「内航船の安全管理体制構築に関する研究」神戸大学大学院海事科
　　学研究科博士論文，97頁。

85)　大須賀英郎（2023）『船舶事故調査─タイタニック，洞爺丸から運輸安全委員会まで─』
　　ミネルヴァ書房，83-85頁。

86)　運輸省50年史編纂室編（1999），前掲書，21頁。

87)　大須賀（2023），前掲書，99頁。

88)　同上書，100頁。

89)　運輸省50年史編纂室編（1999），前掲書，120-121頁。

90)　安部誠治（2013）「事故調査制度─運輸事故調査を中心に─」関西大学社会安全学部
　　編『事故防止のための社会安全学─防災と被害軽減に繋げる分析と提言─』ミネルヴァ
　　書房，所収，217-218頁。

91)　大須賀（2003），前掲書，229頁。

92)　同上書，290-291頁。

93)　同上書，292-293頁。

94)　同上書，121-125頁。

95)　松田茂・宮田正史（2020）「船舶の係留施設への衝突事故に関する基礎的分析」国土
　　技術政策総合研究所資料第1134号，1-2頁。

96)　海難審判協会（2004）「平成15年度　ヒューマンファクター概念に基づく海難・危険
　　情報の調査活用等に関する調査研究　最終報告書」https://nippon.zaidan.info/
　　seikabutsu/2003/00988/mokuji.htm（2023年8月12日取得）。

97)　運輸安全委員会「運輸安全委員会年報」（2010～2022年）https://www.mlit.go.jp/jtsb/
　　bunseki-kankoubutu/jtsbannualreport/jtsbannualreport_backnumber.html（2023年12月
　　17日取得）。

98)　残りの運輸モードのうちバス，タクシー，トラック（以上を「事業用自動車」という）
　　の事故調査を行っているのは2014年に設置された事業用自動車事故調査委員会である。

第Ⅱ部　内航海運の安全とその取り組み

　　　同委員会は，常設ではあるが，法的根拠を有したものではなく，国土交通省自動車局の
　　　業務の一環として活動している組織である。同局が直接調査を行うのではなく，1年ご
　　　との契約で外部の調査能力を有する組織に業務を委託している。設置から今日までその
　　　任にあたっているのが，交通事故総合分析センターである。同委員会も含め公的事故調
　　　査に関しては，安部（2021）に詳しい。安部誠治（2021）「事故調査の意義と課題」『日
　　　本機械学会誌』第124巻第1229号，30-35頁。
99）　調査対象は，航空がすべての事故と重大インシデント，船舶がすべての事故とインシ
　　　デント，鉄道が事故のうちすべての列車衝突・列車脱線・列車火災事故と，重大な又は
　　　異例な踏切障害・道路障害・人身傷害事故及び重大インシデントである。
100）　運輸安全委員会（2022）「運輸安全委員会年報　2022」https://www.mlit.go.jp/jtsb/
　　　bunseki-kankoubutu/jtsbannualreport/annualreport_2022/annualreport2022_pdf/
　　　annual2022-all.pdf（2023年12月17日取得）76頁。
101）　大須賀（2023），前掲書，297頁。
102）　同上書，301頁。
103）　横山鐵男（2018）「運輸安全委員会の10周年に寄せて」運輸安全委員会年報2018，
　　　https://www.mlit.go.jp/jtsb/bunseki-kankoubutu/jtsbannualreport/annualreport_2018/
　　　annualreport2018_pdf/annual2018-all.pdf（2023年12月17日取得）。
104）　大須賀（2023），前掲書，296頁。
105）　同上書，296-302頁。

第7章　事業者の安全対策の現状と課題

第1節　インタビュー事業者の概要と契約形態

　本章では，筆者が実施したインタビュー調査に基づき内航海運事業者の安全
対策の現状を明らかにする。このインタビューは内航海運事業者6者に対して
実施された。**表7-1**にその概要を示す。対象事業者は，その種類，規模，輸
送貨物に偏りのないように選定した。以下，それぞれの事業者の特徴をみてい
く。なお，本章では，用船している船舶の数が所有船舶数と比べて明らかに多
い者を「オペレーター」，所有する船舶を自ら運送し，所有船舶数と用船数が
ほぼ同数の事業者を「オーナーオペレーター」，運送業を行っていない者を
「オーナー」という。

　A社は，大手オペレーターの一つである。内航海運業の他に，外航海運
業，倉庫業，港湾運送業・通関業などを行っている。同社のグループに，船舶
管理業及び船員派遣業の会社（以下,「a社」という）がある。社員数は2023年7
月25日現在，A社単体で230名，そのうち船員は5名で，a社は50名，そのう
ち船員が42名である。所属船舶18隻のうち，A社の所有するものが1隻，a社
の管理するものが15隻ある。A社の所有する船舶は組織船であるが，それ以
外の所属船舶は未組織船[2]である。輸送貨物は主に鉄鋼で，その他にはスクラッ
プや石膏などのばら積みの乾貨物がある。契約関係は，A社がオペレーター
として荷主と運送契約を結んでいる。そして，a社はオーナーと船舶管理契約
あるいは船員派遣契約を結び，船員雇用・配乗，船舶保守管理，運航実施管理
（船員派遣の場合は船員の雇用・配乗のみ）を行う。オーナーはその船舶をA社に
定期用船しているが，A社がオーナーと委託運送契約をする船も一部ある。
なお，a社は，船員不足などでA社船団の運航を止めることがないようにす
る目的で設立された。そのため，オーナーに対しては正味かかる費用のみを請
求し，通常船舶管理に係る手数料はとっていない。このような形態をとってい

第Ⅱ部　内航海運の安全とその取り組み

表7-1　インタビュー事業者の概要

会　社	A	B	C	D	E	F
事業者の種類	オペレーター	オペレーター	オーナーオペレーター	オーナーオペレーター	オーナー	オーナー
社員数	230	225	66	24	28	2
内，船員数	5	25	21	0	25	0
所属船舶数	18	15	5	1	3	2
内，所有船舶数	1	4	4	1	2	2
主な輸送貨物	鋼材，スクラップ，石膏等	ケミカル	鉄スクラップ，コークス，石炭，セメント，石灰石，硅石	プラント・機械類，小麦，原木，砂利等	黒油，バイオマス	ケミカル（化学薬品，塩酸）
組織船／未組織船	組織船	未組織船	未組織船	未組織船	未組織船	未組織船
調査実施日	2023年7月25日	2023年8月1日	2021年10月7日	2023年8月8日	2023年7月28日	2023年8月4日

　（注）組織船とは，全日本海員組合の組合員が乗り組む船舶で，組合員の労働条件などは，船主団体と同組
　　　　合との協議によって決定される。未組織船とは，組合に加入していない船員が乗り組む船舶で，船
　　　　主と船員との労働契約によって，船員の労働条件などが決定される。
（出所）各社へのインタビューをもとに筆者作成。

る会社は業界内でほとんど例をみないとされる。

　B社は，ケミカルタンカーのオペレーターである。内航海運業の他に倉庫業，陸運業を行う総合物流事業者である。2023年8月1日現在，社員数は225名で，そのうち船員は25名である。船舶数は，所有船が4隻で，用船も含めると15隻である。所有船及び用船ともに未組織船ではあるが，所有船に乗り組む自社船員は陸上の労働組合に加入している。主な輸送貨物は，ケミカル一般である。B社の用船にあっては，オーナーと定期用船契約を結び，荷主と運送契約を結んでいる。契約している荷主は複数おり，長期契約だけでなくスポット契約で運航する場合もある。自社船にあっては，船員とのコミュニケーションや指導・教育を円滑に行うため，船舶管理会社を介さずにB社が雇用する船員の配乗を基本としている。

　C社は，地方のオーナーオペレーターである。内航海運業の他に港湾運送事業を行っている。2021年10月7日時点で社員数は66名，そのうち船員は21名である。所有船舶が4隻，定期用船が1隻の合計5隻が同社に所属する船舶であ

200

る。そのうち1隻は，船員育成船舶となっている。主な輸送貨物は，鉄スクラップ，コークス，石炭，セメント，石灰石，硅石である。所属船舶には，C社がオーナーとオペレーターを兼任するものと，C社がオーナーとなりオペレーターと定期用船契約を結ぶもの，別のオーナーから船舶を用船してC社が運送を行うものの三つのパターンがある。基本的にC社の所有する船舶は，自社で雇用する船員を配乗しているが，1隻は船舶管理会社と裸用船契約を結び，その船舶をC社が定期用船している。

D社は，C社と同じくオーナーオペレーターであるが，コモン・キャリア的な契約形態をとっている。内航海運業の他に，外航海運業，陸運業，建設業を営んでいる。2023年8月8日現在，社員数は24名で，船員は船舶管理会社で配乗しているためD社では雇用していない。以前は自社船員を配乗させていたが，2022年11月に船舶管理会社にその船員を転籍させた。この理由についてD社の内航部によると，自社船員を雇用し続けたかったが，航海経験の豊富な船長と機関員の確保ができず，また，それらを育成する金銭的・時間的な余裕がないために，予備船員の手配がままならない状況に陥り，他社に依頼せざるを得なくなったためと説明している。所属船舶は社船の1隻のみであるが，台船も所有しており，小麦，プラント・機械類，原木，砂など幅広い種類の貨物輸送を行っている。D社は，船舶の所有から運送まで行うオーナーオペレーターである。船舶管理会社と裸用船契約を結んで船員を配乗させ，その船舶をD社が定期用船している。また，特定の荷主と専属契約はしておらず，毎朝オペレーター同士で輸送の案件と自社の船舶の運航予定の情報をやり取りして，D社の条件に合う仕事を取って輸送するという形態をとっている。

E社は，小規模事業者のオーナーであり，内航海運業，船員派遣業，船舶管理業を営む。社員数は2023年7月28日現在28名で，そのうち船員は25名である。同社は黒油タンカー2隻を所有し，1隻は他のオーナーの船舶管理を行っている。E社は大手オペレーターと定期用船契約を結び，さらにそのオペレーターは荷主と運送契約を結ぶという，内航海運業界にみられる典型的な契約形態である。また，オペレーターの社船1隻を船舶管理しており，その場合は船舶管理契約を結ぶ。オペレーターは，100隻以上を運航する大手事業者である。

F社は，小規模事業者のオーナーである。2023年8月4日現在，社員数は2

名で，F社は自ら船員を雇用せず，船舶管理会社の雇用する船員を配乗している。船舶管理会社は，40隻の船舶を担当し，約160名の船員を雇用している。F社は化学薬品を運ぶケミカルタンカーと塩酸を積荷とする特タン船を1隻ずつ所有している。F社の1隻は，船舶管理会社に裸用船契約で出して船員を配乗させ，F社に定期用船契約で返した後，オペレーターと定期用船契約を結ぶという形態をとっている。もう1隻は，F社が船舶管理会社と裸用船契約を結び，船舶管理会社はその船舶に船員を配乗させて，オペレーターと定期用船契約を締結している。

第5章の事故防止の課題から考えられる六つの安全対策（**図5-2参照**）について，現在の事業者の取り組み状況とその障害を明らかにするため，以上の事業者に，自由回答形式で以下の六つの質問を行った。

① 安全管理（対策）の実施及びマニュアルの作成状況
② 船員教育・研修の実施状況
③ 訪船活動の実施状況
④ 安全対策，乗組員の負担軽減に関連する設備投資
⑤ ヒヤリ・ハットの収集・活用状況
⑥ 安全対策を進める上で困っていること・障害になっていること

第2節　インタビュー事業者における安全対策の現状

1　A社の安全対策の状況

A社は，運輸安全マネジメント制度における国土交通省からの評価を，2008，2013，2014，2015，2020，2022年の計6回受けている。これまで国土交通省からの厳しい評価は受けたことはないとのことである。社内では，毎年9月，内部監査として，A社の管理部が内航海運部の安全管理体制の状況をチェックしている。具体的には，評価表に沿って社長及び安全統括管理者への評価と書類の確認を行っている。しかし，内航海運の専任部署ではない本社管理部の一社員が行うため，内航海運部での勤務経験がなく，事業に関する専門的知識や現場感覚を十分に有しているとは言い難い。そのことから，安全管理

体制の内部評価は，チェックリストによる書面審査としては適切に遂行されているものの，監査職員の気づきから得られる必要な助言や情報提供が不足しているという点で完全ではないところもあると述べている。今後は，専門的知見を有する者を監査人員として採用することも視野に入れ，改善策を検討している。

A社の安全管理は，現在，安全管理規程に基づいて運用されており，必要に応じて見直しが行われている。さらに独自に行っている安全対策として，A社の所属船舶で事故が発生した場合は，同種の事故を防止するためにマニュアルの作成や特別対策を実施している。2016年3月に船員の転落事故が起こった際は，安全保護具の着用の仕方を写真で示した「乗組員の安全行動基準書」が作成された。事故以前は，「安全保護具着用」と一行のみ記載されたマニュアルはあったが，具体的な着用方法を示したものはなかった。同書は，全乗組員に1冊ずつ配布され，陸上職員が訪船したときに適切に着用しているかどうかの確認を行った。また，2017年1月に海中転落で船員が行方不明になった事故が発生した際は，「特別安全活動」を実施した。この活動は，毎月の訪船時に，救命胴衣・ヘルメット・安全靴を着用しているかの確認を行うものである。時々抜き打ちで訪船すると，着用していない船員も実際におり，全船員の着用を確認できるまでに3年近くかかったという。同活動の際には，船員と陸上職員が安全に関しての事項を相互確認している。全船の着用を確認したことをもってこの活動は終了した。

A社には，内航海運部の下に船舶安全管理室という内航の安全に関する業務を専門とする部署がある。2018年に設置された同室は，当初は兼務であったが，2020年に専任のスタッフ3名で構成された部署となった。他の会社では兼任する場合が多く，このような3名体制の取り組みは業界内でも稀であるとされる。この社員が，船員教育・研修や訪船活動，ヒヤリ・ハットの収集・分析・共有を担当している。船員教育・研修に関する取り組みとしては，新人船員に対しては乗船前に1日程度研修を実施している。その後は，訪船活動の際に，船員教育・研修用に作成した資料を用いて実施される。訪船活動は，船舶安全管理室で行うものが各船（18隻）で月1回以上あり，加えて各担当者が事務的な連絡のために訪船する。専任スタッフを置いて訪船活動を重点的に行い始め

てから，A社所属の船舶における事故の件数が明らかに減ったという。その
要因は，日常から船員と雑談をしてコミュニケーションをとることにある。つ
まり，その会話の中に，船員が日々感じているストレスや要望などが潜んでお
り，それらをいかに汲み取り，改善していくかというのが，会社の安全性向上
にとって重要であると指摘している。

　A社におけるヒヤリ・ハットの収集は，運輸安全マネジメント制度開始後
の2007年から行われている。その後，国土交通省からの評価に対応する形で収
集・活用方法が見直され，2014年10月から報告書として記録を残すようになっ
た。2017年からはA社の船舶安全管理室員がその報告書に原因や対策などの
解説を加えて，所属する各船にフィードバックをしている。また，陸上職員に
も毎月の船舶安全会議で共有されている。ヒヤリ・ハットだけでなく，良好事
例も提出するように促しており，それらの数は1か月で5件程度である。これ
らの報告から，航海士でも航法の詳細まで理解していない船員がいることを知
ることができた。現状の問題点として，陸上職員が船員の報告書をみてもその
時の詳細な状況や時系列がわからず，原因や対策を考えるのが難しいことがあ
る。船員は文章を書くのに慣れていない人が多いこと，発生直後に記録したも
のではなく，後から記憶をたどって書かれていることがその理由であるとい
う。さらに，ヒヤリ・ハットをそれと気づかずに報告していない船員もいるの
ではないかとA社は懸念している。A社としては，ヒヤリ・ハットはミス（恥
ずかしいこと）であるという意識は持たないように心掛けているとのことであっ
た。

　一方，安全対策を進める上での障害として，以下のようなことが課題である
という。

・船舶の老朽化，乗組員の高齢化，経済の低迷によるオーナーの経営体力の
　低下，後継者の不在といった要因により，代替建造が進まないことで安全
　上必要な技術更新が行われず，乗組員の体力維持・健康管理などが次第に
　難しくなってきている。
・安全を徹底しすぎるあまり，不安全な状態が生じている。例えば，製鉄所
　内で船に見学者が来たときに，ライフジャケット，ヘルメット，安全帯を

つけなければならないが，同所内の細い通路や船内の狭所でそれらがひっかかり危なかったということがあった。保護メガネの着用義務も，冬場はレンズが曇って前が見えなくなり危険である。このように，一様に義務付けるのではなく，状況において判断しなければならないことも多々ある。遵守すべきルールも多すぎるため，本当に必要な安全対策は何かを見直す必要がある。

2　B社の安全対策の状況

B社の安全管理体制は，安全管理規程を基本として運用されている。運輸安全マネジメント制度の国土交通省による評価は，2007，2016，2018，2019，2023年の計5回受けている。直近の2023年においては，安全管理体制の構築及び改善に関する取り組みについて，正確な事故原因の把握に努め，事故の再発防止，未然防止に取り組んでいること，経営トップ自らが緊急時対応訓練に参加していることが評価された。一方，検討事項としては，ヒヤリ・ハット情報等について，乗組員の理解度を把握するとともに，研修資料として用いるなど，蓄積された情報をより有効に活用することを提案された。なお，過去に指摘を受けて改善した主なものとして，経営トップの内部監査の実施，ヒヤリ・ハット情報の積極的な収集・活用，プレス対応訓練を含めた全社的な重大事故対応訓練の実施がある。

荷役や洗浄といった船内作業に関してはマニュアルを策定し，作業の標準化を図っている。トラブルが起きた際は，内容を精査して原因を究明し，再発防止策を策定するが，その中で手順として改善を要するものがあれば，適宜マニュアルを見直して再発防止に努めているという。

船員教育・研修や船舶などへの設備投資に関しては，B社の所有船舶と雇用船員に対して行っており，オーナーの船舶や船員にあっては，オーナーが主体となって実施する体制を基本的にはとっている。しかし，B社としてもオーナー任せにせず，用船を含む全船に対して，日頃の訪船活動やドック時の船員に対する安全教育に取り組んでいる。そして全オーナーが参加する研修会を年3回実施し，組織用の研修を行っているという。

船員教育・研修に関して，新規で採用した者に対しては，過去の重大事故な

どを受けて B 社が独自で策定した安全対策に関するルールについて，最初の乗船前に研修を行い，これに関してはオーナーにも展開している。その他，船員に対する定期的な教育としては，毎年ドック時に安全統括管理者である海運部長と実務担当者が訪船し，トラブル事例やケミカルタンカーにおける安全対策に関する反復教育及び緊急時を想定した吊り上げ訓練などを実施している。また，毎月船内において安全衛生委員会を開催しており，月間安全衛生活動項目に基づく船内教育を実施して船員の知識向上を図るとともに，教育資料も定期的に見直してインプット情報を更新している。

　訪船活動は，海運部及び各営業所の担当者が自社船と用船の両方に対して行っており，15隻全体で年間250回程度訪船している。それに加えてオーナーによる訪船が行われる。訪船時には，トラブル事例や気象海象・工事情報・ルール改正等の航行情報を周知し，チェックリストに基づいて，保護具着用，安全属具類の準備，書類記入の点検などの船内の安全管理体制の確認を行う。それらに加えて船内環境のヒアリングを実施している。内航船は少人数で運航されており，外界からも切り離されているため閉鎖的であり，人間関係のトラブルも生じやすい。船内で発生するトラブルの原因で多いものの一つにコミュニケーションの不全がある。慣習的なもの，職位，職制と経験や年齢の逆転によるもの，不和によるものがその要因となっている。オーナーも極力把握した上で配乗に工夫をしているが，船員数も限られており限界があるため，コミュニケーション状況のヒアリングにおいて，船内での不満や不和の種を素早く把握し対処するようにしているという。

　船舶の安全設備に関しては，2022年に船内にライブカメラを設置した。これにより甲板上前方及び船の周囲360度の映像をパソコンやスマホを通してモニターすることができるようになった。この映像はリアルタイムでも確認ができるが，過去のものを遡ってみることができ，トラブル発生時などの映像をドライブレコーダーのように確認することで，輸送上の安全の確保において一層の向上が期待されるとされる。船内の設備に関して，従来は B 社の強みでもある粘性の高いカーゴを運べるように，荷役ポンプにはギアポンプを主に採用していた。しかし，ドレンプラグの閉め忘れなどの漏れによるポンプ室内での事故発生やクリーニング時の安全性を考慮し，近年はコストは高くなるものの

ディープウェルポンプを採用している。また，着離桟時の操船性と安全性の向上のため，バウスラスターを搭載している。さらに，Ｂ社の一部ターミナルに陸上電源供給設備を設置し，停泊時の船員の作業軽減及び船内環境の向上に取り組んでいるという。

　ヒヤリ・ハットの収集や活用に関しては，国土交通省による運輸安全マネジメント評価に応じて，改善に取り組んできたと述べている。以前は，船からの自由提出としていたために報告件数も限定的であったが，2018年の評価で提案を受けたことをきっかけに，船から報告しやすいよう報告フォームを策定し，各船月１件以上報告するよう定めたところ，収集件数とバリエーションが飛躍的に増加した。2023年からは，ヒヤリ・ハットを報告する文化がある程度定着したことから，より詳細な状況の記載が可能なように自由記述欄を増やしたフォームに改訂した。そして，オーナーも主体的に関与してもらうため，オーナーからのコメント欄を追加した。これにより，船員だけでなくオーナーに関しても安全に対する考えやスタンスが確認できるようになったと感じるという。ヒヤリ・ハット情報の活用に関しては，2023年以降，収集した事例を毎月分類して船にフィードバックし，船内の安全衛生委員会で研修資料として活用することで，トラブルの再発防止・未然防止につながるよう推し進めているところである。また，年次でもＢ社全体の安全を担当する部門で分析を行い，その結果も船に周知している。

　上記の安全対策を進める上での障害として，船員不足と労働時間規制の厳格化があると述べている。船員の作業負担が大きいケミカル船では，元々なり手が限られる中，Ｂ社のように特殊なクリーニングを要する貨物を輸送する船では，特に船員の確保に苦慮している。また，2022年４月１日からの船員法及び内航海運業法の改正により，過労防止の措置の責任がオーナーのみならずオペレーター，荷主まで及ぶようになった。これを契機に，Ｂ社としては船員の労働時間の管理徹底を推し進めているが，業界内でも各社のスタンスが分かれているため，対応に悩まされている。船員の労働環境を良くするために，各社の足並みを揃えて各荷主に要望しなければならないが，「うちなら従来の条件で輸送可能だ」という船社がいると，自社の仕事を奪われる恐れがあるため，他社の動向にも注視しなければならず，大々的に推し進められない一面がある。

第Ⅱ部　内航海運の安全とその取り組み

また，荷主と協議をする上でも，具体的な条件を提示する必要があるが，前後の動静や荷役の順番でも複雑に条件が変化するため，それを示すのが非常に困難で，対応の鈍化に拍車をかけている状況であると説明している。

3　C社の安全対策の状況

　C社は，運輸安全マネジメント制度における国土交通省からの評価をこれまで3回（1回目は制度が発足してすぐのころ，2回目は2009年，3回目は2011年ごろ）受けたとされる。ただし，当時の対応担当役員が辞職しており，記録も残っていないため，その時期や詳細は不明であるとの回答であった。

　C社では，独自で「安全・衛生・コンプライアンス計画」を作成しており，これをもとに安全対策を講じている。同計画は「安全」「衛生」「コンプライアンス」の三つの項目毎に，基本方針，目標，実施項目が定められており，毎年見直しが行われている。このような対策を講じた背景には，運輸安全マネジメント制度があり，C社のオペレーターが導入を進めていたことも関係している。2007年ごろから「安全運航月度計画」という，現在の「安全」の項目のみの計画を定めており，2014年にはそれに「衛生」と「コンプライアンス」を加え，現在の形となった。このシステムを導入したことで安全管理が体系化され，組織的な取り組みをするようになったことで安全性のレベルの維持に効果があったと述べている。また，安全に対して経営トップの関与がより強固なものになったという。

　「安全」「衛生」「コンプライアンス」の項目の中には，ヒヤリ・ハット収集の推進や訪船活動，陸上と船員とで月1回行う安全会議の開催があり，その数の目標も具体的に決められている。また，実施項目には教育に関するものが多くみられる。例えば，重大事故想定訓練，安全作業責任者教育[3]，若年船員教育，防災教育，社外教育，危険予知トレーニングなどである。重大事故想定訓練は，年1回実施されており，来島海峡における乗揚げ，発電所付近の油流出などのあらゆるシナリオを作成して連絡訓練が行われる。これらは畑村洋太郎氏が提唱した「失敗学」を参考にした手法が取られている。また，若年船員教育は，30歳未満の乗組員を対象としたものであるが，それだけでなく指導する側の教育も行っている。若年者に対しては，その他にメンタルヘルスや離職防

止のために，訪船の際に個別に面談が行われている。

　訪船活動は，会社近くに寄港する船は月に3回，そうでない船は2か月に1回を目標に行っている。用船にも月1回は訪船するようにしているという。他事業者と比べると，荷役場所が会社近くにあるため，経営トップも含めて社員が訪船しやすい環境にある。1回の訪船は30分程度で，1～3名の社員で行う。これらは，船用金を渡すなどの事務作業の他，陸上の社員と船員とのコミュニケーション促進を目的に行われている。メールや書類では伝わらないような船内の些細な問題でも早期に解決でき，事故を未然に防げることがこの活動の利点であると述べている。船と陸上の安全への取り組みに対する温度差をなくし，船員に任せっぱなしにしないという姿勢をみせることも必要と説明している。

　ハード面の対策としては，船外カメラを設置して録画を行い，ドライブレコーダーのように活用している。また，新人船員の受け入れのために船員育成船舶を建造した。さらにその船舶は，2020年1月からのIMOによるSOx規制をきっかけに，規制の基準を上回るA重油の仕様とした。これによって，機関部船員の負担軽減につながることが期待できる。このように，安全対策に力を入れている理由は，C社によれば，陸上の事業の方が海運業よりも安全対策のレベルは優れており，同社は陸上の事業も行っていることから，先進的な安全対策をいち早く先読みして取り入れることができるためであるという。安全作業責任者や働き方改革の一環としての産業医の導入がその好例である。

　ヒヤリ・ハットの収集は，オペレーターが収集を始めたことをきっかけに，2013年から開始した。毎年7月にヒヤリ・ハット摘出強化月間として，オペレーターが作成した記入用紙を使って船員に報告してもらうようにしている。その数は，各船0～5件程度である。報告が上がってきた事例は，リスクアセスメントの手法を利用して分析し，対策まで実行することにより，リスク低減を図っている。それらの結果は，前述の安全会議において共有される。ヒヤリ・ハットは船員だけでなく，陸上勤務の社員も提出している。また，船員からの報告を促すため，訪船の際に提出を依頼したり，記入例や過去の事例を資料として提示したりしている。労働災害や事故が発生すれば，徹底的にその原因を調査して，必要に応じて教育を実施し，遵守できないルールであれば，そ

第Ⅱ部　内航海運の安全とその取り組み

れ自体を見直すなど，根本的な解決を目指しているという。

一方，安全対策を進める上での障害として，以下のようなことが課題であるとされる。

・事業者によって，安全への取り組みに対して温度差がある。監査でも指導のみで罰則がないために，真剣に取り組んでいる会社にとっては不公平感が否めない。
・陸上勤務の社員は安全に関する教育や指示をしているが，特にメールなどで間接的に行うと乗組員によって理解度が異なる。全部を直接伝えることができないため，船員が理解しているかどうかの確認が難しい。

4　D社の安全対策の状況

D社は，運輸安全マネジメント制度の対象事業者であり，これまでの国土交通省からの評価は約10年前（2013年頃）に1回受けたとの回答であった。安全や事故防止に関するマニュアルは，陸上職員で作っても現場の考え方に合わないため，特に作成していないという。船員を雇用していたときは，陸上職員とオーナー，船員で毎年「安全大会」を実施し，その際，テーマを決めてそれについて話し合いをしたり，事故やヒヤリ・ハットの共有を行ったりしていた。例えば，他社のオーナーに協力を依頼し，沖縄県南大東島の荷役経験のある船長を講師として，その荷役に関する研修会を行った。実際の映像を見て，うねりが大きい状況下の荷役における注意点などの意見を出し合った。その他，ドック時に安全講習なども行っていたが，現在は自社で船員を雇用していないため，船員の労務管理や教育・研修は船舶管理会社が実施することになっている。

訪船活動は，自社船が関西圏の港に入ることがあれば行うが，定期的にはできていない。D社の支店・営業所の近くに寄港することがあれば，出張と兼ねて行うこともある。その代わり，電話又はLINE等のアプリを使用し，船長や船員と毎日連絡は取り合うようにしている。訪船時には，D社の案件や運航の指示に対する意見，乗組員同士の関係性を船員に対して聞くだけでなく，船員の様子を実際に見てその雰囲気を観察するようにしている。そのときに気になることがあれば，船舶管理会社と情報を共有する。

船舶の設備に関しては，約10年前（2013年頃）に自社船を建造したとき，固定 Wi-Fi ルーターを各部屋に設置し，会社専用のパソコンを1台置いて，FAX からメールでのやり取りに変更した。約25年前（1998年頃）に，使用していないレクリエーション室を予備船員室やトイレ・シャワー室に改装したり，各部屋に冷蔵庫，洗面台，下駄箱を設置したりするなど，乗組員の居住環境を改善するための対策を行ってきた。今後は，まだ構想段階ではあるが，通信サービスが6Gになると，24時間リアルタイムで陸上から機関の監視が行えるようになるので，国土交通省の認可が降りると機関部を1名減らすことが可能となる。それが実現できれば積極的に採用を検討したいと考えている。また，機関の不具合があったときに事前に陸上でその状態を把握できれば，船が寄港するのに合わせて必要な部品を揃えて，船が入港するとすぐに修理が開始でき，時間の削減にも期待できる。

これらの安全対策を進める上での障害として，マンニング制度があるという。船舶管理会社によっては，多数の船と契約しているところがあり，交代要員として今までに乗っていた船とは別のところに船員を配乗させると，結果的に1隻の船の中に複数の会社の船員が混乗している状況となる。そのような船では，船内組織の統率が取れずに，船員同士の意思疎通や情報共有がしにくい環境となる。また，船員が突然別の船に乗せられると，その船の機器類のメンテナンスのルーティンがわからなかったり，次に航海する海域の操船経験がなかったりする。これらが事故の要因になり得ると指摘している。オーナーが船舶管理会社に船員の雇用と配乗を依頼せざるを得ないのは，その多くがD社のように採算が合わなくなったためであると説明する。船舶管理会社も，自社で所有する船舶でないために，それに対する安全意識のレベルが低いところが少なからずあり，そのようなところは船員の労務管理や教育・研修がおざなりになりやすいという。

また，貨物船で499総トンの船は司厨員が乗っていない船が多く，船員が自ら食事を調達せざるを得ない。そのことが船員の負担にもつながっている。船員がまとめて購入した食料も，急遽下船が決まって降りなければならない場合，破棄をせざるを得ないが，船内にはゴミを置くスペースがない。また，海洋投棄や焼却の規制が厳しくなったため，破棄もできない状況にあり，船内の

第Ⅱ部　内航海運の安全とその取り組み

居住環境悪化につながっているとされる。

5　E社の安全対策の状況

E社は，運輸安全マネジメント制度の対象者ではない。同社における安全対策は，任意ISMコードの認証を受けていないものの，それを基本として安全管理を行っている。安全に関するマニュアルは，安全管理マニュアル，手順書，オペレーターが作成するマニュアルなどが複数ある。これらを船員に熟知してもらうために，E社では作業ごとに最低限守ってもらうことをチェックリストにまとめ，作業前には会社の許可をとることとし，終了後には報告を求めている。陸上側でできる書類は会社で作成し，船員の負担を少なくして，本来の業務に集中できるようにしている。これを導入したのは2013年ごろで，船員の熟練度に関わらず誰でもすぐに作業にとりかかれるようなシステムが必要であったことがきっかけである。マニュアル化することによって，乗組員の引継ぎや研修が円滑に行えるようになり，会社内の安全意識も高くなったと説明している。さらに，タンカーの場合は貨物船とは異なり，メジャー検船による厳しいルールが定められていることから，オーナーであるE社とオペレーターで多重的に船員の安全教育を講じているという。

　船員教育は，雇用している船員の教育と新規で雇用したときの教育の2種類に分かれる。前者については，年に1回のドックの際に研修を行う。内容としては，同じオペレーターの船舶であった事故やトラブルについて，注意点を話し合う。また，船員の休暇明け前に「乗船前教育」として，休暇中に発生した出来事や他社のトラブル事例を郵送，電話又は面会などで伝えている。それらの伝達方法に加え，最近ではコロナ禍をきっかけにリモートでも実施している。特に若年船員に対しては，オンラインでE社の安全担当者による勉強会を2時間程度かけて行っている。後者については，その船員に応じた教育を実施している。中途採用であれば，不要な部分は省くが，新卒者であれば，電話対応の仕方，メールの作成方法などの社会人教育も行う。教育資料は，全国内航タンカー海運組合やオペレーターの作成するものを活用している。

　所有船舶への訪船活動は，少なくとも月1回実施している。書類や備品の有効期限の確認などは当然のこととして行っており，ツールを利用して陸上で確

認可能なものは訪船時に行わず，船内の作業や整備状況を確認し，船員への声かけや労い，会話の時間に当てているという。その時は毎回乗組員全員と話をして，日々の困りごとや陸上でサポートできることはないかを聞いている。また，危険な作業を発見した場合は，船長にそれを伝えて注意もする。さらに，船員と食事を一緒にする機会も設けている。このように訪船活動を大事にしている理由として，仕事場が陸と離れた海上であるという特性上，管理者と労働者では対立しやすい関係に陥りがちであるためと説明している。E社ではそれを防ぐため，乗組員が仕事を安全に行うために最大限の力を発揮できるよう，陸上社員はそのサポートをするという姿勢で仕事をしていることの意思表示を訪船活動でしているという。

　ヒヤリ・ハットについては，オペレーターからの要請で月に1回報告するために，月末に船員の人数分の事例を収集している。分析はオペレーターが行い，その結果はオーナーにフィードバックされる。これを会社内で回覧した後に，船にファックスで送る。船内でも同様に回覧後にサインをして，再度会社にファックスで送ってもらう。事例が採用された船員はQUOカードが授与されるという特典があり，船員の積極的な報告を促している。

　他方で，安全対策を進める上での障害は，一つに船員不足があるという。E社では十分な数の船員を雇用できているため今のところ影響はないが，多くの内航海運事業者は人手不足で船員に十分な休暇を与えられず，船員は長期間の乗船を強いられている。それに関連して，事業者間で優秀な船員確保の競争が激化しており，船員の給料は年々上昇している。運賃・用船料も徐々に上がってはいるものの給料の上昇分をカバーできず，そのため会社の利益が圧迫され，安全対策への投資が難しくなってきていると述べている。

　さらに安全性を向上させるためには，船員を増やすだけでなく，船員の質を上げなければならない。それには採用段階で人としての素質や仕事に対する熱意がある人を選ぶことも重要である。現在，船員職業の窓口を担っているのが運輸局であるが，職員は求職者の登録作業しか行っていない。求職者へのインタビューの中で，陸上のハローワークのように，求職者がどのような仕事を求めているかを確認し，船員の仕事を理解していなければそれを説明した上で，船員として務まる人を事業者に紹介してほしいという。また，併せて優秀な人

材を集めるためには，船員という職業のステータスを上げる必要があり，それには国としても尽力してほしいという要望が出された。

船員に関連する以外のこととして，業界全体の安全性を改善するためにも，運輸局は事業者に対する監査を，比較的安全対策に積極的な事業者に対してばかり実施するのではなく，安全への取り組みが十分でない者に対しても実施すべきであるという意見があった。また，これらの運輸局職員の対応は，他人事のような姿勢であるように感じるという。同職員は通常2～3年で転勤になるために，自身の業務を完遂することや評価を得ることに手一杯となり，それが業界にとって有益か，改善するために何を行うべきかといったところまで考える余裕がない。こうした現状を見直さなければ，内航海運業界も変わらないであろうと指摘している。

6　F社の安全対策の状況

F社は，運輸安全マネジメント制度の対象者ではない。F社の安全管理は，各オペレーターの作成する安全管理マニュアルに沿って展開するという形態をとっている。F社でマニュアルを作成していない理由として，同社はオペレーターと別にマニュアルを作成すると，船員が順守しなければならないものが複数になり，返って混乱を招く要因となり得るからであると説明している。マニュアルをオペレーターが作成し始めたのは2000年頃で，これを使用してから着桟前にミーティングを行うことが習慣化し，このことが運航の安全の向上につながったという。また，安全管理規程の運航基準によって，運航の可否判断が数字で明示されるようになり，無理な運航が少なくなったとされる。

船員の教育や研修は，船員の雇用主である船舶管理会社が実施する。同社によれば，新規乗船者については，乗船前日に会社で船舶の運航内容，乗組員の情報，過去のトラブル事例などを口頭で説明している。さらに，新卒者に対しては，船内生活における基本的な注意事項や「基本訓練」[4]，法律関係の説明を1日8時間程度かけて行う。雇用している船員に対しては，毎年ドックのときにオペレーターが開催する安全会議に出席しており，事故事例や法律改正の内容などが共有される。これは，安全管理規程の作成がオペレーターに義務付けられ，オペレーターが船員の教育を行わなければならないようになって始まっ

第7章　事業者の安全対策の現状と課題

たものである。また，外部講習として，BRM 訓練と海上防災訓練がある。
BRM 訓練は2005年ごろからドックのときに行うようになった。海上防災訓練
は，船長や一等航海士，機関長に昇格する船員に対して行うもので，1995年の
STCW 条約改正から実施している。

　訪船活動で行うこととして，F 社は，主に設備トラブルの有無，船舶管理会
社は法令書類の記載内容などを確認している。その他に，船員ともコミュニ
ケーションをとる。F 社による訪船は，オペレーターから月1回は行くように
指示があるが，それ以上は行っているという。35年ほど前（1988年頃）に船舶
の所有と管理を別にするようになり，当初は，他社の雇用する船員に対して口
出しをしない方が良いという思いから，船員とはあえて接触せずに距離をとっ
ていた。そのときは，船内の雰囲気が良好ではないと F 社は感じていた。そ
の後，船舶管理会社の社員に同行して訪船し，積極的に船員とコミュニケー
ションをとるようになると，船内の業務などが円滑に進むようになり，事故も
減って環境が改善したと述べている。なお，訪船時の活動内容や船員の意見な
どは F 社と船舶管理会社で共有をしている。船舶管理会社によれば，オー
ナーが訪船する船とそうでない船があるが，前者の方が船内の雰囲気は良いと
述べている。

　船舶設備に関しては，2009年には画面上に AIS（船舶自動識別装置）情報が映
るレーダーシステムを搭載して乗組員の航行支援を強化し，2010年ごろには乗
組員の居住環境改善のために Wi-Fi を設置し，海上においてもインターネット
が使用できるようにした。このように，小型内航船には設置されていないよう
な設備でも必要なものがあれば，いち早く取り入れるようにしているという。
最近では，船員の働き方改革を進めるために，労働時間を船内と陸上で把握し
やすいよう，クラウド上でデータのやり取りを行えるようにした。

　ヒヤリ・ハットの収集は，2010年ごろから始まり，元請オペレーターの指示
で，ケミカルタンカーの1隻のみ毎月1回1件程度提出している。船舶から直
接オペレーターに提出するため，オーナーや船舶管理会社は訪船時にその内容
を確認している。オペレーターからは2〜3年に1回，事例を収集した結果が
船とオーナー，船舶管理会社にそれぞれフィードバックされる。

　一方，安全対策を進める上での障害について，以下のような回答があった。

215

第Ⅱ部　内航海運の安全とその取り組み

・船長が当直に入ると労働時間が超過してしまう。

・航路航行時に航路内の漁船などの対応に苦慮する。

・オペレーターが効率化を求めた結果，次の航海の予定が前日の午後に決定するため，余裕を持った作業予定が立てられない。

・乗組員の採用活動が人手不足で非常に厳しく，即戦力となる船員の雇用が不可能で，見習いの船員を育てるのも時間がかかるため，技量のある船員が特に不足している。

第3節　事業者による安全対策の課題

1　事業者の安全対策の現状

以下，各質問項目に沿って，事業者の安全対策の現状を整理する。

まず，運輸安全マネジメント制度の進捗状況であるが，筆者がインタビューを実施した事業者のうちＡ社，Ｂ社，Ｃ社，Ｄ社が同制度の対象者であった。時期にばらつきがあるものの大手のオペレーターであるＡ社は6回，Ｂ社は5回，過去に国土交通省からの評価を受けている。それを受けて，各社内部監査の方法やヒヤリ・ハットの収集・活用方法の見直しなどにつなげており，同制度に対する取り組みがみられる。一方で，小規模事業者のオーナーオペレーターであるＣ社とＤ社は，評価を受ける頻度が低いためか同制度の認知度も低く，社内の安全対策に全く影響を及ぼしていない。ただし，Ｃ社にあっては，独自で「安全・衛生・コンプライアンス計画」を作成・実行・見直しするなど，運輸安全マネジメント制度が求める安全管理体制に近い取り組みが行われていた。

安全管理体制を構築・運用している事業者は，自社で船員を雇用していないＤ社とＦ社以外のすべての会社であった。Ａ社及びＢ社にあっては，運輸安全マネジメント制度の安全管理規程に基づいて運用がなされている。Ｃ社にあっては，経営トップである社長が「失敗学」について学ぶなど安全に対して積極的な姿勢であること，陸上事業における安全対策を海運業でも取り入れていることがその要因であろう。Ｂ社及びＥ社は，メジャー検船への対応が必要である。また，Ｅ社は認証を取得はしていないものの，ISMコードに基づ

いた運用が行われている。組織体制の中で安全担当者を専任で配置していたのがA社及びE社であった。

　各社が安全管理システムを導入し，作業がマニュアル化されたことで，業務が体系化され，組織的に取り組むようになった。具体的には，経営トップの安全への関与が強化されたこと，乗組員の引継ぎや研修が円滑になったこと，作業前にミーティングを行う習慣がついたこと，運航基準が明確化されたことがインタビューした事業者の意見として挙げられた。これらの理由から，事業者は導入前よりも安全性が向上したと述べている。一方で，訪船活動などを通じて，陸上の社員と船舶の乗組員とで綿密なコミュニケーションをとることが事故の削減に効果的であると事業者は実感している。そこで得られた，船員が日々感じている困りごとなどを改善し，陸上社員で船員の仕事をサポートする姿勢をみせることで，船員自身の仕事に対する意欲が高まり，結果的に船員が安全な運航を心掛けることにつながるのであろう。したがって，安全を確保するためには安全管理システムの導入だけでは不十分で，船員がより良いパフォーマンスを発揮できるように，陸上側が日々船内環境を改善していくという地道な取り組みも必要であると考えられる。

　本来，船員の教育・研修や船舶などへの設備投資は，契約上オーナーが堪航性を維持する義務があることから，オーナーにその責任がある。しかし，多くの用船を抱えるA社とB社では，自社船を中心とした対策をとりながらも，用船をしているオーナーに対して支援を行っていた。A社は，船舶管理会社をグループ会社として設立し，所属船舶のオーナーの船舶管理に関する費用負担を最小限にすることで，サポートをしている。B社は，用船に対しても日頃の訪船活動やドック時の安全教育，オーナーに対する組織用の研修を行っている。オーナーであるE社もオペレーターから教育資料の提供などのサポートを受けている。

　船員教育に関しては，C社とE社では特に積極的な取り組みがみられた。C社に関しては，船員育成に特化した船舶を所有しているという点でその環境が整えられていた。また，訓練もただ実施するだけでなく「失敗学」を生かした手法を取り入れている。E社は，新しく雇用した船員に対して，その船員が新卒・中途，乗船経験に応じた教育を行っており，小規模事業者ならではのきめ

細やかな取り組みであるといえる。さらに，乗船前教育として，乗船する前に休暇中の情報などが伝えられるため，船員がすぐに業務に取りかかることができ，その情報を知らないことによる運航・荷役などのミスを防ぐという利点がある。D社では，他社のオーナーに協力を依頼し，現役の船長を講師とした研修会が行われていた。陸上の社員が講習をするよりも，船長・船員やその経験がある社員がその実体験を話す方が，船員にとっても身近な問題として捉えることができると考えられる。

ヒヤリ・ハットの収集・活用状況に関しては，インタビューしたすべての会社において収集が行われていた。特に積極的な取り組みがみられたのは，A社とC社である。A社では，船舶安全管理室の社員が船員からの事例をまとめて原因や対策のコメントをつけ，フィードバックをしており，さらに必要に応じて同社員が直接訪船して，説示・指導している。フィードバックも配布のみであると，船員によっては確認しない者もいるであろうが，説示や指導が行われることで，それについて考える時間が設けられ，今後の改善につながりやすいものと考えられる。C社では，リスクアセスメントを参考とした分析手法がとられており，具体的な対策の実行につなげている。また，E社では，オペレーターからのQUOカードの配布という特典があり，船員からの積極的な報告を引き出す工夫がとられている。

事業者における安全対策を進める上での障害や困りごとについて，その多くが船員に関する問題である。船員不足，労務負担，船員の質などが懸念事項として挙げられた。事業者に関する問題では，事業者同士でも足並みが揃わないことから生じるものや，次の航海予定が直前に決定されること，マンニングのような内航海運の業界構造に関わる問題もある。

2　事故防止のための課題

第5章で提案した六つの安全対策（図5-2参照）について事業者の取り組みの状況を整理したものが表7-2である。インタビューした6事業者すべてにおいて重点的に行われていたものは「事業者による取り組みが十分見られた」とし，事業者によってその取り組みに差があるものは，「事業者による改善・工夫の余地がある」とした。さらに，対策によっては事業者だけで対応できな

第7章　事業者の安全対策の現状と課題

表7-2　事業者の安全対策の取り組みの状況と必要な対応

	事業者による取り組みが十分見られた	事業者による改善・工夫の余地がある	事業者団体等により改善すべきである	国の関与が必要である
安全管理		○	○	○
マニュアル		○		○
教育・研修		○	○	
訪船活動	○			
ヒヤリ・ハット		○		
設備投資		○		

（出所）筆者作成。

いものもあるため，それらは「事業者団体等により改善すべきである」や「国の関与が必要である」ものとして分類した。

　6事業者のすべてが十分に取り組んでいたのが，訪船活動であった。この訪船活動は安全対策としてだけでなく，オーナーが船舶の不具合や船員の様子などを確認するために従前から行われているものである。A社では専任スタッフを置いて重点的に取り組み始めてから，またF社では雇用関係でなくても積極的に船員とコミュニケーションをとるようにした結果，事故やトラブルの数が減少したという。他の事業者においても，船員とのコミュニケーションをとることの重要性を認識しており，安全運航を確保する上で，その役割は大きいものと考えられる。

　次に，安全管理，マニュアル，教育・研修，ヒヤリ・ハット活用，設備投資の五つの対策については，事業者ごとに取り組みの差がみられたもので，事業者による改善・工夫の余地があると思われるものである。

　安全管理の実施状況には，各社に取り組みの差がみられた。一般的に貨物船よりもタンカーの方が規制が厳しいことから，その水準は高い傾向にはあると考えられるが，C社のように貨物船の事業者においても積極的に取り組んでいるところもある。船種や事業者規模に関係なく，運輸安全マネジメント制度が推奨するように，まず，事故のリスクを見つけて，それを低減するための計画（Plan）をつくり，それをもとに実行（Do）に移す。その結果を確認（Check）して改善（Act）へとつなげ，さらに次の計画に生かすというPDCAサイクル

219

第Ⅱ部　内航海運の安全とその取り組み

を実行してこそ，安全性の維持・向上へとつなげられると考えられる。本来で
あれば，会社の組織にその担当者を配置すべきであるが，人件費などのコスト
がかかるため，事業者の自助努力では限界がある。そのためには，そのコスト
分が反映された運賃・用船料を収受する必要がある。運賃・用船料は，原価に
基づいた計算をした上で決定されるように，事業者団体や国が関与して荷主に
はたらきかけ，見直す必要がある。

　安全に関するマニュアルは，手順書などを含めると複数ある。E社では，船
員の負担を少なくするため，陸上側で作成可能な書類は会社でつくるなどの工
夫がみられた。このように，事業者は，船員が本来の業務に集中できるよう
に，複数あるマニュアルを整理して船員に展開する必要がある。一方で，いわ
ゆる「船主船長」のようなオーナーが自ら船に乗り組む場合や陸上職員が1～
2人といった事業者であれば，それは容易ではない。国も事故を防ぐために規
制をかけていくことも必要ではあるが，船員の負担が増えることを理解した上
で，提出書類を見直すなど，それに配慮した制度設計にするべきである。

　教育・研修に関しては，六つの事業者すべてでは行われていたものの，航海
中に時間をとって行うのは難しく，ドック時の研修が中心となっている。一方
で，乗船前や訪船時に時間をとって行っているところは，陸上に安全の担当者
を配置している。D社のように，陸上職員が一方的に行うだけでなく，現役
の船員又は経験者を講師とした研修も教育効果が高いものと考えられる。事業
者によっては，前記のマニュアルのところでも述べたように，単独で実施する
のは難しいところもある。その場合，例えば，事業者団体や海洋共育センター
のような団体が教育資料を作成したり，人材を派遣したりするという支援が必
要であろう。

　ヒヤリ・ハットの収集・活用は，船員から挙がってきた報告を集計して，数
値として提示するのではなく，中身を精査して，それを防止するための対策を
講じ，船員の教育・研修資料として利用することによって，その有効性があ
る。実施している事業者の中には，ヒヤリ・ハットを収集する理由について，
オーナーであれば「オペレーターから収集するように言われたため」，オペレー
ターであれば「国の評価で指摘されたため」といった受け身の姿勢がみられた。
これは，運輸安全マネジメント制度において，事故やヒヤリ・ハット情報など

第7章　事業者の安全対策の現状と課題

の収集・活用が事業者の評価対象にされたためであると考えられる。まずは，事業者がなぜヒヤリ・ハットの収集を行うのかを十分に理解し，船員にもそれを示した上で取り組まなければ，安全対策として機能しないものといえる。

　設備投資はコストがかかるため，オペレーターの方が積極的に導入していた。一方で，オーナーは船員との関係が近いこともあり，その要望に応じた設備の導入が可能である。船員の業務負担を軽減するために導入しているのは，気象・海象の情報提供や夜間の見張りのサポートシステム，陸上電源供給設備，A重油仕様の機関，パソコンなどの電子機器であった。それらに加えて，船員の要望に応じたものが導入できれば望ましいと考えられる。設備の導入に関してはオーナーが主体で検討しつつも，コストがかかるものは荷主やオペレーターの理解が不可欠であり，運賃や用船料に反映されなければならない。

第4節　事業者団体の役割

1　設立の経緯とこれまでの事業

　内航海運業界は，内航海運組合法に基づき，五つの海運組合又は連合会（以下，「5組合」という）を組織している。これらの総合調整機関として組織したものが「日本内航海運組合総連合会」（以下，「内航総連」という）である。

　5組合は①内航大型船輸送海運組合，②全国海運組合連合会，③全国内航タンカー海運組合，④全国内航輸送海運組合，⑤全日本内航船主海運組合から成る。5組合の元となった組織は，④を除き戦時体制への対応のために昭和初期に結成された[5]。当初は任意団体であったが，1929年の「海運組合法」[6]施行により法規制の対象となり，次第に国家管理下におかれるようになった[7]。

　戦後，日本を占領統治していたGHQの強い意向で1947年7月に「私的独占禁止法」が施行された。海運組合法はカルテル法であるために，私的独占禁止法違反になるとして，1947年8月に海運組合法は廃止された。それと同時に各組合も解散となった[8]。しかし，燃料不足，内航タンカー不況の深刻化，GHQからの船舶返還への対応のため，任意団体として再度結成されたが，法的根拠がないためにほとんど目立った活動はなかった。その後，1957年10月の小型船

221

第Ⅱ部　内航海運の安全とその取り組み

海運組合法施行により，組合の権限強化が図られた。さらに1964年8月の内航
海運組合法施行により，全内航海運事業者を全国的に組織化することとなり，
同法に基づいて現在の5組合に再編された。そして，これらの連合組織である
内航総連が1965年9月27日に創立され，同年12月4日に運輸大臣から設立認可
が下りた。このように連合組織が設立されたのは，第1章第2節で述べたよう
に，当時は船腹過剰などの問題に直面しており，これらの対策のために，より
強力な業界の協調体制の構築が必要となったためであった。[9]

　これまでの内航総連の主要事業は，設立の目的にもあった船腹調整事業と，
それに引き続いて導入された内航海運暫定措置事業である。[10] これらは，1967年
から2021年までの約半世紀にわたって実施されたものである。この他，総連は
船員対策にも取り組んでいる。すなわち，船員が徐々に減少する中，1989年4
月の船員法改正施行により労働時間が短縮され，労働力不足が危惧された。そ
こで内航総連は，1989年6月に「船員対策特別委員会」を設置して，内航船員
居住環境設備改善奨励金や若年者雇用奨励金の交付，[11]「内航船員確保対策協議
会」における各組合の船員確保対策に対する助成などの対策を実施した。[12] そし
て，国土交通省が2011年5月に設置した「船員（海技者）の確保・育成に関す
る検討会」の提案を受けて，2012年5月には「内航船員育成奨学基金」を創設
した。他にも，船員の安定的確保，船員教育の充実，労働環境の改善に係る各
種事業を展開してきた。[13]

2　組織構成と現在の事業

　内航総連の組織について，①内航大型船輸送海運組合の組合員は，主に1000
総トン以上の貨物船オペレーター（外航船社系列又は定期航路業者）で，会員数
は26社（2022年4月1日現在，以下5組合で同様）である。②全国海運組合連合会
の会員は，全国の海運組合や海運組合連合会で，傘下の組合員は，地方のオー
ナーやオペレーターが主体となっている。組合員の合計は1420社であり，その
数は5組合の中で最も多い。③全国内航タンカー海運組合は，タンカーのオー
ナーとオペレーターにより構成された組合で，その数は483社である。④全国
内航輸送海運組合の組合員は，主に大手の貨物船オペレーターで，その数は69
社であるが，最大の貨物船市場のシェアを有する。最後に，⑤全日本内航船主

海運組合は中型の貨物船を所有するオーナーが主体となっており，会員数は，308社である[14]。

　事業者全体の組合加入状況について，2023年7月31日に内航総連事務局に行ったインタビューによると，2021年8月に内航海運暫定措置事業が終了するまでは，100総トン以上の船舶を建造するために各事業者は5組合のいずれかに所属しなければ認定を受けられなかったため，その影響により許可事業者の2023年7月現在の加入率は100％近い。

　内航総連は，理事会によって管理されている。理事会には各種委員会が設けられており，5組合からそれぞれ1～2名選出される委員によって運営されている。内航総連の事務局職員数は，2023年7月現在16名である。理事長以下五つの部・室で構成され，それぞれの委員会を担当している[15]。

　内航総連の目的は，同会の定款によれば「総連合会を構成する海運組合又は海運組合連合会（以下会員という）並びに総連合会を直接又は間接に構成する海運組合員（以下組合員という）の社会的，経済的地位の向上，会員相互の協調を図り，もって内航海運業の健全な発達に資すること[16]」にある。この目的を達成するため，定款に以下のような事業が定められている。

1．内航海運事業の経営の合理化に関する指導及びあっせん
2．内航海運事業における技能教育に関する事業
3．海難防止に関する事業
4．会員の行う調整規程等の総合調整
5．内航運送に係る運賃又は料金の調整
6．内航運送の用に供される船舶の船腹の調整
7．組合員の内航海運事業に関する共同事業
8．会員相互の連絡協調を図る施策
9．前各号に掲げる事業を行うために必要な調査，研究，宣伝，啓蒙その他の事業

上記をもとに，内航総連は各種内航海運政策に応じた事業を行っている。
　内航海運暫定措置事業が終了した現在，24億円弱の清算剰余金が内航総連に

第Ⅱ部　内航海運の安全とその取り組み

残っている。これらは交通政策審議会海事分科会基本政策部会で示された三つの施策①船員の確保育成・働き方改革，②取引環境改善・生産性向上，③環境対策の推進に関連した事業を総連が実施することを条件に，非課税となった。今後は，国土交通省の承認を得たうえで，これを活用した事業が展開される[17]。この中で，特に現在総連の予算をかけようとしているのが，船員に関する事業であるという[18]。

　具体的な事業として主なものは，労務管理責任者講習会の実施である。船員の働き方改革の一環で，「海事産業強化法」により2022年4月に船員法が改正され，労務管理責任者の選任が船舶所有者に義務付けられた（船員法第67条の2第1項）。さらに，船舶所有者は労務管理責任者に「必要な研修を受けさせ」同責任者としての「知識の習得及び向上を図るための措置を講ずるよう努めなければならない」（同法第67条の2第5項）とされた。これらを受けて，内航総連は国土交通省に認定された「労務管理責任者講習」を実施している。

　この他にも船員対策に関する取り組みが多く，船員の働き方改革を受けた船員需給・労働環境改善の調査事業や船員の健康確保に向けた事業，各船員教育機関への支援等の船員育成に関わる事業などを展開している。その他，環境・安全対策，モーダルシフトの推進，経営基盤強化，カボタージュ問題などにも各関係機関と連携しつつ取り組んでいる。

　なお，内航総連の定款で定められている事業の一つに「海難防止に関する事業」があるが，これに関しては，内航総連事務局によれば，海難に対する具体的な対応は行っておらず，安全に関する法令強化の周知や法律改正前に業界団体としての意見を国土交通省に述べる程度の活動にとどまっている。最近は，洋上風力発電設備建設に関する航行安全対策の対応として，各協議会において意見等を述べているという[19]。

　一方で，業界団体として荷主に対して，船員の労働時間への理解や運賃の是正等の働きかけなどは直接行っていないが[20]，荷主と内航海運業界との連携強化のため，国土交通省の主導により「安定・効率輸送協議会」が2018年から開催されており，荷主及び内航海運事業者（内航総連）の実務者，行政間で話し合う場が設けられている。同協議会では，産業基礎物資の輸送品目ごとに鉄鋼部会，石油製品部会，石油化学製品部会の三つの部会を設置している[21]。ただし，

224

内航総連事務局によれば，この「安定・効率輸送協議会」のこれまでの議論は，船員の働き方改革への理解やコンプライアンスの確認など国が推進する政策が中心となっているという[22]。また，2022年3月には「内航海運と荷主との連携強化に関する懇談会」が開催され，物流に関する意思決定において重要な役割を担う役員クラスの経営層と行政間で意見交換が行われた[23]。

　ところで，内航海運業界とその構造が類似するトラック運送業界において，その事業者団体にあたるのが「全日本トラック協会」である。同協会では，交通安全対策を主要事業の一つとして掲げており，その大綱となる「トラック事業における総合安全プラン2025」を2021年3月に策定した。これは，国土交通省による「事業用自動車総合安全プラン2025」を受けたものである。このプランを基にして，飲酒運転撲滅のための啓発活動や事故・対策事例の共有，安全装置の導入に対する助成，トラックドライバーコンテスト，「安全性評価事業」（Gマーク制度）などを実施している[24]。Gマーク制度は，「安全性優良事業所」を同協会が認定し，同事業所を利用するように荷主への働きかけが行われている[25]。「標準的な運賃」制度（第2章第4節3参照）の普及に関して，同協会では，会員の運送事業者向けに解説動画などの資料や「自社原価に基づく運賃表作成シート」を配布している。一方，荷主に対しては国土交通省と連名で，業界紙への広告掲載や荷主企業・団体への文書等の送付を行っている[26]。

　内航海運の業界団体は，各事業者の意見を収集し，代表して行政や荷主に働きかけること，一事業者ではできない施策に取り組むことにその意義があると考えられる。内航総連は，船腹過剰の解消を主な目的として設立され，2021年に内航海運暫定措置事業が終了するまで主要な事業として活動を行ってきた。現在は，残された清算剰余金の使い道を国が推進する施策の実施としているが，それは本来の事業者団体のあるべき姿ではない。内航総連は，国の施策を推進するために存在するのではなく，定款の目的にもあるとおり，組合員の社会的，経済的地位の向上，会員相互の協調，内航海運業の健全な発達のための活動を行うのが本来の姿である。清算剰余金を使い切った後，どのような事業を展開すべきかについて，末端にいる小規模事業者からの意見も吸い上げて，真剣な議論をするべきである。

　個々の事業者では実現が難しい施策の一つに安全対策がある。なぜなら，事

第Ⅱ部 内航海運の安全とその取り組み

業者が安全運航をする上で必要となる，適切な運賃・用船料の収受や余裕を持った運航計画の作成などは，荷主の理解・配慮が不可欠ではあるが，一事業者でそれらを働きかけるのは困難であるからである。現在，内航海運では，「安定・効率輸送協議会」や「内航海運と荷主との連携強化に関する懇談会」で荷主との話し合いをする場を国土交通省が設けているものの，そこにおいても船員の働き方改革といった国の施策が議論の中心となっている。このような話し合いの場において，内航総連は業界団体として，運賃や輸送計画などについても荷主と具体的に協議を進めなければならない。安全設備に係る助成や教育・研修資料の作成など，安全に関する事業もさらに充実させる必要があると考えられる。

一方，トラック運送業の事業者団体である全日本トラック協会は，交通安全対策を主要事業の一つとして掲げており，前述したような安全施策を展開している。そして，適正な運賃・用船料を収受するため，原価に基づいた運賃の決定方法を推進し，原価計算のためのシートの配布や荷主への働きかけを行っている。内航総連が安全に資する施策を展開していく上で，全日本トラック協会のような他の事業団体の取り組みも参考になるであろう。

第5節　小　括

本章では，第1節から第3節において事業者のインタビュー結果から安全対策の現状と課題について整理し，第4節において内航海運の事業者団体である内航総連について，その役割を考察した。

本研究でインタビューを行った事業者は6者で，そのうちオペレーターが2者，オーナーオペレーターが2者，オーナーが2者である。各事業者に，①安全管理（対策）の実施及びマニュアルの作成状況，②船員教育・研修の実施状況，③訪船活動の実施状況，④安全対策，乗組員の負担軽減に関連する設備投資，⑤ヒヤリ・ハットの収集・活用状況，⑥安全対策を進める上で困っていること・障害になっていること，について質問し，その結果を第2節において事業者ごとに記述した。

第3節では，第5章の事故分析から，船員の錯誤や不注意を防止するために

挙げられた四つの課題について，それらに必要な安全対策について考察し，事業者の現状の対策と照らし合わせた。その結果，事業者による取り組みが十分にみられた対策は「訪船活動」であり，事業者自身も安全運航に有効なものとして認識をしていることがわかった。事業者ごとに取り組みに差がみられたものが，「安全管理」「マニュアル」「教育・研修」「ヒヤリ・ハット」「設備投資」の五つで，これらは十分に実施しているところもあることから，事業者による改善・工夫の余地があるとした。

　第4節では，内航総連の設立背景に船腹過剰があり，それを解消するための組織として誕生したことを述べた。船腹対策は，2021年8月の内航海運暫定措置事業が終了するまで，内航総連の主要事業として実施されてきた。現在は，船員に関する事業が主要なものとなり，海難防止に関する事業については具体的な対応がとられていない。そして，全日本トラック協会との比較を行った上で，内航総連は同協会のような取り組みを参考にし，適切な運賃・用船料の収受のための対策や，その他安全運航に資する施策を講じていくべきであることを提案した。

注

1）　組織船とは，全日本海員組合の組合員が乗り組む船舶で，組合員の労働条件などは，船主団体と同組合との協議によって決定される。

2）　未組織船とは，全日本海員組合に加入していない船員が乗り組む船舶で，船主と船員との労働契約によって，船員の労働条件などが決定される。

3）　C社における安全作業責任者とは，荷役の責任者は一等航海士など，ある業務について責任を負う者のことであり，これまで船長1人の責任であったが，業務の種類ごとに責任を分担しようという試みによるものである。

4）　2010年改正のSTCW条約（マニラ改正）第6章第1規則及び船員労働安全衛生規則第11条第1項に基づく。

5）　④全国内航輸送海運組合の母体となった「神戸小型鋼船懇話会」は，1962年7月に設立された。元は神戸の外航不定期船社が戦時中に政府の要請によって大型機帆船を建造し，内航海運に参入したことを起源とする。詳しくは，以下を参照のこと。弓庭博行（2019）「内航海運近現代史　第40回内航業者団体の変遷⑦」『内航海運』Vol. 54 No. 1015，8-13頁。弓庭博行（2019）「内航海運近現代史　第41回内航業者団体の変遷⑧」『内航海運』Vol. 54 No. 1017，74-75頁。

6）　⑤全日本内航船主海運組合の母体となる「近海汽船同盟会」は，満州事変以降に戦時物資輸送の需要増加に伴い上昇した内航運賃・用船料の沈静化のために1934年3月に結

第Ⅱ部　内航海運の安全とその取り組み

成された。詳しくは，弓庭博行（2018）「内航海運近現代史　第34回内航業者団体の変遷①」『内航海運』Vol. 53 No. 1007, 68-70頁を参照のこと。②全国海運組合連合会の元となる「大日本機帆船組合連合会」も満州事変以降の日本の戦時体制への動きを受けて，1937年10月に設立された。詳しくは，以下を参照のこと。弓庭博行（2018）「内航海運近現代史　第35回内航業者団体の変遷②」『内航海運』Vol. 53 No. 1008, 68-71頁。弓庭博行（2018）「内航海運近現代史　第36回内航業者団体の変遷③」『内航海運』Vol. 53 No. 1009, 76-81頁。

7）　①内航大型船輸送海運組合の元となる「海運中央統制組合」の第10組は，海運組合法に従って1940年11月に設立された。詳しくは，以下を参照のこと。弓庭博行（2019）「内航海運近現代史　第38回内航業者団体の変遷⑤」『内航海運』Vol. 54 No. 1012, 73-76頁。弓庭博行（2019）「内航海運近現代史　第39回内航業者団体の変遷⑥」『内航海運』Vol. 54 No. 1014, 70-73頁。③全国内航タンカー海運組合は，1940年11月発足の「近海汽船統制輸送組合」と1942年10月設立の「全国沿岸タンク船海運組合」を起源にもつ。前者は1940年9月に閣議決定された「海運統制国策要綱」を受けたもので，後者は1941年9月の「港湾運送業等統制令」をきっかけとして後に海運組合法が適用された。詳しくは，弓庭博行（2018）「内航海運近現代史　第37回内航業者団体の変遷④」『内航海運』Vol. 53 No. 1010, 9-13頁を参照のこと。

8）　⑤全日本内航船主海運組合の前身である「近海汽船協会」は，太平洋戦争開戦後の1942年10月，日本船主協会に吸収合併され，戦後は同会の小型船委員会として復活し，1952年に独立した。

9）　日本内航海運組合総連合会広報委員会編（2015）『五十年のあゆみ』日本内航海運組合総連合会広報委員会，19-42頁。

10）　事業の詳細については，第1章第3節1を参照のこと。

11）　当時講じられた対策は，①内航船員居住環境設備改善奨励金の交付，②若年者雇用奨励金の交付，③各組合による船員確保対策に対する助成，④海員学校生徒募集活動に対する資金協力，⑤内航船員募集のためのPR事業，⑥内航船員の実態調査，⑦財団法人日本船員福利雇用促進センターの行う外航離職船員の内航適応技能訓練に関する資金協力である。

12）　日本内航海運組合総連合会広報委員会編（2015），前掲書，157-161頁。

13）　同上書，262-266頁。

14）　日本内航海運組合総連合会（2022）『内航海運の活動・令和4年度版』日本内航海運組合総連合会，18-19頁。

15）　2023年7月31日に日本内航海運組合総連合会事務局に実施したインタビューによる。

16）　日本内航海運組合総連合会「日本内航海運組合総連合会定款」2022年9月22日改正，http://www.naiko-kaiun.or.jp/wp/wp-content/uploads/2023/02/teikanR4.9.22.pdf（2023年7月7日取得）。

17）　「船員の確保育成『地域に根差した活動が重要』内航総連川村俊信理事長が講演」『内航海運新聞』第2787号（2023年6月19日），3頁。

18）　2023年7月31日に日本内航海運組合総連合会事務局に実施したインタビューによる。

第 7 章　事業者の安全対策の現状と課題

19)　同上。

20)　同上。

21)　国土交通省「安定・効率輸送協議会」https://www.mlit.go.jp/maritime/maritime_fr 3 _000022.html（2023年 8 月 8 日取得）。

22)　2023年 7 月31日に日本内航海運組合総連合会事務局に実施したインタビューによる。

23)　国土交通省「内航海運と荷主との連携強化に関する懇談会」https://www.mlit.go.jp/maritime/maritime_fr 3 _000044.html（2023年 8 月 8 日取得）。

24)　全日本トラック協会（2021）「トラック事業における総合安全プラン2025～安全トライアングルの定着と新たな日常における安全確保～〈第116回交通対策委員会審議とりまとめ〉」https://jta.or.jp/wp-content/themes/jta_theme/pdf/anzen/sogoanzen_plan2025jta.pdf（2023年 7 月27日取得）。

25)　全日本トラック協会「荷主企業の皆様へ」https://jta.or.jp/member/tekiseika/gmark/for_ninushi.html（2023年 8 月10日取得）。

26)　全日本トラック協会「一般貨物自動車運送事業に係る標準的な運賃について」https://jta.or.jp/member/kaisei_jigyoho/kaisei_jigyoho_202008.html（2023年 7 月28日取得）。

終 章　内航海運の安全性向上の課題と展望

第1節　事故防止に向けた課題と提言

　現在，安全に関連するあらゆる分野において，安全文化の醸成がいわれている。内航海運も例外ではなく，船舶の事故防止のためには業界全体として安全文化を根付かせることが必要であると考え，これを研究の最終目標に据えた。第4章の冒頭でも述べたとおり，内航海運業の主体は事業者であり，事故防止には事業者の寄与するところが大きいと考えられる。そこで本研究では，オーナー及びオペレーターの内航海運事業者を主な対象とし，個々の事業者が安全文化を構築する上で必要な要素を検討した。第5章の過去に発生した事故の考察及び第7章の事業者へのインタビューの結果抽出されたのは，図終-1に示すように，安全管理，財源，インセンティブ，リーダーシップ，コミュニケーション，事故調査である。以下にこれら六つの要点について述べる。

　まず，安全管理について，これはオペレーターであれば運輸安全マネジメント制度，オーナーや船舶管理会社であれば，任意ではあるがISMコード認証制度が確立されている。その他，ISO9001やISO14001の認証取得，メジャー検船への対応，それらに付随するマニュアルや手順書などの作成・運用もこれに含まれる。本研究でインタビューした事業者の中には，事業規模の大小を問わず会社独自のマネジメントシステムを採用している者も存在した。これらの制度やマニュアルを活用することで，日々の業務や作業を体系化・標準化することができ，どの事業者でも安全のレベルを向上させることが可能である。しかし，これらの制度・規制をそのまま取り入れようとすると，同じ作業でも複数のマニュアルが存在し，船員の作業負担が増加するだけでなく，混乱を招いてしまう可能性がある。船員を雇用する事業者は，船員が行うチェックリストなどの手続きが煩雑にならないように配慮すべきである。

　財源は，安全対策に必要な経費をいい，これを確保するためには，適正な運

図終-1　事故防止における事業者の安全文化とその要素

(出所) 筆者作成。

賃・用船料を収受しなければならない。この経費には，まず，必要な数の船員を雇用するための船員費が挙げられる。これは船舶を運航するためだけでなく，船員に定期的な休暇を与えることができるのに十分なものでなければならない。上記の安全管理に関する制度に対応したり，認証を取得・維持したりするのにも費用がかかる。その他にも，教育・研修のための費用，船舶の安全設備を導入・維持するための費用が必要である。さらに，陸上の社員がいる事業者であれば，専任の安全担当者を配置するための人件費が確保できれば望ましい。資金と人材が確保できれば，次はそれらを適材適所に配置する，リソース配分も考えなければならない。

　インセンティブは，船員が安全運航を心掛けようという動機付けをするのに必要である。それは必ずしも給与という金銭的なものでなくてもよい。例えば，長期間乗船する船員にとって，船内の居住性や人間関係は重要である。陸上の社員は，訪船活動を通じて，船員の思いをくみ取り，それをもとに船内設備や人員配置を改善する。そして，対応の結果を船員に伝えることで，船員も「陸上の社員が自分たちのことについて考えてくれている」と励みになり，それが仕事のモチベーションの向上につながる。また，訪船活動をする際は船員の仕事を観察し，良いところは評価したり感謝を述べたりすることも効果的である。さらに，そのような船員のサポートに尽力する陸上社員も会社として評

終 章　内航海運の安全性向上の課題と展望

価しなければならない。

　リーダーシップは，経営トップや社内の各部署の長，船長に備わる能力をここではいい，リーダーの安全意識の高さが組織内の安全性のレベルにも影響する。インタビューした内航海運事業者の中でも，経営トップで安全意識の高い方があらゆる安全対策を講じているが，現在のところ，それはその人の素質によるところが大きいと考えられる。特に経営トップ，安全担当部門の長，船長は，安全への責任を自覚し，自らリーダーシップをとって部下に的確な指示，サポートをする能力を身につけなければならない。

　コミュニケーションについては，運輸安全マネジメント制度のガイドラインにおいて安全管理の取り組みの一つとされている。その手段の例として，職制を通じた指示・報告・上申や会議，面談，目安箱などが挙げられている[1]。そのような場を設けることで，社内，船内のコミュニケーションの活性化につながるといえる。しかし，本来，コミュニケーションをとることの目的は，陸上の社員と船員とで信頼関係を結ぶことである。そのためには，そのような公式の場だけではなく，普段の訪船活動時などにおける船員との雑談から対話をする機会を増やし，話しやすい環境づくりをすることが重要である。

　事故調査は，事故には至らないヒヤリ・ハットもこれに含まれる。これもコミュニケーションと同様，運輸安全マネジメント制度のガイドラインに含まれるため，オペレーターが主体となって，ヒヤリ・ハットの収集・活用の取り組みが進められているところである。しかし，現状は，船員から挙がってきた報告を分類するにとどまっており，十分に生かしきれていない事業者が多いものと推測される。それらを活用するためには，背景要因まで遡って，問題を正確に把握することが必要である。紙ベースの報告だけではすべてを把握することができないため，事例によっては，船員に直接話を聞かなければならないであろう。それらを踏まえ，ルール自体に不備があればマニュアルを改定する，滑りやすい箇所があれば滑り止めのマットを敷く，航行ルール等で船員の理解が不十分なところがあれば船員の教育・研修資料に組み込むなど，必要に応じて事故の再発を防止するための適切な対策を講じることが必要である。

　これらは個々の事業者で成し遂げられるものではない。特に中小零細事業者が多い内航海運にとって，事業者の自助努力だけで安全を確保することは難し

く，行政機関や事業者団体が重要な役割を果たすと考えられる。特に，船員不足問題の解消と適正な運賃・用船料の収受は，事業者が安全を確保する上で国が取り組むべき重要な施策である。それらに加え，現在，主な安全に関する制度として，運輸安全マネジメント制度，任意 ISM コード認証制度，事故調査制度がある。前二者は，事業者の安全管理システムを構築し，安全性を向上させるもので，後者は，事故の教訓を得て，再発防止に役立てるものである。荷主からオペレーター，オーナーまで系列化された現在の業界構造を考慮すると，オペレーターが運輸安全マネジメント制度で安全管理システムを運用し，系列のオーナーや船舶管理会社は，それに則った方が多くの事業者にとって現状に即していると考えられる。したがって，国としては同制度の実効性を高めていくことに注力すべきである。

　同制度の課題として，まず一つに国土交通省も課題として挙げているように小規模事業者への普及啓発が必要である。中小事業者は大手の事業者と比べて運輸安全マネジメント評価を受ける頻度が低いこともあり，同制度の理解や活用が進んでいない。同制度のホームページを小規模事業者にもわかりやすいように改善し，ノウハウの提供や事業者の実情への配慮を重視するなど，その方法について見直す必要がある。そして，ガイドラインも小規模事業者を除いて，すべての運輸モードで同じものが展開されている。特に内航海運業界は運航と所有，管理がそれぞれ別の事業者で行われることが多く，その場合，オペレーターは用船する船舶に対して直接管理をしていない。そのような内航海運の特色を考慮し，オペレーターの用船に対する取り組みについてもガイドラインなどで具体的に示す必要がある。さらに，評価を受ける頻度の低い事業者でも積極的に取り組むことができるよう，民間認定機関による評価を認め，その評価やセミナーの受講を行った場合は，保険料割引や公租公課減免などを受けられるような金銭的なインセンティブを導入する必要がある。

　事故調査制度について，事故の再発防止のための原因究明を目的としたものは運輸安全委員会において行われている。しかし，同組織による調査報告書には，詳細な事実調査とその情報に基づく分析は行われているが，背景要因まで含めたすべての事故原因は書かれておらず，事故の再発防止のための教訓を完全に得られるわけではない。根本的な解決につなげるためには，事業者の労務

終 章　内航海運の安全性向上の課題と展望

管理や安全対策の状況，船員の心理的な状況についてもより詳細にヒアリングする必要がある。

　内航海運の事業者団体である内航総連は，船腹過剰の解消を主な目的として設立され，2021年まで船腹調整を主要な事業として活動を行ってきた。これからは，業界団体として，各事業者の意見を収集し，代表して行政や荷主に働きかけ，一事業者ではできない施策に取り組むべきであり，安全対策もその一つである。事業者が安全への取り組みを行う上で必要な財源を確保するために，適正な運賃・用船料を収受する必要がある。業界団体としては，「安定・効率輸送協議会」や「内航海運と荷主との連携強化に関する懇談会」などの荷主との協議の場において，原価に基づいた運賃を収受できるように働きかけを行う必要がある。全日本トラック協会では，安全対策を主要事業の一つとして掲げており，前述の適正な運賃収受のために，原価計算シートの事業者への配布や荷主への周知を行っている。その他，飲酒運転撲滅のための啓発活動や事故・対策事例の共有，安全装置の導入に対する助成，トラックドライバーコンテスト，安全性評価事業などの各種安全施策を展開している。これらの取り組みも大いに参考になると考えられる。

第2節　研究課題と今後の展望

　本書は，内航海運の安全をテーマとしており，その考察対象は広範囲に及ぶため，十分に検討することのできなかった課題がある。それらを以下に述べ，今後の研究課題としたい。

　本書では，内航海運の安全を船舶事故の防止と据えた。第4章の冒頭で内航海運の安全について考察したとおり，船舶事故を防ぐだけでは内航海運の安全性が向上したとはいえない。特に労働災害の問題は，船員の生命や生活を守るため特に重要な事項である。本書では統計的な分析は行ったが，事例分析までは至らなかった。運輸安全委員会では船舶事故とは別に船内労働災害の報告書も存在し，2023年9月28日時点において内航船舶では155件（貨物船106件，タンカー49件）の事故が報告されている。これらのうち，重大事故はわずか6件（貨物船2件，タンカー4件）で，軽微な事故は2〜3枚程度の簡易的な報告書と

なっており十分な検討ができないと判断したため，分析を断念せざるを得なかった。

　船舶の安全運航のためには，船内のチームワークが特に重要であると考える。筆者がインタビューした事業者によれば，近年，船員の確保ができないなどの理由により，船舶管理会社（マンニング）に船員の配乗を依頼するケースというのも増えているという。所有と管理を別にすることは効率性を考えると異論はないものの，船内に複数の会社の船員が混在し，それらが下船の度にメンバーが変わるようなことがあれば，チームワークの形成が難しくなると考えられる。マンニング会社の実態とそれらが事故の発生のしやすさと関わりがあるのかという検証はできず，今後の研究課題としたい。

　これまでの事故の原因は，その多くが船員のエラーとして考えられており，事業者に目を向けられることはほとんどなかった。また，事故の法的責任は，オーナーや船長にあることから，国や荷主，オペレーターは船舶運航の安全にはほとんど関与してこなかったといえる。しかし，今世紀に入ると，運輸安全マネジメント制度が発足し，オペレーターにそれらが義務付けられた。さらに，運輸安全委員会による事故調査制度が確立したことで，重大事故に関しては，未だ十分とは言い難いが，会社の安全管理体制についても調査が行われ，それらが事故の原因に関与するか否かの検討が行われるようになった。このように，安全の責任を船員にのみ押し付けるのではなく，国や事業者も含めて業界全体で取り組んでいこうという方向には進み始めている。

　一方で，事故が起こる度に，国はそれらを防ぐための規制や制度を設けており，今やそれらによって事業者や船員の業務負担が増加し，本来の安全運航が阻害されてしまう懸念がある。今後は，安全上必要なものは残し，労力に対して効果が少ないものは廃止するという舵取りが必要であろう。

注

1）　木下典男（2019）『運輸安全マネジメント制度の解説—基本的な考え方とポイントがわかる本—』成山堂書店，52-57頁。

2）　運輸安全委員会「死傷等事故（船内労働災害を含む）に関する報告書検索」https://jtsb.mlit.go.jp/jtsb/ship/sailordisaster.php より2023年9月28日に集計。

参考文献

邦語文献

阿部航仁（2004）「トラック（道路）輸送」ジェイアール貨物・リサーチセンター『日本の物流とロジスティクス』成山堂書店，所収，55-80頁。

安部誠治（2013）「事故調査制度―運輸事故調査を中心に―」関西大学社会安全学部編『事故防止のための社会安全学―防災と被害軽減に繋げる分析と提言―』ミネルヴァ書房，所収，201-224頁。

安部誠治（2021）「事故調査の意義と課題」『日本機械学会誌』第124巻第1229号，30-35頁。

網野善彦（1992）「中世前期の交通（第二編　中世の交通）」児玉幸多編『日本交通史』吉川弘文館，所収，80-101頁。

有馬光孝・上村宰・工藤博正（2007）『船舶安全法の解説（増補四訂版）―法と船舶検査の制度―』成山堂書店。

石井謙治（1983）『図説和船史話』（図説日本海事史話叢書１）至誠堂。

石原道博編訳（1985）『新訂　魏志倭人伝・後漢書倭伝・宋書倭国伝・隋書倭国伝―中国正史日本伝（１）―』岩波書店。

李志明（2012）「韓国の内航海運の実態と船員確保対策」『海と安全』No. 554，42-45頁。

李志明（2014）「内航海運暫定措置事業」森隆行編『内航海運』晃洋書房，所収，113-134頁。

李志明（2014）「内航海運事業と新規船員育成に関する日本と韓国の比較」『流通科学大学論集―流通・経営編―』第26巻第２号，131-144頁。

市川寛（2004）「内航海運」ジェイアール貨物・リサーチセンター『日本の物流とロジスティクス』成山堂書店，所収，80-100頁。

今井金矢（1963）「第一宗像丸事件と事故防止対策」『海員』第15巻第２号，２-６頁。

牛島利明（2017）「高度成長から平成不況まで」浜野潔・井奥成彦・中村宗悦・岸田真・永江雅和・牛島利明『日本経済史 1600-2015―歴史に読む現代―』慶応義塾大学出版会，所収，269-318頁。

運輸省『運輸経済統計要覧』（昭和39年版～昭和50年版，昭和52年４月刊，昭和52年版，昭和54年版～昭和63年版，平成元年版～平成７年版，平成８・９年版，平成９年版～平成11年版）。

運輸省「船内災害疾病発生状況調査報告（船員労働安全衛生規則第15条報告）」（昭和40年度～昭和45年度）。

運輸省「船員災害疾病発生状況報告（船員法第111条）集計書」（昭和46年度～平成10年度）。

運輸省50年史編纂室編（1999）『運輸省五十年史』運輸省50年史編纂室。

運輸省運輸政策局情報管理部統計課編（1989）『陸運統計要覧（昭和63年版）』美印刷。

運輸省運輸政策局情報管理部編（2000）『陸運統計要覧（平成11年版）』日本自動車会議所。

運輸省海技資格制度研究会編（1985）『改正船舶職員法の解説』成山堂書店。

運輸省海上技術安全局検査測度課・運輸省海上技術安全局安全基準管理官編（1985）『船舶検

査百年史』船舶検査実施100周年記念行事実行委員会。

運輸省海上交通局編（1992）『日本海運の現況　平成4年7月20日』日本海事広報協会。

運輸省海上交通局編（1997）『平成9年版　日本海運の現況』日本海事広報協会。

運輸省大臣官房国有鉄道改革推進部地域交通局監修（1990）『1990年版　数字で見る鉄道』運輸経済研究センター。

運輸省大臣官房情報管理部統計課編（1981）『陸運統計要覧（昭和55年版）』ヨシダ印刷両国工場。

運輸省鉄道局監修（1997）『1997年版　数字で見る鉄道』運輸経済研究センター。

大島延次郎（1964）『日本交通史概論』吉川弘文館。

大須賀英郎（2023）『船舶事故調査―タイタニック，洞爺丸から運輸安全委員会まで―』ミネルヴァ書房。

奥平啓太（2021）「船員災害の発生要因分析に関する研究」東京海洋大学大学院海洋科学技術研究科修士論文。

織田政夫（1979）『海運政策論』成山堂書店。

海事法研究会編（2023）『海事法　第12版』海文堂出版。

海上交通法令研究会編（2023）『海上交通安全法の解説　改訂15版』海文堂出版。

海上交通法令研究会編（2022）『海上衝突予防法の解説　改訂10版』海文堂出版。

海上交通法令研究会編（2014）『港則法の解説　第15版』海文堂出版。

海上保安庁総務部政務課編（1979）『海上保安庁30年史』海上保安協会。

海難審判協会編（1989）「油送船第一宗像丸油送船タラルド・ブロビーグ衝突事件（海難審判重大事件史その七）」『海難と審判』第95号，10-21頁。

海難審判研究会編（1968）「機船第一宗像丸機船タラルド・ブロビーグ衝突事件」『海難審判庁裁決録　昭和41年4・5・6月分裁決録』第4・5・6合併号，698-713頁。

川崎重工業株式会社社史編さん室編（1959）『川崎重工業株式会社社史（別冊）―年表・諸表―』川崎重工業。

河野龍太郎（2014）『医療におけるヒューマンエラー　なぜ間違える　どう防ぐ　第2版』医学書院。

木下典男（2017）「運輸安全マネジメント制度の現状と今後の方向性」『海事の窓』第75号，7-13頁。

木下典男（2019）『運輸安全マネジメント制度の解説―基本的な考え方とポイントがわかる本―』成山堂書店。

神戸大学海事科学研究科海事法規研究会編著（2015）『概説　海事法規（改訂版）』成山堂書店。

小島智恵・竹本孝弘（2015）「船員災害の特徴と災害防止に関する研究―Ⅰ．―バリエーションツリー解析の適用―」『日本航海学会論文集』第132巻，114-120頁。

国土交通省『交通経済統計要覧』（平成12年版～平成17年版，平成18・19年版，平成20～24年版，平成25・26年版，平成27・28年版，平成29年版，平成30年版，平成31・令和元年版，2020（令和2）年版，2021（令和3）年版）。

国土交通省「船員災害疾病発生状況報告（船員法第111条）集計書」（平成12年度～平成19年度）。
　　注：平成20年度以降はインターネット上で公開されているため「日本のWEB情報」を参

照のこと。

国土交通省 ISM コード研究会編（2008）『ISM コードの解説と検査の実際―国際安全管理規則がよくわかる本―（三訂版）』成山堂書店。

国土交通省海事局安全基準課（2011）「船橋航海当直警報装置（BNWAS）搭載義務化に係る適用方針について」『むせんこうじ』第531号，42-44頁。

国土交通省海事局監修（2021）『海事六法（2021年版）』海文堂出版。

国土交通省海事局監修（2023）『海事六法（2023年版）』海文堂出版。

国土交通省航空局監修（2020）『航空六法　令和2年版』鳳文書林出版販売。

国土交通省自動車局監修（2021）『注解自動車六法　令和3年版』第一法規。

国土交通省鉄道局監修（2021）『注解鉄道六法　令和3年版』第一法規。

古藤泰美・坂穏奈・諏訪純也（2015）「貨物船の m-SHELL モデルによる衝突海難の分析について― m-SHELL モデルによる背後要因の分析―」『独立行政法人国立高等専門学校機構大島商船高等専門学校紀要』第47号，15-30頁。

小松原明哲（2016）『安全人間工学の理論と技術―ヒューマンエラーの防止と現場力の向上―』丸善出版。

斉藤吉平（1971）「船の大型化と火災」『海員』第23巻第8号，62-63頁。

笹木弘（1975）『技術革新と船員労働』成山堂書店。

笹健児・若林伸和・小林英一・寺田大介・塩谷茂明（2011）「沖合波浪および AIS データを用いたフェリー海難の事故分析に関する研究」『土木学会論文集 B 3 （海洋開発）』Vol. 67 No. 2，I_832-I_837頁。

笹谷敬二（2009）「海上労働における安全衛生に関わる法規制の特徴」『日本航海学会論文集』第121号，141-151頁。

篠田岳思・田村由佳（2011）「人的要因を考慮した衝突海難のリスク解析に関する研究―漁船と大型船の衝突事故への適用―」『日本航海学会論文集』第124号，11-19頁。

首藤若菜（2020）「トラック業界の人手不足と『物流危機』」『計画行政』第43巻第2号，3-8頁。

調裕次（2010）「大臣官房運輸安全監理官室の業務紹介（運輸安全マネジメント評価業務）」『航空無線』第66号，46-52頁。

鈴木暁・古賀昭弘（2007）『現代の内航海運』（交通ブックス216）成山堂書店。

鈴木順一（1970）「海上も危険がいっぱい」『運輸と経済』第30巻第4号，69-72頁。

鈴木裕介（2021）「わが国の内航海運政策の評価」『運輸と経済』第81巻第5号，112-116頁。

「船員の確保育成『地域に根差した活動が重要』内航総連川村俊信理事長が講演」『内航海運新聞』第2787号（2023年6月19日），3頁。

全日本トラック協会（2021）『令和元年度決算版　経営分析報告書』全日本トラック協会。

全日本トラック協会（2022）『令和2年度決算版　経営分析報告書』全日本トラック協会。

全日本トラック協会（2023）『令和3年度決算版　経営分析報告書』全日本トラック協会。

田名網宏（1992）「古代の交通」児玉幸多編『日本交通史』吉川弘文館，所収，1-77頁。

逓信省管船局編（2001）『大戦時代ノ世界海運』（復刻版，明治後期産業発達資料第593巻）龍渓書舎。

土井靖範（1984）「日本経済の成長と機帆船の輸送構造」笹木弘・篠原陽一・鈴木暁・雨宮洋司・武城正長・土居靖範『機帆船海運の研究―その歴史と構造―』多賀出版，所収，106-259頁。

東京商工會議所編（1931）『最近世界海運状況』東京商工會議所。

内閣府編（2001）『交通安全白書（平成13年版）』財務省印刷局。

内閣府編（2002）『交通安全白書（平成14年版）』財務省印刷局。

内閣府編（2022）『交通安全白書（令和４年版）』勝美印刷。

内航海運研究会（2011）「カボタージュ規制について」『内航海運』Vol. 46 No. 921，38-73頁。

内航ジャーナル（2019）「2019年版内航海運データ集」内航ジャーナル，CD-ROM 版。

長谷知治（2014）「国内海運に係る輸送の安全確保について―組織的安全マネジメント手法の活用―」『日本海洋政策学会誌』第４号，88-105頁。

日本海事広報協会編（2014）「日本の海運 SHIPPING NOW 2014-2015［データ編］」日本海事広報協会。

日本海事広報協会編（2016）「日本の海運 SHIPPING NOW 2016-2017」日本海事広報協会。

日本海事広報協会編（2022）「日本の海運 SHIPPING NOW 2022-2023」日本海事広報協会。

日本造船学会（1997）『日本造船技術百年史』日本造船学会。

日本内航海運組合総連合会（2019）『内航海運の活動・令和元年度版』日本内航海運組合総連合会。

日本内航海運組合総連合会（2020）『内航海運の活動・令和２年度版』日本内航海運組合総連合会。

日本内航海運組合総連合会(2021)『データで読み解く　内航海運』日本内航海運組合総連合会。

日本内航海運組合総連合会（2022）『内航海運の活動・令和４年度版』日本内航海運組合総連合会。

日本内航海運組合総連合会広報委員会編（2015）『五十年のあゆみ』日本内航海運組合総連合会広報委員会。

野本謙作（1992）「丸木舟から和船，機帆船へ―日本の船の歩み―」『らん』第16号，21-31頁。

萩原昭樹・福田美津子編（1995）『国有鉄道　鉄道統計累年表』交通統計研究所出版部。

畑本郁彦（2017）「内航船の安全管理体制構築に関する研究」神戸大学大学院海事科学研究科博士論文。

畑本郁彦・古荘雅生（2015）「内航船員育成のための安全管理に関する研究」『日本海洋政策学会誌』第５号，73-92頁。

畑本郁彦・古荘雅生（2021）『内航海運概論』成山堂書店。

羽原敬二（2009）「船舶運航の安全管理システム構築とリスクマネジメント―ヒューマンファクターの視点に基づく考察―」『日本航海学会誌』第171号，60-69頁。

浜崎礼三（2012）『海の人々と列島の歴史―漁撈・製塩・交易等へと活動は広がる―』北斗書房。

藤本厚（2001）「小型船舶の登録等に関する法律　平成13年７月４日法律第102号」『法令解説資料総覧』第239号，39-48頁。

古田良一（1961）『海運の歴史』至文堂。

前田達男（1999）「交通産業と交通労働者の責務」交通権学会編『交通権憲章―21世紀の豊かな交通への提言―』日本経済評論社，所収，114-119頁。

松尾俊彦（2013）「内航海運における船員不足問題の内実と課題」『運輸と経済』第73巻第2号，22-29頁。

松尾俊彦（2018）「外国人労働者の受け入れと内航船員不足に関する一考察」『日本航海学会誌』第206号，23-29頁。

松尾俊彦（2020）「内航海運における暫定措置事業の混乱と評価」『日本航海学会誌』第214号，68-77頁。

松尾俊彦（2021）「小型内航船の船員確保問題と制度的課題」『海運経済研究』第55号，1-10頁。

松尾俊彦（2023）『日本の内航海運の研究』晃洋書房。

松田茂・宮田正史（2020）「船舶の係留施設への衝突事故に関する基礎的分析」国土技術政策総合研究所資料第1134号。

三和良一（1971）「海上輸送」松好貞夫・安藤良雄編『日本輸送史』日本評論社，所収，385-474頁。

向殿政男・北條理恵子・清水尚憲（2021）『安全四学—安全・安心・ウェルビーイングな社会の実現に向けて—』日本規格協会。

森隆行（2014）「船舶管理」森隆行編『内航海運』晃洋書房，所収，157-178頁。

森隆行（2014）「内航海運の現状」森隆行編『内航海運』晃洋書房，所収，9-28頁。

森隆行編著（2016）『新訂 外航海運概論』成山堂書店。

森隆行監修・関西物流総合研究所編（2018）『内航海運・フェリー業界の現状と課題—内航海運・フェリーの希望ある明日のために—2018年度版（Vol. 2）—』大阪港振興協会・大阪港埠頭。

森隆行監修・関西物流総合研究所編（2019）『内航海運・フェリー業界の現状と課題—内航海運・フェリーの希望ある明日のために—2019年度版（Vol. 3）—』大阪港振興協会・大阪港埠頭。

矢野恒太記念会編（2020）『数字で見る日本の100年 改定第7版』矢野恒太記念会。

矢野恒太記念会編（2022）『日本国勢図会 2022/23』矢野恒太記念会。

山崎祐介（2019）『海事一般がわかる本（改訂版）』成山堂書店。

弓庭博行（2016）「内航海運の戦後70年史 前史第12回不平等条約」『内航海運』Vol. 51 No. 982，82-84頁。

弓庭博行（2016）「内航海運の戦後70年史 前史第14回カボタージュ確立」『内航海運』Vol. 51 No. 984，11-14頁。

弓庭博行（2018）「内航海運近現代史 第34回内航業者団体の変遷①」『内航海運』Vol. 53 No. 1007，68-70頁。

弓庭博行（2018）「内航海運近現代史 第35回内航業者団体の変遷②」『内航海運』Vol. 53 No. 1008，68-71頁。

弓庭博行（2018）「内航海運近現代史 第36回内航業者団体の変遷③」『内航海運』Vol. 53 No. 1009，76-81頁。

弓庭博行（2018）「内航海運近現代史 第37回内航業者団体の変遷④」『内航海運』Vol. 53 No. 1010，9-13頁。

弓庭博行（2019）「内航海運近現代史 第38回内航業者団体の変遷⑤」『内航海運』Vol. 54 No.

1012，73-76頁。

弓庭博行（2019）「内航海運近現代史　第39回内航業者団体の変遷⑥」『内航海運』Vol. 54 No. 1014，70-73頁。

弓庭博行（2019）「内航海運近現代史　第40回内航業者団体の変遷⑦」『内航海運』Vol. 54 No. 1015，8-13頁。

弓庭博行（2019）「内航海運近現代史　第41回内航業者団体の変遷⑧」『内航海運』Vol. 54 No. 1017，74-75頁。

弓庭博行（2019）「内航海運近現代史　第42回内航業者団体の変遷⑨」『内航海運』Vol. 54 No. 1019，61-65頁。

吉田裕（2016）「国有鉄道時代における鉄道事故の研究―ヒューマンファクターの視点から―」関西大学大学院社会安全研究科博士論文。

吉永豊實（1985）『日本海事法制史』山海堂。

渡辺信夫（1992）「海上交通（第三編　近世の交通）」児玉幸多編『日本交通史』吉川弘文館，所収，307-329頁。

渡辺信夫（2002）『日本海運史の研究』（渡辺信夫歴史論集2）清文堂出版。

「約3割衰退した内航の平成30年史」『内航海運』Vol. 54 No. 1016（2019年5月号），4-12頁。

「モーダルシフト政策の波に乗ったRORO船」『内航海運』Vol. 57 No. 1057（2022年10月号），4-12頁。

「年率11％成長で波に乗る内航コンテナ船」『内航海運』Vol. 57 No. 1058（2022年11月号），4-9頁。

外国語文献

Brownrigg, M., Dawe, G., Mann, M. and Weston, P. (2001) "Developments in UK shipping: the tonnage tax," *Maritime Policy & Management*, Vol. 28, No. 3, pp. 213-223.

Gekara, V. O. (2008) "Globalisation, State Strategies and the Shipping Labour Market: The UK's Response to Declining Seafaring Skills.," PhD Thesis, School of Social Sciences Cardiff University.

Kim, Y. M. (2012) "내항상선 승선 외국인선원의 관리에 관한 연구 (A Study on the Management of Foreign Crew in Domestic Merchant Vessel)," *Journal of the Korean Society of Marine Environment & Safety*, Vol. 18, No. 2, pp. 123-129.

Kim, S. K. (2015) "한국의 카보타지를 위한 선원양성에 관한 연구 (A study on the seafarers Education for Cabotage in KOREA)," *Journal of the Korean Society of Marine Environment & Safety*, Vol. 21, No. 6, pp. 712-720.

Park, S. J., Pai, H. S., and Shin, Y. J. (2012) "연안해운 선원인력 수요예측에 관한 연구 (A Study on the Demand Estimation of the Crew in Domestic Coastal Shipping Industry)," *Journal of Navigation and Port Research*, Vol. 36, No. 3, pp. 205-213.

Wright, R. G. (2020), *Unmanned and Autonomous Ships: An Overview of MASS*, Routledge.

参考文献

日本の WEB 情報

運輸安全委員会「運輸安全委員会年報」（2010〜2022年）https://www.mlit.go.jp/jtsb/bunseki-kankoubutu/jtsbannualreport/jtsbannualreport_backnumber.html。

運輸安全委員会「死傷等事故（船内労働災害を含む）に関する報告書検索」https://jtsb.mlit.go.jp/jtsb/ship/sailordisaster.php。

運輸安全委員会「船舶インシデントの統計」2023年9月30日更新，https://jtsb.mlit.go.jp/jtsb/ship/ship-incident-toukei.php。

運輸安全委員会「船舶事故の統計」2023年9月30日更新，https://jtsb.mlit.go.jp/jtsb/ship/ship-accident-toukei.php。

運輸安全委員会「報告書検索」https://jtsb.mlit.go.jp/jtsb/ship/index.php。

運輸安全委員会（2011）「船舶事故調査報告書　油タンカー第三十二大洋丸砂利運搬船第三十八勝丸衝突」https://www.mlit.go.jp/jtsb/ship/rep-acci/2011/MA2011-10-5_2011tk0027.pdf。

運輸安全委員会（2019）「船舶事故調査報告書　油タンカー宝運丸衝突（橋梁）」https://www.mlit.go.jp/jtsb/ship/rep-acci/2019/MA2019-4-2_2018tk0013.pdf。

運輸技術審議会（1996）「船舶の定期的検査の今後のあり方について（答申）」諮問第20号答申，https://www.mlit.go.jp/singikai/unyusingikai/ungisin/ungisin20-1.html。

運輸省「航空輸送統計年報」（昭和45年〜平成6年）https://dl.ndl.go.jp/pid/11100754。

運輸省「内航船舶輸送統計年報」（昭和38年度〜平成11年度）https://dl.ndl.go.jp/pid/11151923。

運輸省大臣官房情報管理部統計課（1980）「船員労働統計　昭和55年6月分　No. 92」https://dl.ndl.go.jp/pid/11152049。

運輸省運輸政策局情報管理部統計課（1990）「船員労働統計　平成2年6月分　No. 132」https://dl.ndl.go.jp/pid/11152089。

運輸審議会（2006）「答申書　鉄道事業法第五十六条の二（軌道法第二十六条において準用する場合を含む），道路運送法第九十四条の二，貨物自動車運送事業法第六十条の二，海上運送法第二十五条の二，内航海運業法第二十六条の二第一項及び航空法第百三十四条の二の規定に基づく安全管理規程に係る報告徴収又は立入検査の実施に係る基本的な方針の策定に関する諮問について」国運審第9号，https://www.mlit.go.jp/singikai/unyu/tousinh06/060803-9.pdf。

大島商船高等専門学校ホームページ，https://www.oshima-k.ac.jp/。

小樽海上技術短期大学校ホームページ，https://www.jmets.ac.jp/otaru-mpc/。

尾道海技大学校「第1種養成講習航海科」https://marine-techno.or.jp/?page_id=152。

尾道海技大学校「第1種養成講習機関科」https://marine-techno.or.jp/?page_id=154。

海技教育機構「沿革」https://www.jmets.ac.jp/aboutus/history.html。

海技大学校「沿革」https://www.jmets.ac.jp/kaidai/guide/history.html。

海技大学校ホームページ，https://www.jmets.ac.jp/kaidai/。

海事産業の次世代人材育成推進会議「船員教育機関について」http://www.uminoshigoto.com/learn/about_sailor_educational_institution.html。

海事産業の次世代人材育成推進会議「船員教育機関について　海上技術短期大学校・海上技術学校」http://www.uminoshigoto.com/learn/about_sailor_diti_4.html。

海事産業の次世代人材育成推進会議「船員教育機関について　商船高等専門学校」http://www.uminoshigoto.com/learn/about_sailor_diti_2.html。

海事産業の次世代人材育成推進会議「船乗りになるためには」http://www.uminoshigoto.com/sailor/become_a_sailor.html。

海上保安庁（2019）「荒天時の走錨等に起因する事故の再発防止に係る有識者検討会報告書」https://www.kaiho.mlit.go.jp/info/kouhou/h31/k20190319/k190319.pdf。

海上保安庁（2019）「荒天時の走錨等に起因する事故の再発防止に向けて海上空港など重要施設の周辺海域を優先的検討対象として選定」https://www.kaiho.mlit.go.jp/info/kouhou/h31/k20190426/k190426.pdf。

海上保安庁（2020）「荒天時の走錨等に起因する事故の再発防止に向けて～今年度も重要施設周辺海域における対応策を決定！順次運用開始！！～」https://www.kaiho.mlit.go.jp/info/kouhou/r2/k200701/k200701_2.pdf。

海上保安庁（2020）「荒天時の走錨等に起因する事故の再発防止に向けて～重要施設の追加について～」https://www.kaiho.mlit.go.jp/info/kouhou/r2/k200601/k200601.pdf。

海上保安庁「船舶海難データ（令和4年海難の現況と対策）」https://www.kaiho.mlit.go.jp/doc/hakkou/toukei/toukei.html。

海上保安庁「令和4年海難の現況と対策」https://www6.kaiho.mlit.go.jp/info/keihatsu/20230609_state_measure01.pdf。

海難審判協会（2004）「平成15年度　ヒューマンファクター概念に基づく海難・危険情報の調査活用等に関する調査研究　最終報告書」https://nippon.zaidan.info/seikabutsu/2003/00988/mokuji.htm。

海難審判所「日本の重大海難」https://www.mlit.go.jp/jmat/monoshiri/judai/judai.htm。

海難審判所（2022）「令和4年版レポート　海難審判」https://www.mlit.go.jp/jmat/kankoubutsu/report2022/report2022.pdf。

海難審判・船舶事故調査協会「過去の重大海難事故」https://www.maia.or.jp/media-page/%E9%81%8E%E5%8E%BB%E3%81%AE%E9%87%8D%E5%A4%A7%E6%B5%B7%E9%9B%A3%E4%BA%8B%E6%95%85/。

唐津海上技術学校ホームページ，https://www.jmets.ac.jp/karatsu/。

口之津海上技術学校ホームページ，https://www.jmets.ac.jp/kuchinotsu/。

厚生労働省「令和4年賃金構造基本統計調査」2023年3月17日更新，https://www.e-stat.go.jp/stat-search/files?page=1&toukei=00450091&tstat=000001011429。

交通政策審議会（2003）「内航海運の活性化による海上物流システムの高度化について（答申）」https://www.mlit.go.jp/singikai/koutusin/kaiji/toushin2.pdf。

交通政策審議会海事分科会基本政策部会（2015）「基本政策部会とりまとめ～海洋立国日本の前進に向けた今後の海事行政の目指す方向2015～」https://www.mlit.go.jp/common/001097942.pdf。

交通政策審議会海事分科会基本政策部会（2020）「令和の時代の内航海運に向けて（中間とり

まとめ）」https://www.mlit.go.jp/policy/shingikai/content/001365409.pdf。

神戸大学海洋政策科学部ホームページ，https://www.ocean.kobe-u.ac.jp/。

神戸大学大学院海事科学研究科・海事科学部「海事科学とは」http://www.maritime.kobe-u.ac.jp/maritime/history.html。

国土交通省「STCW 基本訓練について」2023年11月27日更新，https://www.mlit.go.jp/maritime/maritime_fr 4 _000027.html。

国土交通省「安定・効率輸送協議会」https://www.mlit.go.jp/maritime/maritime_fr 3 _000022.html。

国土交通省「運輸安全マネジメント導入に係るよくある質問事項（海事版）」2006年 9 月26日第 1 版，https://www.mlit.go.jp/common/001012578.pdf。

国土交通省『「海事産業の基盤強化のための海上運送法等の一部を改正する法律案」を閣議決定」2021年 2 月 5 日更新，https://www.mlit.go.jp/report/press/kaiji01_hh_000512.html。

国土交通省「交通関係基本データ　輸送機関別輸送量」https://www.mlit.go.jp/k-toukei/。

国土交通省「交通政策審議会海事分科会国際海上輸送部会中間とりまとめ（参考資料）」https://www.mlit.go.jp/policy/shingikai/content/001381722.pdf。

国土交通省「交通政策審議会海事分科会船員部会における検討・とりまとめ」https://www.mlit.go.jp/maritime/maritime_tk 4 _000018.html。

国土交通省「小型船による旅客輸送に関する制度の概要」第 1 回知床遊覧船事故対策委員会（2022年 5 月11日）資料 4，https://www.mlit.go.jp/common/001481035.pdf。

国土交通省「次世代内航海運懇談会」https://www.mlit.go.jp/kaiji/zisedainaikokon/zisedainaikokon_.html。

国土交通省「【資料 1 】国土交通省提出資料」第16回トラック輸送における取引環境・労働時間改善中央協議会（2023年 3 月13日）資料 1，https://www.mlit.go.jp/jidosha/content/001593839.pdf。

国土交通省「数字で見る自動車2023」https://www.mlit.go.jp/jidosha/jidosha_fr 1 _000084.html。

国土交通省「船員教育機関卒業生の求人・就職状況」交通政策審議会海事分科会第 6 回船員部会（2009年 5 月25日）資料 1 - 2，http://www.mlit.go.jp/common/000044827.pdf。

国土交通省「船員教育機関卒業生の求人・就職状況」交通政策審議会海事分科会第54回船員部会（2014年 5 月23日）資料 2，https://www.mlit.go.jp/common/001042676.pdf。

国土交通省「船員教育機関卒業生の求人・就職状況」交通政策審議会海事分科会第89回船員部会（2017年 5 月26日）資料 1，https://www.mlit.go.jp/common/001186366.pdf。

国土交通省「船員教育機関卒業生の求人・就職状況等について」交通政策審議会海事分科会第112回船員部会（2019年 5 月24日）資料 3，https://www.mlit.go.jp/common/001291627.pdf。

国土交通省「船員教育機関卒業生の求人・就職状況等について」交通政策審議会海事分科会第148回船員部会（2022年 5 月27日）資料 3，https://www.mlit.go.jp/policy/shingikai/content/001483925.pdf。

国土交通省「船員災害疾病発生状況報告（船員法第111条）集計書」（平成20年度，平成22年度

～令和 3 年度）平成20年度：https://warp.da.ndl.go.jp/info:ndljp/pid/1364474/www.mlit.go.jp/maritime/unkohrohm/unkoh 3 .files/link-data/ 4 seninsaigaihasseijoukyousyuukeisyo.pdf, 平成22年度：https://warp.da.ndl.go.jp/info:ndljp/pid/3537353/www.mlit.go.jp/maritime/unkohrohm/unkoh 3 .files/link-data/ 4 seninsaigaihasseijoukyousyuukeisyo.pdf, 平成23年度：https://warp.da.ndl.go.jp/info:ndljp/pid/8752380/www.mlit.go.jp/maritime/unkohrohm/unkoh 3 .files/link-data/ 4 seninsaigaihasseijoukyousyuukeisyo.pdf, 平成24年度：https://warp.da.ndl.go.jp/info:ndljp/pid/11245668/www.mlit.go.jp/common/001102297.pdf, 平成25年度：https://warp.da.ndl.go.jp/info:ndljp/pid/11245668/www.mlit.go.jp/common/001102296.pdf, 平成26年度 ～令和 3 年度：https://www.mlit.go.jp/maritime/maritime_tk 4 _000006.html。

国土交通省「船員の働き方改革」https://www.mlit.go.jp/maritime/maritime_tk 4 _000026.html。

国土交通省「船員労働統計調査　平成12年分　No. 167」https://dl.ndl.go.jp/pid/11152127。

国土交通省「船員労働統計調査　平成22年分　No. 194」https://dl.ndl.go.jp/pid/11152154。

国土交通省「船舶運航事業における運輸安全マネジメントの導入に関する法令整備事項の概要」https://www.mlit.go.jp/common/001012576.pdf。

国土交通省「第12次船員災害防止基本計画」2023年 1 月24日更新, https://www.mlit.go.jp/maritime/maritime_tk 4 _000006.html。

国土交通省「長距離フェリー航路の輸送実績」https://www.e-stat.go.jp/stat-search/files?page = 1 &layout=datalist&toukei=00600730&tstat=000001080903&cycle= 8 &tclass 1 val= 0 。

国土交通省「登録船舶管理事業者一覧」2021年10月21日更新, https://www.mlit.go.jp/maritime/maritime_tk 3 _000057.html。

国土交通省「登録船舶管理事業者規程の解釈・運用の考え方について」（国海内第204号2018年 3 月29日内航課長通達, 一部改正国海内第114号2021年 5 月14日）https://www.mlit.go.jp/maritime/content/001485042.pdf。

国土交通省「『登録船舶管理事業者制度』における登録事業者の初登録！〜船舶管理事業者の活用の本格的な促進に向けて〜」2018年 5 月30日更新, https://www.mlit.go.jp/report/press/kaiji03_hh_000096.html。

国土交通省「内航海運と荷主との連携強化に関する懇談会」https://www.mlit.go.jp/maritime/maritime_fr 3 _000044.html。

国土交通省「内航海運についての新たな産業施策を発表（「内航未来創造プラン〜たくましく日本を支え　進化する〜」について）」2017年 6 月30日更新, https://www.mlit.go.jp/report/press/kaiji03_hh_000078.html。

国土交通省「内航海運の『安定的輸送の確保』と『生産性向上』に向けた施策が進んでいます！〜『内航未来創造プラン』策定から 1 年間の進捗状況〜」2018年 7 月 6 日更新, https://www.mlit.go.jp/report/press/kaiji03_hh_000100.html。

国土交通省「内航海運の『取引環境改善』『生産性向上』（内航海運業法等の改正）」http://www.mlit.go.jp/maritime/maritime_tk 3 _000074.html。

国土交通省「内航船員の労働実態調査結果」交通政策審議会海事分科会第111回船員部会（2019

年4月26日）資料4，https://www.mlit.go.jp/common/001288781.pdf。

国土交通省「内航船乗組み制度の見直しについて」https://www.mlit.go.jp/kaiji/naikousen/index.html。

国土交通省「内航船舶輸送統計年報」（平成12年度〜令和3年度）平成12年度〜平成28年度：https://dl.ndl.go.jp/pid/11151923，平成17年度〜令和3年度：https://www.e-stat.go.jp/stat-search/files?page=1&layout=datalist&toukei=00600340&tstat=000001018595&cycle=8&tclass1val=0。"

国土交通省「令和4年度（第66回）船員労働安全衛生月間期間中の取組について」https://www.mlit.go.jp/report/press/content/001498291.pdf。

国土交通省「令和5年度船員災害防止実施計画」2023年3月17日更新，https://www.mlit.go.jp/maritime/maritime_tk4_000006.html。

国土交通省（2008）「内航海運グループ化について＊マニュアル＊」http://www.mlit.go.jp/common/001012484.pdf。

国土交通省（2010）「沖縄県における外国籍船での沿岸輸送について」https://www.mlit.go.jp/common/000111596.pdf。

国土交通省（2012）「内航海運における船舶管理業務に関するガイドライン」http://www.mlit.go.jp/common/001012473.pdf。

国土交通省（2021）「令和2年度政策レビュー結果（評価書）運輸安全マネジメント制度」https://www.mlit.go.jp/common/001397304.pdf。

国土交通省海事局「海上輸送の安全にかかわる情報（令和4年度）」https://www.mlit.go.jp/maritime/content/001626473.pdf。

国土交通省海事局「海事レポート」（平成13年版〜令和4年版）https://www.mlit.go.jp/statistics/file000009.html。

国土交通省海事局「数字で見る海事2022」https://www.mlit.go.jp/maritime/maritime_fr1_000050.html。

国土交通省海事局「中間とりまとめに向けて」交通政策審議会海事分科会第16回基本政策部会（2020年6月26日）資料3，https://www.mlit.go.jp/policy/shingikai/content/001353253.pdf。

国土交通省海事局「内航海運を取り巻く現状及びこれまでの取組み」交通政策審議会海事分科会第9回基本政策部会（2019年6月28日）資料5，https://www.mlit.go.jp/common/001296360.pdf。

国土交通省海事局（2022）「内航海運業者と荷主との連携強化のためのガイドライン」https://www.mlit.go.jp/maritime/content/001470912.pdf。

国土交通省大臣官房運輸安全監理官（2023）「運輸事業者における安全管理の進め方に関するガイドライン〜輸送の安全性の更なる向上に向けて〜」https://www.mlit.go.jp/unyuanzen/content/001599104.pdf。

国土交通省総合政策局情報政策課交通経済統計調査室「自動車輸送統計調査」https://www.mlit.go.jp/k-toukei/jidousya.html。

国土交通省総合政策局情報政策課交通経済統計調査室「船員労働統計　令和4年6月分　No.

218」2022年12月19日更新，https://www.e-stat.go.jp/stat-search/files?page=1&layout=datalist&toukei=00600320&tstat=000001021050&cycle=7&year=20220&month=0&tclass1=000001021051&result_back=1&tclass2val=0。

財務省「貿易統計　B-4　概況品別推移表」https://www.customs.go.jp/toukei/search/futsu1.htm。

清水海上技術短期大学校ホームページ，https://www.jmets.ac.jp/shimizu/。

出入国在留管理庁「特定技能制度」https://www.moj.go.jp/isa/policies/ssw/nyuukokukanri01_00127.html。

水産庁（2022）「遊漁船業をめぐる現状と課題」https://www.jfa.maff.go.jp/j/enoki/yugyo/what/attach/attach/pdf/index-31.pdf。

石灰石鉱業協会「石灰石鉱業の紹介」http://www.limestone.gr.jp/introduction/。

「船員法の定員規制について」（平成4年12月25日海基第252号）http://www.e-naiko.com/data/library/tutatu105.pdf。

全日本トラック協会「一般貨物自動車運送事業に係る標準的な運賃について」https://jta.or.jp/member/kaisei_jigyoho/kaisei_jigyoho_202008.html。

全日本トラック協会「荷主企業の皆様へ」https://jta.or.jp/member/tekiseika/gmark/for_ninushi.html。

全日本トラック協会（2021）「トラック事業における総合安全プラン2025～安全トライアングルの定着と新たな日常における安全確保～〈第116回交通対策委員会審議とりまとめ〉」https://jta.or.jp/wp-content/themes/jta_theme/pdf/anzen/sogoanzen_plan2025jta.pdf。

全日本トラック協会（2022）「日本のトラック輸送産業　現状と課題　2022」https://jta.or.jp/wp-content/themes/jta_theme/pdf/yusosangyo2022.pdf。

総務省「労働力調査」https://www.e-stat.go.jp/stat-search/files?page=1&layout=datalist&toukei=00200531&tstat=000000110001&cycle=7&tclass1=000001040276&tclass2=000001040282&tclass3val=0。

館山海上技術学校，https://www.jmets.ac.jp/tateyama/。

土屋運送「一日のタイムスケジュール」http://www.tsuchiya-unso.jp/recruit/time_schedule/。

内閣官報局「第12回帝国議会貴族院本会議第5号　明治31年5月25日」https://teikokugikai-i.ndl.go.jp/#/detailPDF?minId=001203242X00518980525&page=1&current=1。

鉄道貨物協会（2019）「平成30年度本部委員会報告書」https://rfa.or.jp/wp/pdf/guide/activity/30report.pdf。

鉄道建設・運輸施設整備支援機構「共有船のススメ。4108」https://www.jrtt.go.jp/corporate/public_relations/202110_ship_pamphlet.pdf。

鉄道建設・運輸施設整備支援機構「船舶共有建造事業の概要」https://www.jrtt.go.jp/ship/outline/。

鉄道建設・運輸施設整備支援機構（2022）「第4期中期目標期間業務実績等報告書（見込）」https://www.jrtt.go.jp/corporate/asset/4th-gyoumujissekihoukokusho%28mikomi%29.pdf。

東京海洋大学海洋工学部「海洋工学部の歴史」http://www.e.kaiyodai.ac.jp/introduction/

参考文献

history.html。

東京海洋大学海洋工学部ホームページ，http://www.e.kaiyodai.ac.jp/index.html。

東京海洋大学ホームページ，https://www.kaiyodai.ac.jp/。

鳥羽商船高等専門学校ホームページ，https://www.toba-cmt.ac.jp/。

富山高等専門学校ホームページ，https://www.nc-toyama.ac.jp/。

内閣府（2018）「海洋基本計画（平成30年5月15日閣議決定）」https://www8.cao.go.jp/
　　ocean/policies/plan/plan03/pdf/plan03.pdf。

内閣府編（2002）「近年の海難等の状況」平成14年版交通安全白書第2編第1章第1節，
　　https://www8.cao.go.jp/koutu/taisaku/h14kou_haku/genkyou/genkai11.html。

内閣府編（2004）「海難船舶の用途別隻数の推移」平成16年版交通安全白書CSV形式ファイル，
　　https://www8.cao.go.jp/koutu/taisaku/h16kou_haku/genkyou/02000100.html。

内閣府編（2022）「船舶事故隻数及びそれに伴う死者・行方不明者数の推移」令和4年版交通
　　安全白書CSV形式ファイル，https://www8.cao.go.jp/koutu/taisaku/r04kou_haku/
　　zenbun/genkyo/h2/h2s1.html。

内閣府編（2022）「船舶種類別の船舶事故隻数の推移」令和4年版交通安全白書CSV形式ファ
　　イル，https://www8.cao.go.jp/koutu/taisaku/r04kou_haku/zenbun/genkyo/h2/h2s1.
　　html。

内航海運の活性化に向けた今後の方向性検討会（2017）「内航未来創造プラン〜たくましく
　　日本を支え　進化する〜」https://www.mlit.go.jp/common/001194438.pdf。

内航海運ビジネスモデル検討会（2006）「これからの内航海運のビジネスモデルについて」
　　http://www.mlit.go.jp/common/001012477.pdf。

内務省「大日本帝國港灣統計」（明治39年，明治40年〜昭和16年）https://dl.ndl.go.jp/
　　pid/11172078。

波方海上技術短期大学校ホームページ，https://www.jmets.ac.jp/namikata/。

日本海事協会「ClassNK 任意ISM登録簿」https://www.classnk.or.jp/register/regism/ism_
　　voluntary.aspx。

日本海事協会「任意ISM審査の案内」2022年2月25日第10版，https://www.classnk.or.jp/hp/
　　pdf/activities/statutory/ism/Hnd-BK/Sec1n_j.pdf。

日本貨物鉄道「企業情報」https://www.jrfreight.co.jp/about.html。

日本経済団体連合会「経団連カーボンニュートラル行動計画　2022年度フォローアップ結果
　　個別業種編　日本内航海運組合総連合会」2023年3月31日更新，https://www.keidanren.
　　or.jp/policy/2022/095.html。

日本船主協会「2003年度の内航海運対策」船協海運年報2004，https://www.jsanet.or.jp/
　　report/nenpo/nenpo2004/text/nenpo2004_09-3.pdf。

日本内航海運組合総連合会「船員教育機関」https://www.naiko-kaiun.or.jp/crew/crew05/。

日本内航海運組合総連合会「日本内航海運組合総連合会定款」2022年9月22日改正，http://
　　www.naiko-kaiun.or.jp/wp/wp-content/uploads/2023/02/teikanR4.9.22.pdf。

日本内航海運組合総連合会「令和2年度上期輸送実績（1号票）」2021年3月，https://www.
　　naiko-kaiun.or.jp/wp/wp-content/uploads/2021/04/yuso1g2020kami-2.pdf。

日本内航海運組合総連合会「令和 3 年度上期輸送実績（1 号票）」2022年 3 月，https://www.
　　naiko-kaiun.or.jp/wp/wp-content/uploads/2020/07/yuso 1 g2021kami- 2 .pdf。
日本内航海運組合総連合会「令和 4 年度上期輸送実績（1 号票）」2023年 3 月，https://www.
　　naiko-kaiun.or.jp/wp/wp-content/uploads/2022/04/yuso 1 g2022kami- 1 .pdf。
日本内航海運組合総連合会「令和 4 年度輸送実績（1 号票）」2023年 9 月，https://www.
　　naiko-kaiun.or.jp/wp/wp-content/uploads/2022/04/yuso 1 g2022.pdf。
広島商船高等専門学校ホームページ，https://www.hiroshima-cmt.ac.jp/。
深見真希・久本憲夫・田尾雅夫（2005）「ブリッジリソースマネジメント—国際条約順守の人
　　的資源管理—」京都大学大学院経済学研究科 Working Paper J-47, http://hdl.handle.
　　net/2433/26475。
宮古海上技術短期大学校ホームページ，https://www.jmets.ac.jp/miyako/。
弓削商船高等専門学校ホームページ，https://www.yuge.ac.jp/#gsc.tab= 0 。
横山鐵男（2018）「運輸安全委員会の10周年に寄せて」運輸安全委員会年報2018，https://
　　www.mlit.go.jp/jtsb/bunseki-kankoubutu/jtsbannualreport/annualreport_2018/
　　annualreport2018_pdf/annual2018-all.pdf。
eol「企業検索」https://ssl.eoldb.jp/EolDb/UserLogin.php。

海外 WEB 情報

Butcher L. (2010) "Shipping: UK Policy," House of Commons Library Research Briefing,
　　https://researchbriefings.files.parliament.uk/documents/SN00595/SN00595.pdf.
Department of Infrastructure, Transport, Regional Development and Communications (2020)
　　"2020-21 Corporate Plan," https://www.transparency.gov.au/sites/default/files/reports/
　　ditrdc_corporate_plan_2020-21_final.pdf.
Department of Infrastructure, Transport, Regional Development and Communications and
　　the Arts (2022) "Australian Infrastructure and Transport Statistics - Yearbook 2022,"
　　https://www.bitre.gov.au/sites/default/files/documents/bitre-yearbook-2022.pdf.
Department for Transport, "UK owned and managed trading fleets: vessels of 100gt and over
　　(Table FLE0102)," Shipping fleet statistics: data tables, last updated March 29, 2023,
　　https://www.gov.uk/government/statistical-data-sets/shipping-fleet-statistics.
Department for Transport (2012) "Seafarer statistics 2011 (Table SFR0210, SFR0220),"
　　https://www.gov.uk/government/statistics/seafarer-statistics-2011.
Department for Transport (2019) "Maritime 2050: navigating the future," https://assets.
　　publishing.service.gov.uk/government/uploads/system/uploads/attachment_data/
　　file/872194/Maritime_2050_Report.pdf.
Department for Transport (2019) "Technology and Innovation in UK Maritime: The case of
　　Autonomy," https://assets.publishing.service.gov.uk/government/uploads/system/
　　uploads/attachment_data/file/877630/technology-innovation-route-map-document.pdf.
Department for Transport (2021) "Age gender and departmental profile of officers holding
　　Certificates of Competency and Equivalent Competency, 2020 (Table SARH0202),"

参考文献

Seafarers in the UK Shipping Industry: 2020, https://www.gov.uk/government/statistics/seafarers-in-the-uk-shipping-industry-2020.

Department for Transport (2022) "Domestic freight transport, by mode: annual from 1953 (Table TSGB0401)," Transport Statistics Great Britain: 2022, https://www.gov.uk/government/statistics/transport-statistics-great-britain-2022.

Department for Transport (2023) "Estimated UK Seafarers active at sea by type: 1997 to 2022 (Table SFR0101)," Seafarers in the UK Shipping Industry: 2022, last updated May 10, 2023, https://www.gov.uk/government/statistics/seafarers-in-the-uk-shipping-industry-2022.

Gekara, V. O. (2021) "Can the UK Tonnage Tax Minimum Training Obligation Address Declining Cadet Recruitment and Training in the UK?," in Gekara, V. O. and Sampson, H. eds., *The World of the Seafarer - Qualitative Accounts of Working in the Global Shipping Industry*, WMU Studies in Maritime Affairs Vol. 9, Springer, https://library.oapen.org/bitstream/handle/20.500.12657/43276/2021_Book_TheWorldOfTheSeafarer.pdf, pp. 39—50.

Institute for Water Resources U.S. Army Corps of Engineers Alexandria, Virginia (2023) "Summary of the United States Flagged Vessels: Available Vs. Operating by Vessel Type for 2021 (Table 13)," Waterborne Transportation Lines of the United States Calendar Year 2021, https://usace.contentdm.oclc.org/digital/collection/p16021coll2/id/3796/rec/40.

International Chamber of Commerce, International Maritime Bureau (2022) "Piracy and Armed Robbery against Ships, Report for the Period, 1 January - 31 December 2021," https://www.icc-ccs.org/piracy-reporting-centre/request-piracy-report.

Korea Seafarer's Welfare & Employment Center, "한국선원통계 – 연도별현황," 2008-2023, https://www.koswec.or.kr/koswec/information/sailorshipstatistics/selectSailorShipStaticsList.do.

Korea Seafarer's Welfare & Employment Center, "한국선원통계 – 선원현황," 1995-2023, https://www.koswec.or.kr/koswec/information/sailorshipstatistics/selectSailorShipStaticsList.do.

Korea Shipping Association (2005) "2004 연안해운 통계연보 (Statistical Year book of Coastal Shipping)," https://www.theksa.or.kr/site/main/board/sub05_08_01_04/53990.

Korea Shipping Association (2022) "2022년도 연안해운통계연보 (Statistical Year book of Coastal Shipping)," https://www.theksa.or.kr/site/main/board/sub05_08_01_04/87958?cp=1&sortOrder=BA_REGDATE&sortDirection=DESC&listType=list&bcId=sub05_08_01_04&baNotice=false&baCommSelec=false&baOpenDay=false&baUse=true.

Korean Transport Database, "국내외 화물수송실적," last updated November 11, 2022, https://www.ktdb.go.kr/www/selectTrnsportTreeView.do?key=32.

Maritime Industry Australia (2019) "Seafaring Skills Census Report," https://mial.org.au/wp-content/uploads/2022/09/MIALSeafaringSkillsCensus.pdf.

Maritime Transportation System National Advisory Committee (2020) "Final Meeting Notes - Sept 2020," https://cms.marad.dot.gov/sites/marad.dot.gov/files/2020-11/MTSNAC%20 Sept%2029%202020%20Meeting%20Notes.Final_.pdf.

Ministry of Oceans and Fisheries, Shipping and Logistics Bureau (2016) "제4차 해운산업 장기발전계획," https://www.mof.go.kr/synap/view.do?fn=MOF_ARTICLE_36367_2020112 4175f977e96e200&fd=202309.

Organisation for Economic Co-operation and Development, "DAC List of ODA Recipients," http://www.oecd.org/dac/financing-sustainable-development/development-finance-standards/daclist.htm.

Organisation for Economic Co-operation and Development, "Freight transport," https://data.oecd.org/transport/freight-transport.htm.

Organisation for Economic Co-operation and Development, "List of OECD Member countries - Ratification of the Convention on the OECD," http://www.oecd.org/about/document/list-oecd-member-countries.htm.

United Nations, "Basic Data Selection," https://unstats.un.org/unsd/snaama/Basic.

U.S. Bureau of Labor Statistics, "Occupational Employment and Wage Statistics," May 2022 data, https://www.bls.gov/oes/current/oes_stru.htm.

U.S. Committee on the Marine Transportation System, "Maritime Innovative Science and Technology Integrated Action Team," https://www.cmts.gov/topic-innovative-science/.

U.S. Department of Transportation (2020) "Goals and Objectives for a Stronger Maritime Nation: A Report to Congress," https://www.maritime.dot.gov/sites/marad.dot.gov/files/2020-07/Final_2_25_Stronger%20Maritime%20Nation%20Report_.pdf.

U.S. Department of Transportation, Bureau of Transportation Statistics, "Freight Analysis Framework Version 5," https://www.bts.gov/faf.

U.S. Department of Transportation, Maritime Administration, "MSRC Kvichak MARCO Boom Skimmer Vessel," https://www.maritime.dot.gov/sites/marad.dot.gov/files/docs/innovation/meta/12101/mock-demo-report-11-25-2019-final.pdf.

U.S. Department of Transportation, Maritime Administration, "Maritime Environ-mental and Technical Assistance (META) Program," https://www.maritime.dot.gov/innovation/meta/maritime-environmental-and-technical-assistance-meta-program.

あとがき

　本書は，筆者が2023年12月に関西大学大学院社会安全研究科に提出した博士学位論文（論題：日本の内航海運と事故防止）をベースに，それを再構成し，必要な補筆を行ったものである。また，第5章及び第6章の一部は既発表の研究論文を基にしている。既発表論文との対応関係は以下のとおりである。

第5章　竹本七海・安部誠治（2024）「内航海運における船舶事故の特徴と事故防止の課題」『社会安全学研究』第14巻，27-45頁。

第6章　竹本七海（2022）「内航海運の安全性の向上と運輸安全マネジメント制度」『海運経済研究』第56号，31-40頁。

　筆者が，博士論文のテーマを内航海運の安全問題に選定したのは，2018年に発生した内航タンカーの関西国際空港連絡橋への衝突事故が大きな契機となっている。この事故について，2019年4月に運輸安全委員会が事故調査報告書を公表したが，なぜ船長はこの海域に錨泊したのか，私の求める答えはそこには書かれていなかった。また，報告書には業界の構造的な問題も言及されていなかった。私の内航海運の安全研究はここから始まった。それは，このような事故を起こさないために必要なピースを一つひとつ集めていく作業でもあった。これは，船になぞらえると，造船の計画・設計に始まり，材料の加工，船体の組立，艤装，塗装などの建造工程といえる。

　5年近く続いた内航海運と私との相対は，上記の博士論文の提出をもって，とりあえず終わらせることができた。ただし，このことは研究が終着点に至ったということではない。私の内航海運研究はようやくスタート地点に立ったにすぎないものと自覚している。換言すれば，船がようやく完成し，これから荒海への航海が始まっていくのだと認識している。

　内航海運業界では，2021年8月に暫定措置事業が終わり，内航船舶の建造が54年ぶりに自由化された。2022年4月には船員の働き方改革が本格的に始動し，船舶管理会社も内航海運業法上の事業の一つとして位置付けられ，法律上

の責任を負うようになった。これらによって内航海運においても，新たなスタートが切られたといえよう。事業者間の競争の促進や船員の労務管理への対応によって，これまでの業界構造も大きく変化すると考えられる。安全性向上への取り組みは尽きることがなく，それにかかるコストも事業者の経営費用に重くのしかかる。しかし，安全の確保はビジネスをする上で事業者の一つの強みにもなる。業界全体に安全最優先の雰囲気が形成され，内航海運が今後も日本の物流を支える重要な輸送手段として活躍し続けることを期待したい。

本書の出版に際しては，多くの方々のお世話になった。大学院の指導教授であった安部誠治関西大学名誉教授，吉田裕教授，そしてご指導いただいた研究科の先生方に御礼申し上げたい。私が研鑽を積んだ関西大学大学院社会安全研究科における博士前期と後期の歳月は，研究仲間にも恵まれ，今から振り返ると瞬く間の5年間だった。院生仲間の中で，特に前期課程同期の饗庭正氏（現在同大学社会安全学部の永田尚三研究室所属）には筆者が書きあげた博士論文に対して丁寧なコメントをいただいた。

内航海運の業界構造については，参加をお許しいただいた「内航海運研究会」の場で多くのことを学ぶことができた。同研究会の森隆行先生，松尾俊彦先生，石田信博先生，永岩健一郎先生，石黒一彦先生，田中康仁先生，李志明先生，松田琢磨先生に改めて深謝申し上げたい。また，公益事業学会関西部会，そして同若手研究会においては西村陽先生をはじめとする先生方から，公益事業の視点に基づく多岐にわたるご教授を賜った。同研究会が2023年7月に『公益事業の再構築』（関西学院大学出版会）を刊行した際には，未だ大学院生であったにもかかわらず，分担執筆者に加えていただいた。

筆者は，海上保安大学校から派遣されて関西大学大学院に進学した。進学を後押ししていただいた現在は退職されている吉田肇先生，そして野間清隆先生，渡邊和英先生には，大学院入学から在学中の研究生活にいたるまで多大なるご支援をいただいた。同大学校の大先輩である4期（筆者は63期）の山村晋一郎氏からも，いつも励ましの言葉を頂戴した。これは大学院における研究の原動力となった。改めて御礼申し上げたい。

最後になったが，研究の過程でインタビューにご協力いただいた内航海運事業者の皆様，日本内航海運組合総連合会の畑本郁彦博士，国土交通省職員の皆

あとがき

様，そして本書上梓にご尽力いただいた法律文化社の梶谷修氏ならびに八木達
也氏にも心から御礼申し上げたい。

　2024年8月

　　　　　　　　　　　　　　　　　　　　　　　　　　　　竹本七海

索 引

【あ 行】

ISM コード ······················· 183
IMO→国際海事機関
アメリカ ·························· 45
安　全 ···························· 97
安全管理 ······················ 155, 219
安全管理規程 ······················ 177
安全管理体制 ······················ 177, 216
安全最少定員 ·············· 23, 77, 86, 154
安全文化 ·············· 153, 155, 177
イギリス ·························· 45
一杯船主 ·························· 52
居眠り ···························· 136
居眠り防止装置→船橋航海当直警報装置
伊良湖水道航路 ······················ 134
インダストリアル・キャリア ········· 7, 49
運航委託契約 ······················ 49
運航管理制度 ······················ 176
運送事業者（オペレーター） ··· 47, 50, 52, 199, 200
運輸安全委員会 ······················ 188
運輸安全委員会設置法 ··············· 161
運輸安全マネジメント制度 ··· 177, 184, 216
STCW 条約 ······················ 166
m-SHEL 分析 ······················ 146
LL 条約 ···························· 164
オーストラリア ······················ 45
オーナー→貸渡事業者
オーナーオペレーター ············· 49, 200, 201
オペレーター→運送事業者

【か 行】

カーボンニュートラル ··············· 24
海技教育機構 ······················ 80
海技試験 ·························· 80
外航海運 ·························· 4

外国人船員 ······················ 75
海事産業強化法 ·············· 15, 21, 23, 224
海上運送法 ······················ 162
海上汚染等及び海上災害の防止に関する法律 ······················ 168
海上交通安全法 ······················ 167
海上衝突予防法 ······················ 167
海上保安庁 ······················ 101
改善基準告示 ······················ 72, 161
海難審判所 ······················ 188
海難審判制度 ······················ 187
海洋共育センター ······················ 175
火　災 ···························· 131
貸渡事業者（船主、オーナー） ····· 47, 50, 52, 201
過当競争 ·························· 6, 10
カボタージュ ······················ 9, 17
韓　国 ···························· 45
関西国際空港連絡橋 ··············· 138
機帆船 ···························· 4, 10
基本訓練 ·························· 174
教育・研修 ·············· 155, 217, 220
許可制 ···························· 11, 50
京浜運河 ·························· 128
航海当直基準 ······················ 152
港則法 ···························· 168
交通安全対策基本法 ··············· 159
神戸大学 ·························· 79
小型鋼船 ·························· 7
国際海事機関（IMO） ············· 138, 183
コミュニケーション ·············· 154, 156, 217
コモン・キャリア ······················ 49
COLREG 条約 ······················ 167

【さ 行】

雑　貨 ···························· 43

索 引

産業原材料 ……………………… 33
産業構造 ……………………… 8
JRTT→鉄道建設・運輸施設整備支援機構
事 件 ……………………… 99
事 故 ……………………… 98
次世代内航海運ビジョン ……… 12, 23
自然災害 ……………………… 99
疾 病 ……………………… 118
重大事故 ……………………… 127
小規模海運事業者 ……………… 179
上場企業 ……………………… 59
商船高等専門学校 ……………… 79
衝 突 ……………… 128, 134, 138
人為的要因→ヒューマンファクター
石 炭 ……………………… 39
石油製品 ……………………… 37
石灰石 ……………………… 40
設備投資 ……………… 156, 217, 221
船員確保対策 …………………… 222
船員教育 ……………………… 217
船員教育機関 …………………… 79
船員計画雇用促進事業 ………… 22
船員災害 ……………………… 114
船員災害防止活動の促進に関する法律 … 114
船員の給与 …………………… 78
船員の働き方改革 ………… 14, 23, 224
船員派遣事業制度 ……………… 22
船員不足 ……………………… 86
船員法 ………… 71, 112, 113, 152, 161, 165
船員労働安全衛生規則 ………… 113
船橋航海当直警報装置 ……… 137, 191
専航船方式 …………………… 8
全日本トラック協会 …………… 225
船舶安全法 …………………… 164
船舶職員及び小型船舶操縦者法 …… 80, 166
船舶管理 ……………………… 18
船舶管理事業者 …………… 48, 50
船舶共有建造制度 ………… 20, 64
船舶検査制度 …………………… 170
船舶事故隻数 …………………… 103

船舶事故調査 …………………… 188
船舶事故統計 …………………… 100
船舶調整事業 …………………… 222
船舶法 ……………………… 163
船腹過剰 ……………………… 6, 10
船腹調整事業 …………………… 11, 16
専用船 ……………………… 8
走 錨 ……………………… 139
SOLAS 条約 …………………… 164

【た 行】

大宗貨物 ……………………… 7
台 風 ……………………… 138
多重下請け構造 ………………… 7
定期船 ……………………… 48
定期用船契約 …………………… 49
鉄 鋼 ……………………… 42
東京海洋大学 …………………… 79
登録事業者 …………………… 48
鉄道建設・運輸施設整備支援機構（JRTT）
……………………… 16, 20
届出事業者 …………………… 48
トラック運送業 ……… 58, 64, 87, 225
トラック運転者 ………………… 76

【な 行】

内航海運業 …………………… 3, 47
内航海運業法 ……………… 11, 50, 162
内航海運組合法 …………… 11, 163, 221
内航海運暫定措置事業 ……… 12, 16, 222
内航貨物輸送量 ………………… 5, 33
内航船員 ……………………… 74
内航船員政策 …………………… 22
内航船員養成 …………………… 173
内航船舶 ……………………… 53
　──の事故発生隻数 …………… 105
内航未来創造プラン …………… 13, 21
日本小型船舶検査機構 ………… 171
日本内航海運組合総連合会 ……… 221
任意 ISM コード認証制度 ……… 183

257

【は　行】

裸用船契約 ······················· 49
PDCA サイクル ················· 177
ヒヤリ・ハット ······· 156, 218, 220
ヒューマンエラー ··············· 107
ヒューマンファクター ········ 106, 146
ピラミッド構造 ··············· 53, 60
不定期船 ························· 48
宝運丸 ·························· 138
訪船活動 ················ 155, 217, 219

【ま　行】

マニュアル ················ 156, 220
マルポール条約 ················· 170
みなし貸渡事業者 ················ 50
宗像丸 ·························· 128

【や　行】

モーダルシフト ··············· 24, 43
元請運送事業者 ·················· 49

【や　行】

有効求人倍率 ···················· 77

【ら　行】

リスク ·························· 98
労働安全衛生 ··················· 112
労働環境 ························ 86
労働基準法 ················· 71, 161
労働災害 ························ 99
労働時間 ························ 71
老齢船 ·························· 57
六級海技士短期養成制度 ·········· 22, 86, 175

■著者紹介

竹本　七海（たけもと　ななみ）
　1994年生まれ
　2017年　海上保安大学校卒業
　2024年　関西大学大学院社会安全研究科博士課程後期課程修了・博士（学術）
　現　在　海上保安大学校助教

〔主　著〕
竹本七海・安部誠治（2021）「日本の内航海運」『社会安全学研究』第11巻，163-180頁。
竹本七海・安部誠治（2022）「主要国の内航海運政策の動向とわが国への示唆」『公益事業研究』第73巻第2号（通巻第201号），59-67頁。
竹本七海（2022）「内航海運の安全性の向上と運輸安全マネジメント制度」『海運経済研究』第56号，31-40頁。
竹本七海（2023）「内航海運の現状と今後の展望」公益事業学会関西若手研究会編『公益事業の再構築』関西学院大学出版会，所収，57-65頁。
竹本七海・安部誠治（2024）「内航海運における船舶事故の特徴と事故防止の課題」『社会安全学研究』第14巻，27-45頁。

Horitsu Bunka Sha

日本の内航海運と事故防止
——事業者の安全への取り組みと国の制度

2024年10月20日　初版第1刷発行

著　者　竹本七海
発行者　畑　　光
発行所　株式会社　法律文化社

〒603-8053
京都市北区上賀茂岩ヶ垣内町71
電話 075(791)7131　FAX 075(721)8400
https://www.hou-bun.com/

印刷／製本：西濃印刷㈱
装幀：仁井谷伴子

ISBN978-4-589-04366-5

©2024　Nanami Takemoto Printed in Japan
乱丁など不良品がありましたら，ご連絡下さい。送料小社負担にてお取り替えいたします。
本書についてのご意見・ご感想は，小社ウェブサイト，トップページの「読者カード」にてお聞かせ下さい。

JCOPY　〈出版者著作権管理機構　委託出版物〉

本書の無断複写は著作権法上での例外を除き禁じられています。複写される場合は，そのつど事前に，出版者著作権管理機構（電話 03-5244-5088，FAX 03-5244-5089, e-mail: info@jcopy.or.jp）の許諾を得て下さい。

髙田知紀著

神と妖怪の防災学
―「みえないリスク」へのそなえ―

A 5 判・208頁・3190円

巨大地震や暴風雨などの自然災害に対して，地域社会はどう備えるのか。日常風景に隠れるリスクを重視する本書では，日本で語り継がれる神と妖怪に着目し，人々が自然災害リスクを認識し，「語ること」と「祈ること」を通した地域防災活動の実践に関する知見を提示する。

宮坂直史編

テロリズム研究の最前線

A 5 判・254頁・3740円

世界を揺るがすテロリズムをどう理解し，対処すればよいのか。最新の研究からテロリズムの本質や原因，対応策を分析し，テロリズムがどう終わるのかまで論じる。テロリズムについて調べるためのデータベースも紹介する。

梶原健嗣著

近現代日本の河川行政
―政策・法令の展開：1868〜2019―

A 5 判・278頁・7040円

「河川行政」を，政治・経済・社会という大状況の中のひとつとして捉え，技術史的側面だけでなく法令や行政機構（組織）にも注目。その社会科学的視座からの歴史的分析によって，近現代日本における河川行政の本質・構造を捉え直し，今後の政策や行政のあり方を展望する。

油本真理・溝口修平編
〔地域研究のファーストステップ〕

現代ロシア政治

A 5 判・264頁・2970円

ロシアの政治・社会についての入門書。ソ連の形成・崩壊の歴史を押さえたうえで，現代の政治制度や社会状況，国際関係を学ぶ。超大国でありながらも実態がよくわからないロシアという国家を，新進気鋭の研究者たちがわかりやすく解説する。

広瀬佳一・小久保康之編著

現代ヨーロッパの国際政治
―冷戦後の軌跡と新たな挑戦―

A 5 判・300頁・3080円

激動する現代ヨーロッパの国際政治を，「冷戦終焉後の新しい秩序構築の動き」，「2010年代以降の様々な争点の展開」，「ヨーロッパにとってのグローバルな課題」の3つの側面から，総合的に検討。ヨーロッパ国際政治の構造的変化を描き出す。

――――法律文化社――――

表示価格は消費税10%を含んだ価格です